dtv

Der Nahostkonflikt ist nach wie vor der gefährlichste Brennpunkt der Welt. Das Geschehen dort wird zunehmend von der islamistischen Hamas bestimmt. Joseph Croitoru legt auf beeindruckende Weise anhand zahlreicher Quellen die Ziele und Funktionsweise der Hamas offen. Sein Buch ist ein Muss für alle, die verstehen wollen, wie die Islamisten, demokratisch legitimiert, die politischen Koordinaten im Nahen Osten grundlegend verändern.

«Über die radikalislamische Hamas, ihre Geschichte und ihr Selbstverständnis gibt es auf dem deutschen Buchmarkt nicht allzu viel zu lesen. Joseph Croitoru will da Abhilfe schaffen. Mit seinem neuen Werk ist ihm das auf gründliche und eindrückliche Weise gelungen.»
Frankfurter Allgemeine Zeitung

Joseph Croitoru, geboren 1960 in Haifa, ist promovierter Historiker und Journalist. Er lebt seit 1988 in Deutschland und ist Autor des Feuilletons der Frankfurter Allgemeinen Zeitung und der Neuen Zürcher Zeitung. Bei dtv von ihm erschienen: ›Der Märtyrer als Waffe. Die historischen Wurzeln des Selbstmordattentats‹ (34326)

Joseph Croitoru

Hamas
Auf dem Weg zum palästinensischen Gottesstaat

Aktualisierte Ausgabe

Deutscher Taschenbuch Verlag

Ausführliche Informationen über
unsere Autoren und Bücher
finden Sie auf unserer Website
www.dtv.de

Aktualisierte Ausgabe 2010
Deutscher Taschenbuch Verlag GmbH & Co. KG, München
© 2007 Verlag C.H.Beck oHG, München
erschienen unter dem Titel ›Hamas. Der islamische Kampf um Palästina‹
Umschlagkonzept: Balk & Brumshagen
Umschlagfotos: Corbis/Ibraheem Abu Mustafa und dpa
Satz: Janß GmbH, Pfungstadt
Druck und Bindung: Druckerei C. H. Beck, Nördlingen
Gedruckt auf säurefreiem, chlorfrei gebleichtem Papier
Printed in Germany · ISBN 978-3-423-34600-9

Inhalt

Einleitung 7

1. **Ursprünge: Die ägyptischen Muslimbrüder und der Kampf um Palästina** 12
   Die Entstehung der Muslimbruderschaft 13
   Die Muslimbrüder entdecken Palästina 22
   Heiliger Krieg 28

2. **Die Muslimbrüder in Palästina** 37
   Zwischen Verfolgung und Anpassung (1948–1967) 37
   Scheich Jassin und die Muslimbrüder in Gaza
   (nach 1967) 43
   Israel und die Muslimbrüder 48
   Re-Islamisierung im Gazastreifen 53
   Waffen für den Dschihad 58

3. **Die Geburt der Hamas aus dem Geist der Intifada** 65
   Der palästinensische Aufstand bricht aus 65
   Jassins Muslimbrüder gründen die Hamas 74
   Die Charta der Hamas: Der Heilige Krieg als Programm .. 88
   Hamas und PLO: Ein Palästina, zwei Programme 101
   Gegen Arafats Friedenskurs 103

4. **In der Opposition** 108
   Den Frieden behindern 108
   Den Frieden bekämpfen 121
   Arafats Machtlosigkeit 130
   Die Al-Aqsa-Intifada 145
   Wohltätigkeit als Mittel zum Zweck 164

5. **Mit Demokratie an die Macht** 171
   Die Eroberung von Städten und Dörfern (2004/2005) . . . 171
   Neue Gesichter, alte Seilschaften 179
   Minbar al-Islah: Eine Zeitschrift für den Wahlkampf . . . 183
   Wahlkampf als Heiliger Krieg 189
   Die Hamas an der Macht 193

6. **Alleinherrschaft im Gazastreifen** 202
   Die Einheitsregierung scheitert 202
   Die Gewaltspirale dreht sich 207
   Die Islamisten ergreifen gewaltsam die Macht 209
   Auf dem Weg zum Gottesstaat 212
   Fixiert auf den Heiligen Krieg 219
   Die palästinensische Spaltung wird zementiert 222

Anmerkungen 227

Literaturhinweise 275

Personenregister 283

Einleitung

Nicht nur der festgefahrene Nahost-Friedensprozess lässt die Palästinensergebiete nicht zur Ruhe kommen. Auch die palästinensische Innenpolitik steckt seit einigen Jahren in einer dramatischen Krise. Mit ihrem überwältigenden Sieg bei den palästinensischen Parlamentswahlen im Januar 2006 war der radikalislamischen Hamas überraschend der Sprung an die Macht gelungen. Seitdem dominieren erbitterte Richtungskämpfe zwischen Säkularen und Islamisten die innenpolitische Szene. Nur mühsam gelingt im März 2007 die Bildung einer nationalen Einheitsregierung aus Hamas und Fatah. Drei Monate später kommt es zu einem weiteren tiefgreifenden Umbruch: Die Islamisten ergreifen im Gazastreifen gewaltsam die Macht. Sie schalten dort die Fatah-Opposition aus und machen sich ans Werk, in ihrem Einflussgebiet Schritt für Schritt einen islamischen Gottesstaat zu etablieren.

Der Weg zu dieser Teilherrschaft über die palästinensischen Autonomiegebiete war lang. Er nahm seinen Anfang nicht in Palästina, sondern in Ägypten. Dort gründete der Lehrer Hassan al-Banna 1928 die Muslimbruderschaft, um Ägypten von den Kolonialmächten zu befreien und in den Schoß des Islam zurückzuführen. Seine Ideen haben weite Verbreitung gefunden, allem voran die Wiederbelebung des islamischen Heiligen Krieges, die er mit dem aufkeimenden modernen arabischen Nationalismus zu verknüpfen verstand. Seine Anhänger, die schon bald auch zu den Waffen griffen, schwärmten in den dreißiger Jahren des 20. Jahrhunderts in die Nachbarländer Ägyptens aus. Dort warben sie für ihre Vision von einer weltumspannenden Muslimbruderschaft und riefen zum Dschihad gegen die Zionisten in Palästina auf. Doch im Gazastreifen und in der Westbank, bis 1967 unter ägyptischer beziehungsweise jordanischer Herrschaft, war damals das politische Klima noch nicht reif für die Etablierung eines palästinensischen Zweigs der Muslimbruderschaft. Dieses schufen – eine Ironie der Geschichte – erst die israelischen Besatzer in den siebziger Jahren, indem sie dem Oberhaupt der palästinensischen Muslimbrüder, Scheich Ahmad Jassin, in Gaza freie Hand ließen. Die von

Jassin betriebene religiöse Erziehung der Jugend sollte ein politisch unbedenkliches Gegengewicht zu Jassir Arafats terroristischer PLO schaffen. Doch diese Politik erwies sich als Bumerang. Denn Jassin und seine Weggefährten ergriffen die Gelegenheit, um in den Palästinensergebieten zahlreiche Moscheen und soziale Einrichtungen zu errichten, die den Muslimbrüdern in der palästinensischen Bevölkerung zu großem Einfluss verhalfen. Dass Jassin und seine Mitstreiter eine ganze Generation im Geiste des Dschihad erzogen hatten, wurde erst später deutlich.

Das Entgegenkommen der Israelis nutzten die Islamisten auch, um die bis dahin unangefochtene Führungsposition der säkularen PLO in Frage zu stellen. Erste Anzeichen dafür waren gewalttätige Auseinandersetzungen zwischen säkularen Fatah-Aktivisten und Jassins islamistischen Anhängern an palästinensischen Universitäten Anfang der achtziger Jahre. Als Ende 1987 die Intifada, der erste Palästinenseraufstand, ausbrach, wuchs sich der innerpalästinensische Machtkampf schnell zu einem Bruderzwist aus. Nur wenige Tage nach Ausbruch der Intifada gründeten die palästinensischen Muslimbrüder die Islamische Widerstandsbewegung (Hamas), die bald Terroranschläge gegen Israel zu verüben begann. Sie verschrieb sich nicht nur dem Heiligen Krieg gegen Israel, den sie in ihrer im August 1988 veröffentlichten Charta propagierte, sondern setzte alles daran, den Führungsanspruch von Arafats Fatah zu untergraben. Als die Fatah sich 1993 für eine friedliche Lösung des Konflikts mit Israel entschied, wurde die Kluft zwischen den beiden rivalisierenden Organisationen noch tiefer.

Die palästinensischen Islamisten verfolgten jetzt eine doppelte Strategie: Sie beharrten auf dem bewaffneten Widerstand als einzige Option für die Befreiung des gesamten historischen Palästina und versuchten den Friedensprozess mit allen Mitteln zu behindern. Das Selbstmordattentat, mit dem säkulare palästinensische Kampforganisationen schon in den siebziger Jahren Arafats damalige Friedensabsichten torpediert hatten, wurde nun von den Islamisten wiederentdeckt. Der Islamischen Widerstandsbewegung, die sich Anfang der neunziger Jahre Syrien und Iran immer weiter annäherte, gelang es, mit zahlreichen Selbstmordanschlägen den israelisch-palästinensischen Friedensprozess immer aufs Neue zu blockieren. Unterdessen hatte die palästinensische Bevölkerung zunehmend unter den Kollektivstrafen der Israelis zu leiden, mit denen diese die Selbstmordterroristen der Hamas vergeblich aufzuhalten versuchten. Die Palästinenser jedoch machten für ihre immer ausweglosere Lage nicht die Islamisten verantwortlich, sondern Arafats Autonomiebehörde, die zunehmend als autoritär und korrupt empfunden wurde. Die Hamas hingegen suchte gezielt die Nähe zum Volk: Ihr soziales Engagement und die Unterstützung vor allem der ärmeren Bevölkerungsschichten versetzten sie in die Lage, die islamische Umerziehung der palästinensischen Gesellschaft immer offensiver zu betreiben.

Den zweiten Palästinenseraufstand, die sogenannte Al-Aqsa-Intifada, die im Oktober 2000 ausbrach, nutzte die Hamas, um ihre Position noch weiter zu festigen. Ihre Selbstmordattentäter brachten jetzt nicht nur den Friedensprozess zum Stillstand. Auch sah sich die Fatah nun gezwungen, ebenfalls Selbstmordanschläge zu verüben, um sich im innerpalästinensischen Machtkampf zu behaupten. Doch die Rückkehr von Arafats Fatah zum bewaffneten Widerstand ließ die Lage nur noch weiter eskalieren. Als der israelische Ministerpräsident Ariel Scharon die Palästinenser noch härteren Repressionen aussetzte, waren es meist die Islamisten, die der Bevölkerung mit ihrem dichten Netz an sozialen Einrichtungen halfen.

Dass die Hamas mittlerweile zu einem «Staat im Staat» herangewachsen war, war in der allgemeinen Nachrichtenflut über das Blutvergießen auf beiden Seiten untergegangen. Die Islamisten besaßen aber bereits zu Beginn des neuen Jahrtausends einen so erheblichen Einfluss, dass sie – wohlgemerkt in patriotischer Pose und weniger als religiöse Eiferer – die politische Tagesordnung bestimmten. Es hing nun in erster Linie von der Hamas-Führung ab, ob Waffenstillstandsvereinbarungen mit Israel getroffen und eingehalten wurden. Die Fatah, durch israelische Angriffe auf Einrichtungen der Autonomiebehörde in ihrer Regierungsfähigkeit beeinträchtigt, verlor durch den Tod Jassir Arafats im November 2004 weiter an Autorität. Die Hamas sah für sich nun die Chance gekommen, sich auch als politische Partei zu etablieren. Die Funktionsträger ihrer sozialen und pädagogischen Einrichtungen mutierten 2005 zu Lokalpolitikern und verbuchten große Erfolge bei den Gemeindewahlen in den Palästinensergebieten. Dem hatte die Fatah nach Arafats Tod außer der Wahl seines im Volk populären Nachfolgers Mahmud Abbas zum Präsidenten Anfang 2005 nichts entgegenzusetzen.

Die Islamisten, die die palästinensischen Parlamentswahlen von 1996 noch boykottiert hatten, stilisierten sich nun zur einzig wahren demokratischen Kraft. Bei den Autonomieratswahlen Anfang 2006 legten sie im Wahlkampf eine Professionalität an den Tag, die die intern zerstrittene Rivalin Fatah geradezu amateurhaft erscheinen ließ. Nicht nur deren durch Korruption und Vetternwirtschaft angeschlagenes Image hatte zu dem bahnbrechenden Erfolg der Hamas bei den Parlamentswahlen beigetragen. Auch gaben sich die Islamisten auffallend moderat und verschleierten in ihrer populistischen Wahlwerbung ihre wahren Absichten. Sie wurden erst bei der Installierung ihrer von Ministerpräsident Ismail Hanija geführten Regierung offenbar: die völlige Neuausrichtung der palästinensischen Außenpolitik, die Abkehr vom Westen und die Hinwendung zu den radikalen Kräften der islamischen Welt wie etwa dem Iran.

Den Heiligen Krieg gegen Israel, das sie nach wie vor nicht anzuerkennen bereit war, gab die Hamas nicht auf. Dem Friedenskurs von Präsident Abbas wollte sie sich nicht anschließen. Vielmehr setzte sie auch nach der Bildung der kurzlebigen nationalen Einheitsregierung aus Hamas und Fatah alles daran, die säkulare Rivalin politisch zu marginalisieren. Mit der gewaltsamen Machtübernahme im Gazastreifen im Juni 2007 war ihr dies dort auch gelungen. Die Autonomiebehörde zerbrach in zwei palästinensische Quasi-Staaten mit zwei rivalisierenden Regierungen, die sich gegenseitig nicht anerkannten. Beide Seiten schieben sich seitdem gegenseitig die Schuld an der palästinensischen Teilung zu. Nichtsdestotrotz sind sie bestrebt, durch Versöhnungsgespräche unter Vermittlung Ägyptens den Zustand der nationalen Teilung zu überwinden. Im Oktober 2009 wäre beinahe ein nationales Verständigungsabkommen zustande gekommen, dem die Islamisten aber im letzten Moment die Zustimmung verweigerten.

So war am 25. Januar 2010 die offizielle Legislaturperiode abgelaufen, ohne dass – aufgrund der Verweigerungshaltung der Hamas – Neuwahlen stattfinden konnten. Nun fehlt beiden Seiten die nötige Legitimierung durch neue demokratische Wahlen. Zwar waren in der gescheiterten Verständigungsvereinbarung Präsidentschafts- und Parlamentswahlen für den 28. Juni 2010 vorgesehen. Dieser Wahltermin erscheint aber aufgrund der andauernden innerpalästinensischen Spaltung derzeit – Februar 2010 – unrealistischer denn je. Gleichwohl dürfte der Legitimitätsdruck beide Organisationen zu einem Kompromiss zwingen, der es ihnen ermöglicht, die Macht miteinander zu teilen.

Dieses Buch zeichnet die Geschichte der Rivalität zwischen Hamas und Fatah nach. Seit seinem ersten Erscheinen 2007 hat sich diese Rivalität radikal verschärft. Ob die Hamas, die in den vergangenen drei Jahren die Islamisierung der palästinensischen Teilgesellschaft in ihrem Herrschaftsgebiet zügig vorangetrieben hat, künftig bereit sein wird, auf ihre islamistisch ausgerichteten quasi-staatlichen Institutionen zu verzichten, ist mehr als fraglich. Die Macht auf demokratischer Basis mit den Islamisten zu teilen, würde für die Säkularen wiederum bedeuten, sie auch in der Westbank wieder frei agieren zu lassen: Ein gefährliches Spiel, das für die Säkularen schon einmal verhängnisvoll geendet hat.

1. Ursprünge: Die ägyptischen Muslimbrüder und der Kampf um Palästina

In ihrer Gründungscharta, die am 18. August 1988, ziemlich genau neun Monate nach ihrer offiziellen Gründung als Organisation, veröffentlicht wurde, bekennt sich die palästinensische Hamas unmissverständlich zu ihren historischen Wurzeln:

> Die Islamische Widerstandsbewegung ist einer der Flügel der Muslimbrüder in Palästina. Die Bewegung der Muslimbrüder ist eine internationale Organisation, und sie ist die bedeutendste der islamischen Bewegungen in der modernen Zeit.[1]

Dieses Bekenntnis ist weit mehr als eine reine Propagandafloskel. Es ist das Resultat eines langen historischen Prozesses, der in Ägypten am Ende der zwanziger Jahre des vergangenen Jahrhunderts seinen Anfang genommen und, politisch gesehen, heute seinen Höhepunkt erreicht hat. Gegenwärtig sind in Ägypten etwa ein Fünftel der Parlamentsabgeordneten Mitglieder der dortigen islamistischen Muslimbrüder, und in den Palästinensergebieten bildet seit dem Frühjahr 2006 die Hamas, der militante Ableger der palästinensischen Muslimbruderschaft, die Regierung. Von den Gemeinsamkeiten und Unterschieden dieser beiden islamistischen Bewegungen in Ägypten und Palästina wird hier immer wieder die Rede sein. Denn die ägyptischen Muslimbrüder und ihre palästinensischen Mitstreiter verband von Anfang an nicht nur das Bestreben, dem Islam zu politischem Einfluss zu verhelfen, beide sahen sich gleichermaßen auch im Kampf gegen die britischen Fremdherrscher: Nach dem Ersten Weltkrieg war Palästina unter britische Mandatsherrschaft geraten und Ägypten britisches Protektorat. Im palästinensischen Fall lösten später die jüdischen Zionisten beziehungsweise die Israelis die Engländer als verhasste Besatzer ab, die – anders als die Briten – ein historisches Recht auf Palästina anmeldeten und von den Palästinensern bis heute als existenzielle Bedrohung empfunden werden; ein Gefühl, das sich nach dem Sechs-Tage-Krieg von 1967, als die Palästinensergebiete im Gazastreifen und in der Westbank unter israelische Besatzung gerieten, noch massiv verstärkte. Diese gemeinsame ägyptisch-palästinensische Vorgeschichte ist inzwischen, wenn zum Teil auch kontrovers, weitgehend aufgearbeitet. Sie ist ein wichtiger Schlüssel für das Verständnis der Entwicklung der Hamas-Bewegung.

Die Entstehung der Muslimbruderschaft

Als Hassan al-Banna, ein ägyptischer Lehrer, 1928 in Ismailiya die Organisation mit dem unscheinbaren Namen «Die Muslimbruderschaft» gründete, war ihr erklärtes Ziel zwar vor allem die islamische Umerziehung der Gesellschaft und die Stärkung der Solidarität unter Muslimen. Gleichzeitig jedoch mischte sich zu dem islamisch-religiösen Sendungsbewusstsein dieser Bewegung stets auch nationalistisches Gedankengut, auch wenn deren Anführer die patriotische Färbung ihrer Organisation nach außen hin nicht an die große Glocke hängten.[2] Al-Banna wurde am 14. Oktober 1906 in dem Provinzstädtchen Mahmudiya nördlich von Kairo geboren. Kindheit, Jugend und weitere Lebensstationen des Gründungsvaters der Muslimbrüder lassen sich fast nur anhand seiner Autobiographie rekonstruieren.[3] Al-Bannas Vater, von Beruf Uhrmacher, genoss aufgrund seiner umfassenden Kenntnis der religiösen Schriften, die er nicht zuletzt seinen weit verzweigten Kontakten zu ägyptischen und anderen arabischen islamischen Gelehrten verdankte, im Ort hohes Ansehen und betätigte sich nebenbei auch als Moscheeprediger. Er sorgte dafür, dass sein Sohn schon früh Anschluss an einen jener lokalen islamischen Vereine bekam, die damals in Ägyptens Städten wie Pilze aus dem Boden schossen. Diese Organisationen entstanden als Reaktion auf die rasche Modernisierung des Landes, die die französische und später britische Besatzung Ägyptens mit sich gebracht und beschleunigt hatten. Sie hatten sich zum Ziel gesetzt, die durch westliche Einflüsse verursachte, um sich greifende Entfremdung der ägyptischen Gesellschaft von der eigenen islamischen Tradition zu überwinden. Schon als Schüler trat Hassan in jungen Jahren dem «Verein für moralisches Verhalten» bei, in dem die Jungen zu muslimisch korrektem Benehmen erzogen wurden: Schimpfworte und gotteslästerliche Flüche wurden mit Geldstrafen sanktioniert. Der junge Hassan bewies früh organisatorisches Talent und Führungsfähigkeiten. Schon bald begnügte er sich nicht mehr mit der Leitung dieser islamischen Schülergruppe, sondern gründete mit anderen Gesinnungsgenossen den «Verein zur Prävention des Verbotenen» und später einen Wohlfahrtsverein, dessen Leiter er wurde. Beide Gruppierungen versuchten ihren Wirkungskreis über die Schule hinaus zu erweitern, indem sie Personen, die gegen religiöse Vorschriften verstießen, schriftlich abmahnten. Zudem diente der Wohltätigkeitsverein als Instrument, um die protestantische Mission im Ort zu bekämpfen – eine Erfahrung, die für al-Banna wegweisend gewesen sein dürfte, denn sie lehrte den jungen Eiferer offensichtlich, dass man Menschen mit sozialen Hilfsangeboten noch leichter religiös beeinflussen kann. Wie al-Banna sich später in seiner Autobiographie erinnert, bestand diese Mission aus drei Missionarinnen, die

> das Christentum predigten unter dem Deckmantel medizinischer Versorgung, Stickerei-Unterricht und indem sie [verwaisten] Jungen und Mädchen eine Zuflucht boten. Der Kampf des [islamischen] Vereins für sein Ziel war lobenswert. Und dieser Sache nahm sich später die Bewegung der Muslimbruderschaft an.[4]

Zu dem religiösen Eifer gesellte sich schon bald der patriotische. Als es Anfang März 1919 in Ägypten zu einem antibritischen Aufstand kam, beteiligte sich der erst dreizehn Jahre alte Schüler Hassan an nationalistischen Demonstrationen. Der Umstand, dass zeitweise auch sein Heimatdorf Mahmudiya von den Briten besetzt war, dürfte bei dem Jungen einen nachhaltigen traumatischen Eindruck hinterlassen haben, denn der junge al-Banna kämpfte auch mit der Feder gegen die britische Protektoratsmacht an und profilierte sich schon bald als Verfasser nationalistischer Kampfdichtung, die er in der Schule vortrug. Diese Form des kulturellen Widerstands gegen eine fremde Besatzungsmacht sollte Jahrzehnte später auch von der Hamas mit Erfolg praktiziert werden.

Dass al-Banna sich zur Erziehungsarbeit berufen fühlte, resultierte nicht nur aus seiner frühen Vereinstätigkeit, sondern war auch eine Folge der wachsenden Nähe zu Kreisen der Sufis, der islamischen Mystiker, die auch in Ägypten vertreten waren. Besonders inspirierend scheint auf al-Banna, nachdem er mit vierzehn Jahren auf das

Lehrerseminar in der benachbarten Stadt Damanhur gewechselt war, das religiös-pädagogische Werk *Die Wiederbelebung der religiösen Wissenschaften* des mittelalterlichen Sufi-Gelehrten Abu Hamid al-Ghazzali gewirkt zu haben. Es dürfte nicht zuletzt al-Ghazzalis systematisches Denken gewesen sein, das dem suchenden Heranwachsenden dabei geholfen hat, seine Gedanken besser zu strukturieren. 1923 entschied sich Hassan endgültig für den Lehrerberuf, für den er in den folgenden vier Jahren, bis 1927, an der pädagogischen Hochschule Dar al-Ulum in Kairo ausgebildet wurde.

In der ägyptischen Hauptstadt sah sich al-Banna mit den Folgen der Modernisierung Ägyptens stärker konfrontiert als je zuvor. All die gesellschaftlichen und religiösen Traditionen, denen sich der vom Lande stammende Student verbunden fühlte, schienen in der Großstadt bedroht. Überall erblickte er spirituelle wie ideologische Verfallserscheinungen und gab dem Individualismus und der neuen «intellektuellen Freiheit» die Schuld daran. Die Wurzel allen Übels sah er in der «großen Invasion aus dem Westen», die mit ihren Säkularisierungstendenzen die islamische Identität seiner Landsleute zu zerstören trachtete. Emphatisch pries al-Banna die «teure ägyptische Nation»[5]. Sicherlich nicht zuletzt auch dank der weitreichenden Beziehungen seines Vaters zu tonangebenden islamistischen Aktivisten in der Stadt konnte er in Kairo sein Engagement in verschiedenen islamischen Organisationen uneingeschränkt fortsetzen. Er trat dem «Verein für die Erhabenheit der islamischen Moral» bei und schloss sich auch der im November 1927 als Antwort auf die englische christliche Jugendorganisation YMCA gegründeten und schon bald einflussreichen «Gesellschaft junger muslimischer Männer» (YMMA) an. Hassan, der überzeugt war, dass die ägyptische Presse generell darauf abzielte, den Einfluss der Religion auf Politik und Gesellschaft zurückzudrängen, versuchte dagegen auch als Autor anzugehen. Die religiöse Zeitschrift *Die Eroberung*, die ein Freund seines Vaters, der der YMMA angehörte, herausgab, veröffentlichte in den Jahren 1928 bis 1929 mehr als ein Dutzend Artikel von ihm, die den ambitionierten Aktivisten in islamistischen Kreisen landesweit bekannt machten.

Zu dieser Zeit lebte al-Banna bereits in der am Suez-Kanal gelegenen Hafenstadt Ismailiya, in die er 1927 als Grundschullehrer versetzt worden war. Hier offenbarte sich der aus seiner Sicht verderbliche europäische Einfluss in seiner ganzen Wucht. Nicht nur, dass es dort von britischen Soldaten, die Englands Hoheitsrecht über den Kanal sicherten, nur so wimmelte. Ismailiya war auch der Sitz der französischen Suez-Kanal-Gesellschaft, die sich der Stadt längst bemächtigt hatte. Al-Bannas traumatische Erinnerungen an die Zeit der einstigen Besetzung seines Heimatortes durch die Briten sowie die Erfahrung seines Studienaufenthalts in Kairo, wo er gemeint hatte, von einer «westlichen Invasion» überrollt zu werden, bestärkten ihn noch in der Überzeugung, Ismailiya sei eine besetzte Stadt. Diesen Eindruck dürfte auch die von den europäischen Besatzern dort etablierte, die Einheimischen diskriminierende soziale Hierarchie verstärkt haben. So mag es auch nicht weiter überraschen, dass die sechs Mitbegründer der Muslimbruderschaft, die im März 1928 in Hassan al-Bannas Wohnung in Ismailiya ins Leben gerufen wurde, allesamt bei der britischen Garnisonsverwaltung im Ort beschäftigt waren.[6] Sie alle einte das Gefühl, durch fremde Besatzer erniedrigt, diskriminiert und in ihrer Würde verletzt worden zu sein. Zu al-Banna waren sie durch dessen öffentliche Auftritte gestoßen: Er hatte sich schnell als fulminanter, unkonventioneller und charismatischer Prediger in der Stadt einen Namen gemacht, der nicht nur in Moscheen, sondern auch an profanen öffentlichen Orten wie Kaffeehäusern aufzutreten pflegte. Nach diesem Muster gingen auch die Mitglieder der Muslimbruderschaft vor, die in den darauf folgenden Jahren ihre Tätigkeit auf immer mehr Städte in der Region ausweiteten. Wie in Ismailiya, wo die Muslimbrüder schon 1930 mit Hilfe von Spendengeldern ihre eigene Moschee einweihen konnten und anschließend auch eine Knaben- und eine Mädchenschule sowie einen eigenen Club eröffneten, verfuhren sie in allen größeren Städten entlang des Suez-Kanals, in denen bereits von 1932 an Zweigstellen der Organisation errichtet wurden.

Im gleichen Jahr siedelte al-Banna wieder nach Kairo um, wo er zusammen mit seinem Bruder Abdelrahman al-Banna eine Filiale der Muslimbruderschaft gründete, die den «Verein für islamische Kultur», dem der Bruder vorstand, mit einschloss. Damit begann die eigentliche Expansionsphase der Muslimbruderschaft, die nun verstärkt auch auf dem Land agierte, wo konkurrierende islamische Vereine kaum präsent waren. Hatten die Muslimbrüder 1934 bereits über fünfzig Filialen in Ägypten, so sollten es nach eigenen Angaben 1939 bereits fünfhundert und 1948 rund zweitausend gewesen sein, mit einer geschätzten Mitglieder- und Sympathisantenzahl von zwei Millionen. Hassan al-Banna, der neben seinem Lehrerberuf für die Organisation nicht nur unermüdlich im Einsatz, sondern auch ständig auf Reisen war, ließ es sich nicht nehmen, auch noch die Auswahl und Ausbildung seiner Mitarbeiter, der sogenannten *Duaa* (zu Deutsch: Missionare oder Propagandisten), persönlich zu überwachen. Diese rekrutierten sich zunächst hauptsächlich aus der unteren Mittelschicht, später aber auch zunehmend aus der Bauern-, der urbanen Arbeiter- und Studentenschaft sowie aus Angehörigen der Armee. Die *Duaa* mussten nicht nur über profunde Kenntnisse der Religion verfügen, sondern auch mit der Innenpolitik des Landes vertraut sein und sich in Fragen, die die internationale Verbreitung und Lage des Islam betrafen, auskennen. Korrektes islamisches Verhalten, Solidarität mit allen Muslimen und ein gepflegtes Äußeres waren ebenfalls Voraussetzung. Die Organisation, die die Ausbildung ihrer Kader mit der Zeit immer weiter verfeinerte und ein streng hierarchisches System mit leistungsbezogener Entlohnung und Aufstiegsmöglichkeiten aufbaute, wurde nun von Kairo aus zentralistisch verwaltet, wobei jede der zahlreichen Zweigstellen ein strenges Arbeitsprogramm zu absolvieren hatte. In Abendschulen wurde der Analphabetismus bekämpft und Islamunterricht erteilt; spezielle Komitees verwalteten die soziale und karitative Arbeit; sportliche Aktivitäten wie Fuß- und Basketball, Ringen und Boxen wurden angeboten sowie pfadfinderähnliche Gruppen aufgestellt, deren Mitglieder auch paramilitärisch ausgebildet wurden. Jede Filiale hatte ein Büro einzurichten, Propaganda für die Organisation zu betreiben und über jedes einzelne Mitglied genauestens Buch zu führen – Gesundheitszustand inbegriffen. Früher oder später hatte jede Niederlassung ihre eigene Moschee und manch eine eröffnete neben einer Koranschule auch verschiedene Handwerksschulen, die die organisationseigenen Werkstätten, Kleinbetriebe und -fabriken mit gut ausgebildeten, streng islamischen Arbeitskräften versorgten. So war die Muslimbruderschaft, die unterdessen – nachdem sich ihr auch Ärzte angeschlossen hatten – eigene Arztpraxen und gar einige Krankenhäuser betrieb, in kurzer Zeit zu Ägyptens größter Massenbewegung herangewachsen. In der Bevölkerung genossen die Muslimbrüder als Moralinstanz schon bald soviel

Ansehen, dass sie in lokalen Streitfällen häufig auch als Vermittler hinzugezogen wurden. Zu der praktischen Arbeit vor Ort kam noch die publizistische Tätigkeit der Muslimbrüder hinzu, deren Zentrale in Kairo inzwischen über eine eigene Druckerei verfügte. Neben gelegentlichen Publikationen zu islamischen Themen wurde ab 1942 eine eigene Zeitschrift herausgegeben, die einige Jahre später in eine Tageszeitung umgewandelt wurde.

Die Spenden und Einnahmen aus den organisationseigenen Betrieben ermöglichten es Hassan al-Banna, den Lehrerberuf aufzugeben und sich ganz der Muslimbruderschaft zu widmen. Dem straffen und durchstrukturierten Aufbau der Organisation stand indes keine systematisierte Ideologie oder Lehre gegenüber. Im Gegenteil. Al-Bannas Positionen waren bisweilen widersprüchlich oder wurden, je stärker er die Nähe der Herrschenden suchte, aus taktischen Gründen in vielen Punkten absichtlich verschleiert. Für die Islamwissenschaftlerin Ivesa Lübben ist diese Vernebelungstaktik «Ausdruck einer Bewegungsideologie und einer flexiblen Bündnisstrategie, die unterschiedliche soziale Schichten und Klassen sowie verschiedene politische Strömungen in einer Bewegung zusammenfassen will».[7] Die Muslimbruderschaft sollte jenen religiös-moralischen Grundprinzipien wieder Geltung verschaffen, auf denen al-Bannas Auffassung nach die islamische Urgesellschaft zu Zeiten des Propheten Muhammad und seiner unmittelbaren Nachfolger beruht haben soll. Al-Banna hob besonders den Totalitätsanspruch des Islam hervor, den er als übergreifendes System begriff, das alle Lebensbereiche umfassen sollte: «Glaube und Ritual, Heimat und Nationalität, Religion und Staat, Spiritualität und Praxis, Koran und Schwert.»[8] Obgleich er die politische Herrschaft des Islam anstrebte und für die Anwendung der Scharia, des islamischen Religionsgesetzes, plädierte, sprach al-Banna nur ganz allgemein von der «Herrschaftsordnung des Islam», und nicht – wie dies manche seiner Nachfolger später taten – von einem «islamischen Staat». Auch lehnte er Ägyptens damaliges politisches System der parlamentarischen Monarchie nicht grundsätzlich ab und gab somit auch keinen Anlass zu dem Verdacht, er diffamiere die herrschende Regierungsform als unislamisch. Ganz im Gegenteil: al-Banna betonte ausdrücklich, dass das gegenwärtige Regierungssystem auf denselben Grundlagen wie die islamische Ordnung basiere. Er war also kein Revolutionär, der auf den völligen Umsturz zielte, sondern strebte vielmehr, um einen gesellschaftlichen Konsens bemüht, eine Reformierung des bestehenden Systems an.[9] Nicht frei von Widersprüchen war auch seine Haltung zur Frage der Wiederherstellung der 1924 von Kemal Atatürk in der Türkei endgültig abgeschafften islamischen Institution des Kalifats. Al-Banna propagierte zwar die Rückkehr zum Kalifat, machte jedoch bezüglich des Zeitpunkts und der Mittel zur Umsetzung dieses Ziels keine eindeutigen Aussagen.[10] Ebenso inkonsequent war er in der Ablehnung der Verwestlichung, was vermutlich nicht zuletzt damit zusammenhing, dass er offenbar auch von westlichen Vorbildern inspiriert war wie den Jesuiten-Schulen, der Arbeit von Missionaren in Ägypten oder den protofaschistischen Jugendorganisationen in Europa – Vorbilder, die er und seine Mitstreiter jedoch meist leugneten. Hier widersprachen sie ihren Kritikern gern mit der Behauptung, dass Verschiedenes, was nach westlichem Einfluss aussehe, seinen eigentlichen Ursprung im Islam habe, wo es schon lange vorher praktiziert worden sei. Indes erschienen al-Banna, der auch die Ursprünge der Demokratie im Islam verortete, Kompromisse zwischen der Scharia und der westlich geprägten modernen Gesetzgebung, die seinerzeit in Ägypten zunehmend Fuß fasste, keineswegs abwegig. Er brach sogar das Tabu des islamischen Zinsverbots und befürwortete Zinserträge in bestimmten Fällen. Und obgleich seine Gefolgschaft einer streng islamischen Erziehung unterzogen wurde, war sie weder vom Studium an einer der säkularen Universitäten Ägyptens ausgeschlossen noch vom Erwerb einer Fremdsprache oder von der Benutzung westlicher Technologien etwa im Kommunikations- und Medienbereich.[11] Ambivalent war auch al-Bannas Haltung gegenüber den Frauen. Einerseits lehnte er ebenso die Berufstätigkeit wie die öffentliche und politische Arbeit von Frauen ab und sah ihre Aufgabe im häuslichen Bereich, wo sie für die Erziehung der Kinder und den Haushalt verantwortlich seien. Andererseits jedoch ermutigte er Lehrerinnen und Ärztinnen, ihrem Beruf nachzugehen, solange sie sich gleichzeitig um den Nachwuchs kümmerten und strikt an die islamischen Verhaltensregeln hielten.[12]

Ähnlich flexibel war auch al-Bannas Verhältnis zum Nationalismus. Um sich gegen konkurrierende Strömungen wie den damals erstarkenden ägyptischen Nationalismus und den aufkeimenden Panarabismus behaupten zu können, entwickelte er eine Ideologie, die einerseits zwar Elemente dieser Strömungen in sich aufnahm, andererseits aber als islamisch apostrophiert wurde. Seiner Ansicht nach waren verschiedene Prinzipien, die der moderne Nationalismus für sich beanspruchte, im Grunde schon von dem Propheten Muhammad vertreten worden und infolgedessen mit dem Islam vereinbar. Sowohl der Patriotismus (*wataniya*) als auch der Nationalismus (*qaumiya*), so sein Standpunkt, würden ausdrücklich durch den Koran und den Propheten unterstützt. So habe der Prophet selbst, als er sich in Medina im Exil befunden und aus Sehnsucht nach seiner Heimatstadt Mekka Tränen vergossen habe, die Liebe für sein Land gutgeheißen. Patriotismus und Nationalismus betrachtete al-Banna also als islamische Teilidentitäten, solange sie nicht im Widerspruch zu den Grundlehren des Islam stünden. Eine Gefahr sah er im Nationalismus, wenn dieser zum Selbstzweck würde, um eine materialistische Interessenpolitik auf Kosten anderer Nationen ideologisch zu rechtfertigen, wobei er wohl auch das Beispiel des europäischen Faschismus vor Augen hatte. Dass er den Imperialismus westlicher Provenienz verdammte, während er gleichzeitig die frühe Expansion des Islam als Gottessegen ansah, schien al-Banna ganz und gar nicht als Widerspruch zu empfinden.[13] Dieses von vornherein flexibel angelegte ideologische Konzept der mehrfachen Loyalitäten wurde, je stärker sich die nationalistischen und panarabischen Tendenzen in Ägypten und der arabischen Welt abzeichneten, immer weiter modifiziert. Schon Anfang der vierziger Jahre bekundete al-Banna ganz offen seine Verbundenheit mit dem ägyptischen Nationalismus und – mit deutlichen panarabischen Akzenten – auch mit der arabischen Nation und dem islamischen Orient:

> Ägyptischer Nationalismus (*misriya*) oder Nationalismus (*qaumiya*) hat einen festen Platz in unserer Botschaft. Es ist unsere Pflicht, für ihn zu kämpfen. Wir sind Ägypter auf diesem kostbaren Flecken Erde, auf dem wir geboren wurden und auf dem wir aufwuchsen. Ägypten ist ein gläubiges Land, das den Islam mit offenen Armen empfing, ihn verteidigte und in vielen Etappen der Geschichte Aggressionen von ihm abwehrte und in seiner Annahme des Islam treu ergeben war. (...) Wir sind stolz darauf, dass wir dieser geliebten Heimat (*watan*) treu verbunden sind und für ihr Wohl handeln und kämpfen. Wir werden bei dem, was wir zum Leben erweckt haben, bleiben, da wir glauben, dass dies das erste Glied auf dem Weg zur angestrebten Renaissance (*nahda*) ist.

Ägypten ist Teil der umfassenden arabischen Heimat. Wenn wir für Ägypten aktiv werden, so werden wir für den Arabismus, für den Orient, für den Islam aktiv.[14]

Zunehmend fand auch der Begriff des *Dschihad*, des islamischen Heiligen Krieges, Eingang in den Diskurs über die mehrfachen Loyalitäten, was den Weg zum militärischen Aktivismus mit ebnete. Dies umso mehr, als der Aufstand der Palästinenser gegen die Briten und die Zionisten in Palästina in den Jahren 1936 bis 1939 die Diskussion über die Frage des militärischen Widerstands gegen die europäischen Imperialisten auch in Ägypten neu entfachte. Da Palästina damals Protektorat der auch bei den ägyptischen Nationalisten als Fremdherrscher verhassten Briten war, dürfte die Muslimbruderschaft eine Ausdehnung ihrer Aktivitäten dorthin als Selbstverständlichkeit angesehen haben, zumal sich auch konkurrierende politische wie islamische Organisationen in der Palästina-Frage zu profilieren suchten. Das politische Kalkül, sich für und in Palästina zu engagieren, sollte aufgehen: Es brachte der Organisation mehr Anhänger als je zuvor. So hatte sich in den Jahren 1936 bis 1941, in die auch die erste Kampagne der Muslimbruderschaft für den Heiligen Krieg in Palästina fiel, die Zahl ihrer Zweigniederlassungen in Ägypten mehr als verdreifacht.[15]

Doch das Engagement für Palästina gereichte der Bewegung der Muslimbrüder in Ägypten, deren weitere Entwicklung hier nur kurz skizziert werden kann, nicht nur zum Segen. So war es nicht nur die Popularität der Muslimbruderschaft, die stetig wuchs, sondern auch ihre Gewaltbereitschaft, was zu immer stärkeren Spannungen zwischen der Organisation und der ägyptischen Regierung führte. Ob hier die Machtphantasien des sich als Kopf der Bewegung zunehmend autoritär gebärdenden Gründungsvaters oder eher die Radikalität manch eines Anhängers ausschlaggebend waren, ist nicht eindeutig auszumachen. Seit Mitte der vierziger Jahre jedenfalls, nachdem die Bewegung auch einen militärischen Arm aufgebaut hatte, kam es regelmäßig zu gewalttätigen Ausschreitungen, zu Verhaftungen und Attentaten. Der radikale Flügel der Muslimbrüder verübte Anschläge ebenso auf britische Soldaten wie auf ägyptische Polizeiposten und Regierungsvertreter. Als der Konflikt zwischen der Regierung und der Bruderschaft immer weiter eskalierte, wurde am 6. Dezember 1948 die Organisation unter dem Vorwand, sie habe Waffen gehortet, um die Macht im Land gewaltsam an sich zu reißen, von der Regierung verboten. Allerdings beendete diese Maßnahme keineswegs die Spirale der Gewalt. Drei Wochen später fiel der ägyptische Premierminister Mahmud Fahmi al-Nuqrashi, der am Verbot der Muslimbruderschaft festhielt, obgleich al-Banna den Dialog mit ihm suchte, im Kairoer Innenministerium den Schüssen eines als ägyptischer Offizier verkleideten radikalen Mitglieds der Muslimbrüder zum Opfer.[16] Hassan al-Banna wurde zur Vergeltung am 12. Februar 1949 von einem bis heute unbekannten Täter, vermutlich einem Agenten des ägyptischen Geheimdienstes, in Kairo erschossen.

Nach der ägyptischen Revolution von 1952, zu deren Anführern al-Banna vor seiner Ermordung relativ gute Kontakte gepflegt hatte, wurde das Verbot wieder aufgehoben. Nach einem gescheiterten Attentat auf Revolutionsführer Gamal Abdel Nasser im Oktober 1954, der im November desselben Jahres als Präsident vereidigt wurde, wurde sie erneut verboten und streng verfolgt. Ihre Führungsriege wurde vor Gericht gestellt und größtenteils hingerichtet: ein Schicksal, das schließlich auch den Hauptideologen der Bewegung, Sayyid Qutb, ereilte, der am 29. August 1966 gehängt wurde. Er war der prominenteste und zugleich auch radikalste Theoretiker der Muslimbrüder, und seine Ideen haben bis heute großen Einfluss auf islamische Fundamentalisten. Unter Nassers Nachfolger Anwar Sadat genossen die Muslimbrüder relativ große Freiheit, wurden aber unter dem jetzigen Präsidenten Hosni Mubarak wieder verboten. Ein Teil von ihnen formierte sich zu einer islamischen Reformpartei, die Ende 2005 einen großen Wahlsieg erringen konnte und deren Abgeordnete ein Fünftel des ägyptischen Parlaments und damit den größten Oppositionsblock bilden.

Die Muslimbrüder entdecken Palästina

Das Interesse der Muslimbrüder an Palästina wuchs deutlich mit dem in den dreißiger Jahren beginnenden israelisch-palästinensischen Konflikt. In ihren Schriften wurde Palästina als integraler Bestandteil der islamischen *umma* bezeichnet:

> Die Angehörigen des palästinensischen Volkes sind unsere Brüder. Wer sich zurückhält und [dem Kampf in] Palästina keine Unterstützung zu-

kommen lässt, kommt demjenigen gleich, der das Werk Gottes und seines Propheten nicht unterstützt und der vom islamischen Glauben abgefallen ist. Derjenige, der Palästina Unterstützung zukommen lässt und auch Geld dafür spendet, der wird als jemand angesehen, der das Werk Gottes und seines Propheten unterstützt und den Islam verteidigt.[17]

Palästina und insbesondere Jerusalem genießen im Islam einen besonderen Status, da nach islamischem Glauben der Prophet Muhammad auf einer nächtlichen Reise an jener Stelle auf dem Jerusalemer Tempelberg gebetet haben soll, an der heute die Al-Aqsa-Moschee steht. Von dort aus soll er in derselben Nacht seine Himmelfahrt auf dem Rücken des pferdeartigen geflügelten Fabelwesens al-Buraq angetreten haben, das ihn zurück nach Mekka brachte. Der Koran widmet dieser Himmelfahrt die mit «Die nächtliche Reise» überschriebene 17. Sure, in der es in Vers 1 heißt: «Gepriesen sei der, der mit seinem Diener (d. h. Muhammad) bei Nacht von der heiligen Kultstätte (in Mekka) nach der fernen Kultstätte (in Jerusalem), deren Umgebung wir gesegnet haben, reiste, um ihn etwas von unseren Zeichen sehen zu lassen».[18] Für die Muslimbrüder war diese koranische Überlieferung auch deshalb von zentraler Bedeutung, weil sie, auch wenn sie einst zur Errichtung der Al-Aqsa-Moschee durch den Kalifen Umar Ibn al-Khatab geführt hatte, mittlerweile bei den zeitgenössischen Muslimen ihren ursprünglichen Stellenwert weitgehend verloren zu haben schien:

> Die frühen Muslime hatten das verstanden und setzten es während des Kalifats von Umar in die Tat um. Die heutigen Muslime sollten die Bedeutung dieses Verses verstehen. Denn sie müssen die Al-Aqsa-Moschee beschützen und bewachen, damit sie bis zum Tag der Auferstehung als Moschee bestehen bleibt und niemals zu einem jüdischen Tempel wird.[19]

Nicht nur der Koran, auch die Expansionsgeschichte des Islam hatte den heiligen Status von Jerusalem und Palästina gefestigt. Dieser rührte nicht nur daher, dass die Gebete der Muslime in der Anfangszeit des Islam nach Jerusalem gerichtet sein mussten, sondern resultierte auch aus dem Umstand, dass Palästina im islamischen Heiligen Krieg zum Schlachtfeld gegen die Kreuzzügler geworden war und die Märtyrer dieser Schlachten sowie mehrere Propheten und Weggefährten Muhammads dort begraben liegen. Die besondere Bedeutung, die die Muslimbrüder Palästina zumaßen, das in ihren Augen allen Muslimen gehörte, spiegelt sich deutlich in al-Bannas Äußerung: «In unseren Seelen hat Palästina einen spirituellen heiligen Platz, der über jedes abstrakte Nationalgefühl erhaben ist.»[20] Diesen heiligen Ort, der durch die Feinde des Islam wieder gefährdet schien, galt es nun erneut zu verteidigen, wofür die Tradition des *Dschihad*, des islamischen Heiligen Krieges, wieder belebt werden sollte. Die Neuformulierung dieses alten Gedankens, der, wie al-Banna und seine Anhänger meinten, nach der Abschaffung der panislamischen Institution des Kalifats in Vergessenheit geraten sei, war zu der Zeit ein Akt von revolutionärer Tragweite und sollte einen starken Einfluss auf verschiedene fundamentalistische Strömungen des Islam – bis hin zum islamistischen Terrorismus – haben.

So war die Verpflichtung zum Dschihad auch Bestandteil des Eidschwurs, den die Mitglieder der Bruderschaft zu leisten hatten. Al-Banna schrieb fest, dass diese Pflicht bis zum Tag der Auferstehung bestehen sollte, und unterschied drei verschiedene Stufen des Dschihad:

> Die erste Stufe des Dschihad ist die Ablehnung [des Feindes] im Herzen; die letzte Stufe ist der Kampf für die Sache Gottes. Zwischen diesen beiden Stufen gibt es den Dschihad der Zunge, den Dschihad der Schreibfeder und der Hand sowie den Dschihad, bei dem einem ungerechten Herrscher Worte der Wahrheit gesagt werden. Die islamische Sache kann nur durch den Dschihad überleben. Je höher die Sache, um so höher wird die Stufe des Dschihad um ihretwillen sein und noch höher wird der Preis für ihre Unterstützung sein und die Belohnung für diejenigen, die sich daran beteiligen.[21]

Dieses erste, eher theoretische Dschihad-Konzept wurde von den Muslimbrüdern weiter präzisiert, die ein fünfstufiges hierarchisches System von Zielsetzungen entwickelten. Auf der ersten Stufe standen die Abwehr von Angriffen sowie die Selbstverteidigung, die Verteidigung der eigenen Familie, des eigenen Besitzes, des eigenen Landes und der eigenen Religion; auf der zweiten die Sicherung der Glaubensfreiheit der Muslime, die durch die Ungläubigen an der Ausübung ihrer Religion gehindert würden; Stufe drei besagte, dass die Verbreitung der Botschaft des Islam – notfalls auch mit kriegerischen Mitteln

– so zu gewährleisten sei, dass sie ohne Einschränkung jeden erreichen könne; Stufe vier zielte auf die Bestrafung von Muslimen und nichtislamischen Schutzbefohlenen in der islamischen *umma*, die ihren religiösen Pflichten nicht nachkommen oder der islamischen Gemeinschaft Schaden zufügen würden; und Stufe fünf schließlich schrieb vor, alle unterdrückten Muslime, gleichgültig wo sie sich aufhielten, zu unterstützen und ihnen im Kampf gegen ihre Unterdrücker zur Seite zu stehen. Jede der fünf Stufen wurde mit Koranzitaten untermauert.[22] Der Dschihad bedurfte al-Banna zufolge aber auch einer eingehenden Vorbereitung:

> Für Entwicklungsnationen ist Stärke eine Notwendigkeit. Sie müssen ihre Kinder militärisch erziehen, gerade in einer Zeit, in der der Frieden nur durch Kriegsvorbereitungen gesichert ist und die heutige Devise lautet, dass «Stärke der sicherste Weg ist, um das zu etablieren, was recht ist». Aber der Islam ignoriert diesen Aspekt nicht, sondern macht ihn zu einer religiösen Pflicht, nicht anders als das Beten und das Fasten. Kein anderes System auf der Welt hat sich – zu irgendeiner Zeit – mehr mit diesem Aspekt befasst als der Islam.[23]

Auch dieser Gedanke wurde weiter konkretisiert, die Verteidiger des Islam sollten ebenfalls mit einem Fünfstufenplan für den Dschihad gerüstet werden. Dieser sah zunächst eine intensive Erziehungsarbeit vor, wobei im Vordergrund das Werben für den Gedanken des Heiligen Krieges stand, der von den Muslimen als religiöses Grundprinzip verinnerlicht werden sollte. An zweiter Stelle folgte die materielle Vorbereitung, die aus der Mobilisierung von Kämpfern und der Beschaffung von Waffen bestand; auf der dritten Stufe sollte der Aufbau militärischer Strukturen erfolgen und auf der vierten die militärische Ausbildung; der fünfte und letzte Schritt schließlich war die finanzielle Vorbereitung.

Die Pflicht zum Dschihad bestand nach Auffassung der Muslimbrüder immer dann, wenn islamischer Boden von Nichtmuslimen besetzt wurde, was nicht nur für die Kombattanten, sondern auch für die zivilen Vertreter der europäischen Kolonialmächte galt. Auch im Falle des von den Briten besetzten und von den Zionisten beanspruchten Palästina traf diese Voraussetzung aus Sicht der Bruderschaft zu, und sie hielt es für dringend erforderlich, entsprechend dem fünfstufigen Dschihad-Plan zu verfahren. Sich am islamischen Heiligen Krieg für die Befreiung Palästinas zu beteiligen und den dortigen Gotteskriegern, den sogenannten palästinensischen *Mudschahedin*, zu Hilfe zu kommen, wurde fortan als Pflicht eines jeden Muslim propagiert. Bei diesem Kampf sei, hieß es im September 1938 in der der Bruderschaft nahe stehenden Zeitschrift *Al-Nadhir*, eines von beiden zu gewinnen: Sieg oder Märtyrertod – eine direkte Anspielung auf das Credo des Anführers der palästinensischen *Mudschahedin* Izz ad-Din al-Qassam, der, bevor er in einem Gefecht mit einer britischen Polizeipatrouille am 20. November 1935 unweit von Dschenin getötet wurde, gerufen haben soll: «Dies ist der Heilige Krieg: Entweder Sieg oder Märtyrertod.»[24]

Tatsächlich scheint das Vorbild der palästinensischen Freiheitskämpfer um Izz ad-Din al-Qassam auf al-Banna und seine Anhängerschaft im Hinblick auf die Erneuerung des Dschihad-Gedankens nicht nur inspirierende Wirkung gehabt zu haben, sondern vielmehr die Initialzündung gewesen zu sein. In einem in Islamistenkreisen berühmt gewordenen Aufsatz in *Al-Nadhir* pries al-Banna 1938 den Aufopferungsgeist der palästinensischen Kämpfer. Der Beitrag war mit dem arabischen Titel «*sinaat al-maut*» überschrieben, was im Deutschen soviel wie «Erzeugen», «Kunst» oder «Handwerk des Todes» bedeutet. Ebendies, schrieb er, sei von den Palästinensern vervollkommnet worden und mittlerweile auch für die arabisch-islamische Jugend allerorten, ob in Kairo, Damaskus oder Bagdad, zum Ideal geworden.[25] Enthusiastisch fuhr er fort:

> Oh Palästinenser, auch wenn das Ergebnis eurer Revolte nicht mehr ist, als die Schleier der Erniedrigung und die Masken der Ergebung von den Seelen der Muslime genommen und das Volk des Islam zu Freude, Schönheit, Stärke und zu dem Vorteil der Kunst des Todes geführt zu haben, so habt ihr einen wunderbaren Sieg errungen.[26]

Für die Muslimbrüder war der Heilige Krieg in Palästina unterdessen nicht nur eine religiöse Verpflichtung, sondern auch ein unausweichliches, in den Schriften bereits vorausgesagtes Ereignis, das eine neue Ära der islamischen Geschichte einleiten sollte. In der Überzeugung, Gott auf ihrer Seite zu haben, beriefen sie sich auf eine Aussage des Propheten Muhammad, die im Hadith, den überlieferten Aussprüchen und Taten des Religionsstifters, dokumentiert ist:

Eine Gruppe meiner *umma* wird übrig bleiben, um das zu bewahren, was recht ist und um ihren Feind zu besiegen (...) Da fragten die Leute: «Und wo sind diese Menschen, Oh Gesandter Gottes?» Er antwortete: «In Jerusalem und seiner Umgebung.»[27]

Diese eschatologische Vision wurde durch ein weiteres Endzeit-Szenario aus der Hadith-Überlieferung untermauert, wo prophezeit wird, dass der Tag der Auferstehung kommen werde, wenn die Muslime gegen die Juden kämpfen und sich die Juden auf der Flucht vor den muslimischen Gotteskriegern hinter Steinen und Bäumen verbergen, die Bäume aber die Verstecke mit den Worten preisgeben würden: «Du Muslim, hinter mir ist ein Jude, komm und töte ihn.» Nur ein einziger «jüdischer» Baum, nämlich der Gharqad,[28] würde die Juden nicht verraten.[29]

Es waren aber nicht nur religiöse Motive, die aus Sicht der Muslimbrüder den bewaffneten Dschihad für die Befreiung Palästinas rechtfertigten, sondern auch politische Gründe – insbesondere die scheinbar gefährdete Zukunft Ägyptens als arabischer Staat. Für den Fall der Gründung eines jüdischen Staates in Palästina wurde die Gefahr beschworen, dass Ägypten das nächste Ziel einer zionistischen Invasion sein würde, da dort der Geburtsort von Mose, dem Gründer der jüdischen Religion, liege. Auch die Halbinsel Sinai, wohin Mose vor den Pharaonen geflüchtet und wohin später das Volk Israel gewandert war, habe für die Juden hohen symbolischen und religiösen Wert, da dieser dort am Berg Sinai die Gesetzestafeln empfangen habe. Die Sinai-Halbinsel sei für Ägypten aber nicht nur wegen ihrer reichen Bodenschätze, sondern auch in strategischer Hinsicht von zentraler Wichtigkeit, da sie mit einer Bergkette die östliche Flanke des ägyptischen Kernlandes schütze. Ein jüdischer Staat auf palästinensischem Boden würde als Außenposten der europäischen Kolonialmächte eine Bedrohung für die gesamte arabische Welt darstellen und das Land am Nil wirtschaftlich dominieren. Im Geschichtsbild der Muslimbrüder verschmolzen indes ferne Vergangenheit und unmittelbare Gegenwart. So waren sie der Überzeugung, dass die militärische Gefährdung Ägyptens unausweichlich mit dem Schicksal Palästinas verbunden war. Denn schon in der Antike seien die regionalen Großmächte aufgrund seiner strategischen Lage als Landbrücke zwischen den Kontinenten immer wieder über Palästina nach Ägypten gelangt, das deshalb häufig um seine Existenz habe kämpfen müssen. Nicht zuletzt deshalb hätten die Ägypter ein Recht darauf, dass Palästina in arabischer Hand bleibe. Auch warnte al-Banna die ägyptische Regierung wiederholt vor der jüdischen Expansionsgefahr und forderte eine bessere Sicherung der Ostgrenze. Ironischerweise sollte er in diesem Punkt Recht behalten: Bereits im Sinai-Krieg von 1956 geriet die Halbinsel – wenn auch nur kurzzeitig – unter israelische Besatzung, im Sechs-Tage-Krieg von 1967 wurde sie von Israel erneut erobert und erst Anfang der achtziger Jahre im Zuge des israelisch-ägyptischen Friedensabkommens wieder geräumt.

Heiliger Krieg

Die Lage in Palästina stand bis weit in die zwanziger Jahre nicht auf der Agenda der ägyptischen Politik. Die Regierung wie auch die Presseorgane waren in der Palästinafrage stets um Neutralität bemüht, um die Beziehungen zu den Briten nicht zu trüben. Daran vermochte auch die erste palästinensische Erhebung im Jahr 1929, der al-Buraq-Aufstand,[30] der sich am Streit um die jüdische Präsenz an der Klagemauer entzündete, kaum etwas zu ändern. Erst mit dem palästinensischen Aufstand, der 1936 ausbrach und drei Jahre dauerte, begann sich diese distanzierte Haltung allmählich zu ändern, was nicht zuletzt auch auf die Agitation der Muslimbrüder zurückzuführen war, die zu den ersten in Ägypten gehörten, die mit der damaligen palästinensischen Führung Verbindung aufnahmen. So hatte al-Banna dem Großmufti von Jerusalem, Hadsch Amin al-Husseini, der im Dezember 1931 eine internationale Konferenz zur Entwicklung von Abwehrstrategien gegen die Zionisten einberufen hatte, eine einschlägige Botschaft mit einer Liste detaillierter Vorschläge zukommen lassen, die in den Beschlüssen zum Teil tatsächlich berücksichtigt wurden. Dazu gehörten die Empfehlungen, in Jerusalem eine sogenannte Al-Aqsa-Moschee-Universität zu gründen, eine islamische Enzyklopädie zusammenzustellen und eine islamische Gesellschaft für den Erwerb von Land ins Leben zu rufen, um dem massiven Bodenerwerb durch die Zionisten entgegenzusteuern. Die Beziehungen wurden einige Jahre später noch intensiviert, als zwei Vertreter der Bruderschaft im

Sommer 1935 nach Palästina, Syrien und in den Libanon reisten und auch al-Husseini in Jerusalem einen Besuch abstatteten; von da an war die Zentrale der Muslimbrüder für die Anführer der palästinensischen Nationalbewegung ein wichtiger Treffpunkt in Ägypten. Als der arabische Aufstand in Palästina, der im April 1936 mit einem Generalstreik begann, immer weitere Teile der palästinensischen Gesellschaft erfasste und die Gewalt zwischen der arabischen und der jüdischen Bevölkerung eskalierte, wurden auch die Muslimbrüder aktiv. Sie gründeten das «Hohe Hilfskomitee für die Unterstützung der Opfer Palästinas», das die Palästinenser in ihrem Kampf gegen die britische Autorität unterstützen sollte. Die Aktivitäten reichten von Spendensammlungen, mit denen gleich mehrere Sonderkomitees befasst waren, bis hin zu massiven Agitationskampagnen gegen Briten und Zionisten. Im Rahmen der politischen Agitation wurden etwa Telegramme an wichtige Stellen der britischen Verwaltung in Ägypten und Palästina gesandt, Demonstrationen organisiert und Hetzpredigten in den Moscheen gehalten, in denen behauptet wurde, die Zionisten in Palästina würden islamische heilige Schriften entweihen. Auch wurde das Gerücht verbreitet, die Juden beabsichtigten, die islamischen heiligen Stätten in Jerusalem zu zerstören, um an deren Stelle einen jüdischen Tempel zu errichten.[31] In der Palästina-Frage gaben sich die Muslimbrüder in mancher Hinsicht noch weit radikaler als das von al-Husseini ins Leben gerufene palästinensische «Arabische Hochkomitee», das den Aufstand koordinierte. Als Letzteres nämlich Bereitschaft zeigte, britische Kompromissvorschläge zu diskutieren, appellierte die Bruderschaft an den Großmufti, nicht die geringsten Konzessionen zu machen: Es sei besser in Würde zu sterben, als unter dem Joch der Sklaverei zu leben. Und als die palästinensische Führung im Oktober 1936 einlenkte und ein Ende des Generalstreiks ankündigte, diffamierten die Muslimbrüder diesen Schritt als «britischen Trick». Kategorisch lehnten sie auch den Teilungsplan der englischen Peel-Kommission ab, die die Gründe für die gewaltsamen Ausschreitungen zwischen Arabern und Juden in Palästina untersuchte und eine Teilung Palästinas in einen jüdischen und einen arabischen Staat vorschlug. Al-Banna und seine Mitstreiter hatten freilich schon früh die von den Zionisten verfolgte Absicht erkannt: die Gründung eines jüdischen Staates in Palästina – ein Unternehmen, das nach Meinung der Muslimbrüder das Hauptziel der britischen Mandatsregierung war.[32]

In den folgenden Jahren radikalisierte sich die Rhetorik der Muslimbrüder zusehends. Kompromisslos richtete sie sich gegen die Präsenz der Briten im Nahen Osten und ihre angeblichen Verbündeten, die Zionisten. Die organisationseigene Zeitschrift *Al-Nadhir* bezichtigte die Engländer, die arabische Welt spalten zu wollen und die Juden in Palästina dazu als Instrument zu benutzen. Unter Verweis auf die islamische Geschichte wurde hier verkündet, die Juden und ihre Verbündeten führten einen Kreuzzug gegen die Araber in Palästina, die nun gegen zwei Feinde zu kämpfen hätten: den Zionismus und sein Kapital sowie die Engländer und ihre Waffen. Das Endziel der westlichen Kreuzzügler sei, die Araber aus dem Land zu jagen und an ihrer Stelle Juden anzusiedeln.[33] Die Agitationskampagne der Bruderschaft gegen die britischen Mandatsherrscher in Palästina, die – nachdem es dort im Herbst 1937 wieder zu gewalttätigen Unruhen gekommen war – massiv gegen die arabische Bevölkerung vorgingen, hatte jetzt ihren Höhepunkt erreicht. Das Organ der Muslimbruderschaft warnte die Briten vor einem gesamtarabischen Dschihad, der das Ende ihres Imperiums einläuten und, wenn es sein müsste, auch mit Waffengewalt ausgetragen würde.[34] Neben den in *Al-Nadhir* erscheinenden Berichten über vermeintliche Verbrechen englischer Soldaten an Palästinensern wurde in der Kairoer Organisationszentrale eine vehement antibritische Propagandaschrift mit dem Titel «Feuer und Vernichtung in Palästina» verfasst. Basierend auf Informationsmaterial, das der Großmufti von Jerusalem geliefert haben soll, brachte die Hetzschrift Berichte und Bilder von Gräueltaten in Umlauf, die von den Briten in Palästina angeblich begangen worden waren. Das Heft, das im ganzen Land vertrieben wurde, erregte schon bald den Zorn der um ein spannungsfreies Verhältnis zu den Briten bemühten ägyptischen Regierung, die sofort die Restauflage beschlagnahmte. Hassan al-Banna, der daraufhin verhaftet wurde, war allerdings kurze Zeit später wieder auf freiem Fuß: Man befürchtete wohl, er würde ein Gerichtsverfahren dazu nutzen, seiner radikal antibritischen Haltung mehr Publizität zu verschaffen.[35]

Zu diesem Zeitpunkt waren die Muslimbrüder allerdings nicht mehr die einzigen, die mit einer Palästina-Kampagne in Ägypten Zeichen setzen wollten: Mittlerweile hatten sie Konkurrenz von anderen politischen Bewegungen bekommen, die die Palästina-Frage ebenfalls für sich entdeckt hatten, wie etwa die nationalistische Wafd-Partei. Wohl auch um diese auszustechen, versuchte die Muslimbruderschaft mit immer neuen Propagandamethoden auf sich aufmerksam zu machen, die hier nicht zuletzt deshalb erwähnt werden sollen, weil sie Jahrzehnte später in ähnlicher Form bei der palästinensischen Hamas Anwendung fanden. So waren die Muslimbrüder die ersten in Ägypten, die flächendeckend Flugblätter verteilten. Und in ihren Publikationen machten sie zum Zwecke der Emotionalisierung stets von religiös gefärbter Kampfdichtung Gebrauch. Ferner verfassten sie eine «Palästina-Hymne», die auch vertont und in den Moscheen im Anschluss an politisch-religiöse Kampfreden und Gebete für die islamischen Märtyrer Palästinas gesungen wurde. In der turnusmäßig stattfindenden «Palästina-Woche» wurden diese Aktivitäten noch weiter intensiviert.[36] Innovativ war auch der an Frauen und Kinder gerichtete Appell, sich ihren Möglichkeiten entsprechend für den islamischen Heiligen Krieg in Palästina zu engagieren. So wurden etwa in *Al-Nadhir* die Leser aufgerufen, ihren Kindern von der Not der Palästinenser zu berichten, um sie dazu zu bewegen, ihr Taschengeld für die palästinensische Sache zu spenden. Den Kindern sollte indes nicht verschwiegen werden, dass das von ihnen für Palästina gespendete Geld unter anderem auch für den Erwerb von Gewehrmunition verwendet wurde, mit der die «Feinde Gottes» bekämpft wurden. *Al-Ikhwan al-Muslimun*, die zweite Zeitschrift der Organisation, bediente sich sogar der Mittel des Comics, um die Kinder zur Beteiligung am Dschihad zu animieren.[37] Und die Redaktion von *Al-Nadhir* rühmte das selbstlose Verhalten der Frauen aus der Epoche der großen islamischen Eroberungszüge, um ihre Leserinnen zu ermuntern, diesem Beispiel zu folgen und alles in ihrer Macht Stehende zu tun, um den Dschihad für Palästina zu unterstützen. Vorbildcharakter erlangte die Stellungnahme einer Leserin, die sich durch ihre glühende Aufopferungsbereitschaft auszeichnete:

> Lasst sie nach Freiwilligen suchen. Ich werde als erste in der vordersten Reihe stehen. Mein Leben werde ich in meinen eigenen Händen überbringen und es als Opfer auf dem Altar der Verteidigung der heiligen Stätte [in Jerusalem] darbringen, um so die Ehre des Dschihad zu erlangen.[38]

Mit der rhetorischen Radikalisierung ging auch die Militarisierung der Bewegung einher. Wann genau es zur Gründung des militärischen Arms der Bruderschaft kam, lässt sich nicht eindeutig feststellen. Der «Sonderapparat» (al-nizam al-khas), wie er im Organisationsjargon hieß, dürfte Ende der dreißiger Jahre aufgebaut worden sein – also in der letzten Phase der seinerzeit von den Muslimbrüdern betriebenen Palästina-Kampagne. Allem Anschein nach hat er sich aus Mitgliedern der Pfadfindergruppen der Organisation rekrutiert, die in kleinen Geheimzellen militärisch ausgebildet wurden. Dies geschah zwar auf Initiative des radikaleren Flügels der Bruderschaft, eine nicht unerhebliche Rolle scheint aber auch die mit al-Bannas Bewegung konkurrierende faschistische sowie religiös gefärbte «Partei des Jungen Ägypten» gespielt zu haben. Diese verfügte bereits damals über die besten paramilitärisch geschulten Jugendverbände, die sogenannten «Grünhemden»-Einheiten, von denen die Muslimbrüder als «Quietisten und Nicht-Revolutionäre» belächelt wurden.[39] Es gibt Hinweise darauf, dass beim Aufbau des militanten Zweigs der Muslimbruderschaft auch Vertreter des nationalsozialistischen Deutschland ihre Finger mit im Spiel hatten. Wilhelm Stellbogen, der damalige Direktor des Deutschen Nachrichtenbüros in Kairo, transferierte nachweislich mehrere Male Geld an Hassan al-Banna, wobei Mitarbeiter des Jerusalemer Großmuftis al-Husseini, der schon damals mit den Nationalsozialisten eng zusammenarbeitete, offensichtlich als Vermittler agierten. Dass diese Zuwendungen für militärische Zwecke verwendet wurden, erscheint durchaus plausibel, zumal später führende Muslimbrüder vor Gericht aussagten, dass Mahmud Labib, einer der Leiter des Sonderapparats, bei dessen Aufbau deutsche Offiziere um Unterstützung bat.[40] Welcher Art auch immer diese Zusammenarbeit gewesen sein mag, die Muslimbrüder und die Nationalsozialisten hatten, so meint jedenfalls der arabische Historiker Abd al-Fattah el-Awaisi, ein gemeinsames Ziel: teilzuhaben an der Befreiung Palästinas von der britischen Herrschaft – dafür sei damals der Sonderapparat ins Leben gerufen worden;[41] die von al-Banna propagierte höchste Stufe des Dschihad[42] war somit erreicht.

Noch ehe sich 1948 im arabisch-israelischen Krieg die Gelegenheit zum bewaffneten Dschihad ergeben sollte, begannen die Muslimbrüder Zweigniederlassungen ihrer Organisation in Palästina zu errichten. Mit dieser Aufgabe wurde, einer Version zufolge, im Herbst 1945 der seinerzeit zwanzig Jahre alte Jurastudent Said Ramadan betraut, der für die Gründung von Zellen der Bewegung in den wichtigsten städtischen Zentren Palästinas – Jerusalem, Jaffa, Haifa, Nablus, Beersheva, Lydda, Ramle und Jericho – verantwortlich zeichnete. Nach einer anderen Version war es Gaza, wo die Muslimbrüder am Ende des Zweiten Weltkrieges in Palästina zuerst ihre Aktivitäten entfalteten.[43] Wie dem auch sei, 1947 jedenfalls war die Zahl der Filialen im Land auf fünfundzwanzig angewachsen, mit geschätzten zwölf- bis zwanzigtausend Mitgliedern.[44] Über den Arbeitsschwerpunkt dieser palästinensischen Ableger der Muslimbruderschaft herrscht unter den Historikern Uneinigkeit. Während die einen die politische Agitation und die Mobilisierung für den Dschihad gegen die Zionisten für vorrangig halten,[45] sehen die anderen eher das religiös-moralische Engagement im Vordergrund.[46] Für die These vom militanten Charakter der palästinensischen Dependancen der Bruderschaft spricht indes die Kooperation mit dem mittlerweile im Exil lebenden Großmufti von Jerusalem. Hadsch Amin al-Husseini, dem als Hauptdrahtzieher des palästinensischen Aufstandes Mitte Oktober 1937 die Flucht vor den britischen Mandatsherren gelungen war, war von al-Banna nämlich zum offiziellen Oberhaupt der Muslimbrüder in Palästina ernannt worden. Ein Arrangement, das beiden Seiten zum Vorteil gereichte: dem Jerusalemer Großmufti, dem es dazu verhalf, sein Ansehen bei seinen palästinensischen Landsleuten auch in seiner Abwesenheit zu steigern, und den Muslimbrüdern, die sich nun mit al-Husseinis heroisch-patriotischer Aura schmücken konnten. Allerdings lag die eigentliche Kontrolle über die Bruderschaft in Palästina nach wie vor in den Händen der Kairoer Zentrale,[47] wo man recht bald schon mit der militärischen Vorbereitung des Dschihad begann. Zu diesem Zweck wurde der bereits erwähnte Mahmud Labib, ein ehemaliger Offizier der ägyptischen Armee, nach Palästina entsandt. Labib, dem es gelungen war, innerhalb kürzester Zeit palästinensische Jugendliche aus zwei bis dahin konkurrierenden lokalen Jugendbewegungen zu mobilisieren, oblag es, unter dem Banner der Bruderschaft, aber unter einem anderen Namen, die militärische Ausbildung der künftigen Gotteskrieger zu koordinieren. Das Unternehmen scheiterte jedoch, als die britische Besatzungsmacht die Aktivitäten des Ägypters aufdeckte und ihn im August 1947 zwang, das Land zu verlassen.[48]

Auch in seinem Heimatland, wohin Labib zurückgekehrt war, stießen die Dschihad-Pläne der Muslimbrüder, die mittlerweile immer konkretere Gestalt angenommen hatten, nicht gerade auf Gegenliebe. Die ägyptische Regierung verweigerte der Bruderschaft zunächst jedwede Unterstützung bei der Rekrutierung von Freiwilligen – wohl auch, weil sie fürchtete, dass hier unter dem Vorwand des Heiligen Krieges für die Befreiung Palästinas Waffen gehortet würden, die eines Tages im Zuge einer islamischen Revolution gegen die eigene Regierung gerichtet sein könnten. Die Organisation verstärkte unterdessen ihre Propaganda und behauptete, ihre Aktivisten hätten sich auf eigene Faust nach Palästina und Syrien begeben und von dort aus palästinensischen Kampfeinheiten angeschlossen, für die sie auch geschmuggelte Waffen im Gepäck gehabt hätten. Zudem versuchte man den Eindruck zu erwecken, in Ägypten stünden noch weit mehr Freiwillige für den bewaffneten Dschihad gegen die Zionisten parat, was allerdings nicht unbedingt der Realität entsprach. Tatsächlich aber war es den Aktivisten der Bruderschaft gelungen, ein umfangreiches Waffenarsenal zusammenzutragen, das im Januar 1948 von der ägyptischen Polizei entdeckt wurde. Vermutlich war es nicht zuletzt auch die Besorgnis, die Situation könnte außer Kontrolle geraten, die die ägyptische Regierung nur kurze Zeit später zu einem Kurswechsel veranlasste. Bereits im Frühjahr desselben Jahres begann sie, in zwei Trainingslagern Freiwilligeneinheiten militärisch ausbilden zu lassen, ein Unterfangen, das zur Schaffung zweier Bataillone führte und an dem auch Mahmud Labib beteiligt war. Wieviele ägyptische Muslimbrüder im israelisch-arabischen Krieg von 1948 tatsächlich in diesen Freiwilligeneinheiten gekämpft haben, ist nicht klar. Der Historiker Thomas Mayer jedenfalls schätzt ihre Zahl auf höchstens einige hundert, erachtet allerdings die mit großem Propagandaaufwand geführte Kampagne der Bruderschaft als ausschlaggebend für Ägyptens Beteiligung an diesem Krieg.[49] Trotz dieser relativ geringen Zahl preisen den Islamisten nahe stehende arabische Autoren neuerdings den mutigen, wenn nicht gar heroischen Einsatz und die beeindruckenden Leistungen der Muslimbrüder auf dem Schlachtfeld. Dies ist, wie der Hamas-Historiker Khaled Hroub schreibt, Teil einer vehementen innerarabischen Diskussion:

> Die gegenwärtige Literatur über die Teilnahme der Muslimbrüder am Krieg von 1948, von Islamisten verfasst, liefert eine Fülle von Details zu diesem Thema, einschließlich der Namen der Kampfschauplätze und der gefallenen lokalen Führer. Die Absicht ist, das Ausmaß der Beteiligung der Bruderschaft an dem Krieg vor Augen zu führen – ein Thema, dem zunehmend Aufmerksamkeit zuteil wird – als Antwort auf die Flut von Vorwürfen, die sich gegen die Bruderschaft richteten wegen ihres sehr geringen Engagements in der Palästina-Frage in den sechziger und siebziger Jahren und sogar bis zur Mitte der achtziger Jahre.[50]

Gerade an der ägyptisch-israelischen Front hätten sich die Muslimbrüder durch ihre persönliche Aufopferungsbereitschaft hervorgetan. Ihre Einsätze sollen dort wichtige strategische Vorteile für die regulären Kampfeinheiten der Ägypter gebracht haben, etwa bei Angriffen auf jüdische Siedlungen oder bei der Wiedereroberung arabischer Ortschaften, die die israelischen Streitkräfte zeitweise besetzt gehalten hatten. Hassan al-Banna soll seine Freiwilligenkämpfer im Stationierungsgebiet besucht und sogar geplante Einsätze mit den Kommandanten vor Ort erörtert haben.[51] Zurück in Ägypten, rührte das Oberhaupt der Muslimbrüder weiter kräftig die Propagandatrommel für den Heiligen Krieg in Palästina, sorgte für die Beschaffung von noch mehr Waffen und kündigte die Gründung eines weiteren Freiwilligenbataillons für den Feldzug gegen Israel an. Doch dazu sollte es nicht mehr kommen, denn nur kurze Zeit später, im Dezember 1948, wurde die Muslimbruderschaft von der ägyptischen Regierung, der sie wohl mittlerweile zu mächtig geworden war, offiziell verboten. Noch nach diesem Verbot sollen die Kampfeinheiten der Muslimbrüder, bevor auch sie auf Regierungsgeheiß endgültig aufgelöst wurden, von den ägyptischen Streitkräften noch einmal zu Hilfe gerufen worden sein: Allein dem rettenden Einsatz der Freiwilligeneinheiten der Bruderschaft sei es zu verdanken gewesen, dass ein Angriff der israelischen Armee, die am südlich der Stadt Gaza gelegenen, sogenannten Hügel 86 die Versorgungslinien der ägyptischen Einheiten habe unterbrechen wollen, erfolgreich abgewehrt werden konnte.[52] Was allerdings hier aus arabischer Sicht als strategisch entscheidende Schlacht beschworen wird, war in Wahrheit lediglich ein Ablenkungsmanöver der israelischen Brigade «Golani», das den Anschein erwecken sollte, die Israelis wollten den Gazastreifen erobern. In Wirklichkeit jedoch wurde der Kampf an dieser Front, bei dem schließlich ein Großteil der ägyptischen Truppen – die eigentlich mit der Eroberung Tel Avivs beauftragt waren – dezimiert wurde und die hauptsächlich im Gazastreifen verbliebenen restlichen Einheiten der Ägypter eingekesselt wurden, an anderen Stellen entschieden.[53] Die endgültige Niederlage des von ihm propagierten Heiligen Krieges in Palästina erlebte Hassan al-Banna indes nicht mehr. Knapp zwei Wochen nach seiner Ermordung unterzeichneten Israel und Ägypten am 24. Februar 1949 auf Rhodos ein Waffenstillstandsabkommen, das den Ägyptern weiterhin die Herrschaft über den Gazastreifen sicherte. Dort sollte es Jahre später zu einer Wiederbelebung der Aktivitäten der Muslimbrüder und schließlich zur Gründung der Hamas kommen.

2. Die Muslimbrüder in Palästina

Zwischen Verfolgung und Anpassung (1948–1967)

Der israelisch-arabische Krieg von 1948 riss das palästinensische Volk auseinander. Während, abgesehen von den in Israel verbliebenen Palästinensern, die in der Westbank lebende Mehrheit der palästinensischen Bevölkerung dem jordanischen Staat einverleibt wurde, gerieten jene im Gazastreifen unter ägyptische Herrschaft. Dieser Umstand sollte erhebliche Folgen für die weitere Entfaltung der Muslimbrüder haben. In Jordanien hatten sie relativ große Handlungsfreiheit, da das Regime dort bestrebt war, den palästinensischen Bevölkerungsanteil in den Staat zu integrieren. Ganz anders im Gazastreifen. Dort wurden die Palästinenser ägyptischer Militärverwaltung unterstellt und streng überwacht. Bis 1967, bis zu dem Zeitpunkt, als das Gebiet unter israelische Besatzung fiel, gestaltete sich das Verhältnis des ägyptischen Staates zu den Muslimbrüdern in Gaza kaum anders als zur Mutterorganisation im ägyptischen Kernland. Demgemäß war von 1949 an wie die Ursprungsbewegung in Ägypten auch der lokale Zweig der Bruderschaft im Gazastreifen verboten. Gleichwohl konnten die Muslimbrüder ihre Aktivitäten unter geändertem Namen in Gaza fortsetzen, wo sie sich fortan «*Dschamiyat al-Tauhid*» (Verein des islamischen Einheitsglaubens) nannten. Die anfänglich guten Beziehungen zwischen den freien Offizieren um Gamal Abdel Nasser, die sich 1952 in Ägypten an die Macht geputscht hatten, und der Muslimbruderschaft, die unter den neuen Machthabern wieder relativ frei agieren konnte, hatten indes im Oktober 1954 ein jähes Ende gefunden, als nach einem gescheiterten Attentatsversuch auf Staatspräsident Nasser ein Anhänger der Muslimbrüder als Täter festgenommen wurde. Nasser, der sich mittlerweile mit der Führung der Muslimbruderschaft weitgehend überworfen hatte und die Machtverhältnisse im Land nun ein für alle Mal klarstellen wollte, nutzte die Gelegenheit, um die Bruderschaft zu zerschlagen und zahlreiche ihrer Aktivisten und führenden Mitglieder zu verhaften, was die Muslimbrüder wieder in den Untergrund zwang. Elf Jahre später kam es erneut zu einer Hetzjagd gegen die Anhänger der Bruderschaft, als Nasser behauptete, sie einer politischen Verschwörung überführt zu haben. Die Repressionen waren nun noch entschieden härter als ein Jahrzehnt zuvor. Einige tausend Mitglieder der Organisation in Ägypten und im Gazastreifen wurden verhaftet und ihre prominentesten Köpfe hingerichtet, so auch Sayyid Qutb, der Hauptideologe der Bewegung.

Die über den Gazastreifen rollende Verhaftungswelle traf gegen Ende des Jahres 1965 auch den damals knapp dreißigjährigen Ahmad Ismail Hassan Jassin, den späteren Gründer und geistigen Führer der palästinensischen radikalislamischen Hamas. Jassin wurde 1936 in dem unweit der heutigen israelischen Stadt Aschkelon[1] gelegenen palästinensischen Dorf Al-Dschora[2] geboren. Ähnlich wie bei Hassan al-Banna, dem Gründervater der Muslimbrüder, lässt sich der Werdegang des Hamas-Gründers fast nur anhand seiner eigenen Erinnerungen rekonstruieren, auf die sich auch sein offizieller Biograph – und heutiger palästinensischer Minister für Flüchtlingsangelegenheiten – Atef Adwan beruft.[3] Allerdings ist diese Quelle nicht unproblematisch. Denn Scheich Jassins charismatische Persönlichkeit und seine Eigenschaft als Gründungsvater der Hamas haben dazu beigetragen, dass an der offiziellen Version seiner Biographie nie gerüttelt wurde – erst recht nicht nach seiner Tötung durch die Israelis im Jahre 2004, die ihm den Status eines islamischen Märtyrers einbrachte. Wissenschaftlich hingegen ist die Lebensgeschichte des Hamas-Führers bislang kaum aufgearbeitet worden.[4]

Jassins Vater gehörte zu den Wohlhabenderen im Dorf Al-Dschora, er besaß Weinberge und Obstplantagen. Als er starb, war der junge Ahmad, eines von insgesamt acht Geschwistern, knapp fünf Jahre alt und sein ältester Bruder übernahm die Rolle des Familienoberhaupts. Jassins Erinnerungen an seine frühe Kindheit waren im Ganzen positiver Natur. Seine Mutter verehrte er nicht nur wegen ihrer Frömmigkeit: Sie habe, berichtete Jassin später, als sie mit ihm schwanger war, eine göttliche Stimme vernommen, die ihr befohlen habe, das Kind Ahmad zu nennen. Und selbst der heftige Widerstand eines einflussreichen Verwandten habe sie nicht daran hindern können, dieser Eingebung zu folgen.[5] Schon als Kind kam Ahmad in Kontakt mit britischen Soldaten, denen er, wie es damals viele seiner Altersgenossen taten, Obst verkaufte. Mit den Briten hatte er – im Gegensatz zu Hassan al-Banna, der die britischen Besatzungssoldaten nicht als Kind, sondern als Jugendlicher erlebt hatte – keine schlechten Erfahrungen gemacht. Ganz im Gegenteil, Jassin erinnerte sich sogar, dass er bei ihnen damals sehr beliebt war und dass einer von ihnen ihm einmal fast das Leben gerettet hatte.[6] 1948 bereitete der israelisch-arabische Krieg der Kindheitsidylle jedoch ein jähes Ende, als Jassins Heimatdorf von den Israelis zerstört wurde und dessen Bewohner in den damals von Ägypten beherrschten Gazastreifen fliehen mussten. Jassins Familie suchte in dem dortigen Flüchtlingslager Schati Zuflucht, wo der mittlerweile dreizehn Jahre alte Ahmad, bis dahin ein fleißiger und talentierter Schüler, erst einmal in einem Strandlokal in Gaza-Stadt arbeiten musste, um die Familie zu unterstützen. Seine älteren Geschwister jedoch, die schon bald einsahen, dass der begabte Bruder so seiner Zukunft beraubt würde, sorgten dafür, dass Ahmad wieder die Schule besuchen und am «Filastin»-Gymnasium sein Abitur machen konnte. Schon während seiner Schulzeit pflegte Ahmad regelmäßig die unweit vom Strand gelegene Abu Hadra-Moschee zu besuchen, die von den Muslimbrüdern nach bekanntem Schema betrieben wurde: Sie lockten die Jugendlichen mit Angeboten verschiedenster sportlicher Aktivitäten – hier vor allem Schwimmen –, um ihnen dann in der Moschee den Islam näher zu bringen. In diesem Umfeld erlitt 1952 der damals sechzehnjährige Ahmad am Strand einen Sportunfall mit schwerwiegenden Folgen. Der Junge, der offenbar seinen Freunden beweisen wollte, einen Kopfstand am längsten halten zu können, was ihm zunächst auch gelang, fiel nach einer Weile plötzlich um und lag regungslos auf dem Rücken. Was als sportliches Kräftemessen begonnen hatte, nahm ein verhängnisvolles Ende: Ahmad hatte sich eine schwere Verletzung der Wirbelsäule zugezogen, die zunächst eine zweimonatige Lähmung nach sich zog und eine lebenslange Behinderung zur Folge hatte. Nach einiger Zeit hatte er sich zwar einigermaßen erholt, konnte sich aber fortan nur noch mühsam bewegen. Mit den Jahren verschlechterte sich sein körperlicher Zustand immer mehr, bis schließlich in den neunziger Jahren eine Querschnittlähmung den Hamas-Führer an den Rollstuhl fesselte.

Es lässt sich darüber spekulieren, ob der junge Jassin womöglich einen anderen Weg eingeschlagen hätte, wäre es nicht zu diesem tragischen Unfall gekommen. Manch einer seiner Altersgenossen jedenfalls, die wie er den Muslimbrüdern in Gaza nahe standen, suchte damals den bewaffneten Kampf gegen Israel wieder zu beleben. Die jungen Eiferer hatten hierbei nicht nur das Beispiel jener älteren kampferprobten Muslimbrüder vor Augen, die als Anhänger des radikal-militanten Flügels im israelisch-arabischen Krieg von 1948 gekämpft hatten. Als Vorbild dienten ihnen auch die als *Fedayin* (Selbstaufopferer) bezeichneten Palästinenser-Einheiten, die das ägyptische Militär in den fünfziger Jahren mit der Absicht ins Leben gerufen hatte, den kriegerischen Konflikt mit Israel durch Sabotageakte und gelegentliche Guerillaangriffe immer wieder anzufachen. Zwei dieser jungen militanten Palästinenser, die meist aus Flüchtlingsfamilien stammten, waren Khalil al-Wazir und Salah Khalaf. Beide schlossen sich Anfang der fünfziger Jahre den Muslimbrüdern in Gaza an, die zu der Zeit gerade ein Netz von Kontakten zu Gleichgesinnten in der ägyptischen Armee aufbauten. Aus dieser Annäherung resultierte, dass Mitglieder der Muslimbrüder von Armeeangehörigen heimlich an den Waffen ausgebildet wurden, wobei es sich vermutlich vor allem um Jugendliche handelte, was an die Tradition der Bruderschaft anknüpfte, insbesondere jüngere Mitglieder paramilitärisch zu schulen. Auch der damals sechzehnjährige al-Wazir hatte eine solche Schulung durchlaufen, bevor er sich in dem von den palästinensischen Muslimbrüdern ins Leben gerufenen «Bataillon des Rechts» (*katibat al-haq*) selbst als Ausbilder betätigte; der zwei Jahre ältere Khalaf hatte sich indessen einer zweiten militanten Jugendgruppe, der sogenannten «Rächenden Jugend» (*schabab al-thar*), angeschlossen. Während Khalafs aktives Engagement in Sachen Befreiungskampf für Palästina zunächst nur von kurzer Dauer gewesen zu sein scheint – er begab sich schon bald zum Studium nach Ägypten –, hegte al-Wazir, was den bewaffneten Kampf gegen Israel anbelangte, weitaus größere Ambitionen.

Über die wachsende Militanz ihrer Jugend im Gazastreifen waren die Muslimbrüder in Gaza und in Ägypten geteilter Meinung. In der Kairoer Zentrale, wo man die damals noch guten Beziehungen zu den Offizieren um Nasser um keinen Preis gefährden wollte, sah man in möglichen Kampfhandlungen der «Rächenden Jugend» und des «Bataillons des Rechts» einen gefährlichen Alleingang und lehnte jeglichen Kampfeinsatz strikt ab. Zu einem solchen sollte es ohnehin nicht mehr kommen, weil die Muslimbruderschaft in Ägypten und Gaza kurze Zeit später, nach dem Attentatsversuch auf Nasser im Oktober 1954, verboten und verfolgt wurde. Ihre vorläufige Auflösung gab al-Wazir denn auch den Anstoß, eigene Wege zu gehen und mit Hilfe seiner guten Kontakte zur ägyptischen Armee eine kleine Guerillagruppe aufzubauen, die ebenfalls unter dem Namen «Bataillon des Rechts» in den Jahren 1954 und 1955 kleinere Sabotageakte gegen israelische Ziele durchführte. Mit dem israelisch-ägyptischen Sinaikrieg kam 1956 für derartige Operationen nicht nur das endgültige Aus, auch versetzte die vorübergehende, von November bis März des darauf folgenden Jahres andauernde israelische Besetzung des Gazastreifens der dortigen Muslimbruderschaft einen schweren Schlag, der sie nachhaltig schwächte.[7] Jahrzehnte später wurde behauptet, die palästinensischen Muslimbrüder hätten gegen die damalige israelische Besatzung im Gazastreifen gekämpft.[8] In Wirklichkeit aber dürften sie seinerzeit wie auch nach dem Ende des Sinaikriegs und dem Abzug der Israelis wohl weit mehr mit dem eigenen Überleben beschäftigt gewesen sein. Sich an einem Waffengang gegen Israel zu beteiligen, wäre zu der Zeit schon allein deshalb zu riskant gewesen, weil Nasser nun jegliche neue Eskalation des Konflikts mit Israel zu verhindern suchte. Dem hatten die letzten versprengten Muslimbrüder im Gazastreifen nichts entgegenzusetzen – sie wären für jedwede Intervention viel zu schwach gewesen.

Khalil al-Wazir und seine Mitstreiter, die aufgrund von Nassers neuer Politik der Zurückhaltung das Ende des ägyptisch unterstützten palästinensischen Kampfes gegen Israel befürchteten, schienen die prekäre Lage, in der die Bruderschaft sich befand, nicht begriffen zu haben. Sonst hätte sich al-Wazir im Juli 1957 wohl kaum an die Führung der Muslimbrüder mit der Forderung gewandt, eine Schwesterorganisation säkularen Charakters zu gründen, die zum bewaffneten Kampf gegen Israel rüsten sollte, was die Muslimbrüder, wie nicht anders zu erwarten war, ablehnten. Doch für den zum Kampf entschlossenen al-Wazir war die Sache damit noch lange nicht erledigt. Im Gegenteil. Er, Salah Khalaf, Jassir Arafat und andere Palästinenser, von denen mehrere in ihren Jugendjahren den Muslimbrüdern nahe gestanden hatten, sollten schon bald Geschichte schreiben: Im kuwaitischen Exil gründeten sie Ende 1958 im Untergrund die Kampforganisation *Fatah*,[9] die binnen weniger Jahre zur wichtigsten nationalen Befreiungsorganisation der Palästinenser avancieren sollte.

Der körperlich beeinträchtigte Ahmad Jassin ging einen anderen Weg. Im Alter von neunzehn Jahren trat er 1955 der lokalen Gruppe der Muslimbrüder im Flüchtlingslager Schati bei, wo er noch immer lebte. Er blieb der Organisation auch weiterhin treu, nachdem er sich – wie seinerzeit Hassan al-Banna – für den Lehrerberuf entschieden hatte, den er trotz seiner schweren Behinderung von 1958 bis 1976 an einer Grundschule in Gaza-Stadt ausübte. Jassins starke Verbundenheit mit der Bewegung schlug sich auch in seiner Unterrichtsgestaltung nieder, wo er sich neben seiner Aufgabe als Arabischlehrer vor allem auch dazu berufen fühlte, die Kinder an den Islam und das Beten heranzuführen, ein Ziel, das er nach Schulschluss in der lokalen Moschee verfolgte. Ganz den Grundsätzen Hassan al-Bannas folgend, der seinen Anhängern unter anderem auch das Erlernen wenigstens einer Fremdsprache empfohlen hatte und mit dessen Schriften Jassin seit seiner Jugendzeit[10] vertraut war, schrieb er sich an der ägyptischen Ein-Schams-Universität zu einem englischen Sprachkurs ein. Wegen seiner einmonatigen Gefängnishaft gegen Ende des Jahres 1965[11] konnte er das Sprachstudium jedoch nicht abschließen, da ihm von da an die Einreise nach Ägypten untersagt war. Zum Zeitpunkt seiner Verhaftung hatte sich Jassin, mittlerweile Vater von mehreren Kindern, auch an seinem Wohnort, dem Flüchtlingslager Schati, als islamischer Korangelehrter, Prediger und als Organisationstalent einen Namen gemacht. Sein Ansehen rührte sicherlich nicht zuletzt auch daher, dass es ihm gelungen war, selbst unter den widrigen Bedingungen eines Flüchtlingslagers eine kleine Erziehungsstätte nach dem Vorbild der Muslimbrüder aufzubauen, wo in einer notdürftig eingerichteten Moschee Koranunterricht erteilt wurde und ein eigens gegründeter Jugendclub den Kindern im Ort die Möglichkeit zu Sportaktivitäten und Sommerlagern bot.

Scheich Jassin und die Muslimbrüder in Gaza (nach 1967)

Die Eroberung des Gazastreifens durch die israelische Armee im Sechs-Tage-Krieg im Juni 1967 eröffnete den Muslimbrüdern in den von den Israelis nunmehr besetzten Palästinensergebieten neue Aktionsmöglichkeiten. Da sich jetzt sowohl der Gazastreifen als auch die Westbank unter israelischer Verwaltung befanden, standen den Muslimbrüdern nun die Reisewege zwischen den beiden Gebieten offen, was die gegenseitige Kontaktaufnahme und Koordination erheblich erleichterte und bald zur Gründung der Dachorganisation «Die Muslimbrüder in Jordanien und Palästina» führte. Allerdings hatte der Dachverband letztlich nur einen geringen Einfluss auf die Entwicklung der Bewegung im Gazastreifen, die vorwiegend durch das Wirken Jassins geprägt war. Als dieser 1968 zu ihrem Anführer, dem *amir al-muminin* (Anführer der Gläubigen), ernannt wurde, ging er sogleich daran, die Aktivitäten der Muslimbrüder im Gazastreifen auf eine neue und solide Basis zu stellen. Auch was den Organisationsaufbau anging, orientierte sich Jassin an seinem Vorbild Hassan al-Banna. Zunächst teilte er das Gebiet des Gazastreifens in fünf Bezirke ein, die jeweils einem lokalen fünfköpfigen Komitee unterstanden. Einmal im Monat tagte unter Jassins Leitung ein Exekutivrat, dem je ein Vertreter dieser Bezirkskomitees angehörte. Wie seinerzeit al-Banna behielt auch Jassin die volle Kontrolle über die Organisation fest in seiner Hand und legte gleich zu Beginn deren Hauptziel fest: die Verbreitung des Islam in allen Schichten der palästinensischen Gesellschaft. Seine Anhänger schickte Jassin auch in entlegene Orte, um dort weitere Niederlassungen zu gründen, und besonderes Gewicht legte er auf die Arbeit in den Flüchtlingslagern. Weiterhin sorgte er dafür, dass in den von seiner Bewegung eingerichteten Moscheen – auch hier standen die ägyptischen Muslimbrüder Pate – den Jugendlichen nicht nur Koranunterricht, sondern auch sportliche Aktivitäten sowie den Frauen und Mädchen Religionsunterricht angeboten wurden.

Die israelische Militärbesatzung ließ Jassin damals gewähren, weil sie über jeden palästinensischen Jugendlichen froh war, der, anstatt sich den säkularen palästinensischen Kampforganisationen anzuschließen, bei den Muslimbrüdern Koranstunden nahm und in deren Jugendgruppen Sport trieb. Auch wenn die palästinensischen Muslimbrüder im Hinblick auf ihre religiösen und sozialen Aktivitäten von israelischer Seite kaum eine Einmischung zu befürchten hatten, so waren ihnen hinsichtlich nationalistischer Agitation doch klare Grenzen gesetzt. Dies musste Jassin etwa 1968 erfahren, als er, nachdem er in einer Moscheepredigt gegen die Abriegelung des Flüchtlingslagers Schati durch die israelische Besatzungsarmee gewettert hatte, von der israelischen Militärbehörde vorgeladen und ermahnt wurde, keine Hetzreden gegen Israel zu führen. Jassin hatte die Botschaft verstanden: Von nun an wurden, was offene nationalistische Parolen anbelangte, er und seine Mitstreiter vorsichtiger. Diese Zurückhaltung war wohl mit ein Grund dafür, dass die Israelis Jassins Bemühungen, den Aktivitäten seiner Organisation offizielle Strukturen zu verleihen, nunmehr durchaus unterstützten. So erhielt er 1970 die Genehmigung, im Flüchtlingslager Schati einen «Islamischen Verein» (*al-dschamiya al-islamiya*) zu gründen, dem schon bald Filialen in anderen Flüchtlingslagern wie Nusseirat und Al-Bureidsch sowie weiteren Orten im Gazastreifen folgten. Drei Jahre später wurde die Organisation weiter ausgebaut und in «Verein des Islamischen Zentrums» (*dschamiyat al-mudschama al-islami*) umbenannt. Mit der Eröffnung des «Islamischen Zentrums» (*al-mudschama al-islami*) in Dschorat al-Schams, einem Viertel im Stadtteil Zeitun von Gaza-Stadt, in dem sich Jassin mit seiner Familie einige Jahre zuvor niedergelassen hatte, verfügte die Bewegung zum ersten Mal über eine größere zentrale Einrichtung, von der aus die Arbeit der palästinensischen Muslimbrüder im gesamten Gazastreifen koordiniert werden konnte. Auf dem Logo des Vereins wird ein in der Mitte prangender aufgeschlagener Koran links von der Silhouette des Felsendoms in Jerusalem und rechts von der der Kaaba in Mekka flankiert, die jeweils von einem roten Halbmond umgeben sind. Die Einbeziehung der Kaaba als Symbol für eine palästinensische Organisation – zwischen den genannten religiösen Symbolen fällt der Schriftzug «Filastin» ins Auge – ist eher ungewöhnlich und scheint ein Tribut an Saudi-Arabien gewesen zu sein, damals wie heute einer der wichtigsten Unterstützer des Vereins. Der Einfluss der strengen saudischen Wahhabiten wurde schon bald auch in den Kleidervorschriften für die palästinensischen Frauen offenbar, die jetzt nicht nur ihr Haar, sondern bisweilen auch ihr Gesicht, bis auf die Augenpartie, unter einem nun immer häufiger schwarzen, auch Halsund Brustbereich verdeckenden Schleier verbargen. Diese Art der Vermummung hatte in der palästinensischen Gesellschaft keine Tradition, üblich waren vielmehr zahlreiche locker um den Kopf gebundene, das Haar nicht vollständig verdeckende Kopftuch-Varianten in bunten Farben. Die heutige uniformiert wirkende Verschleierung nicht nur der palästinensischen, sondern generell der islamistisch orientierten arabischen Frau ist offenbar Ergebnis eines relativ jungen Marketingkonzepts, dessen Ursprung, Evolution sowie unter Umständen gewinnorientierter Einsatz als Selbstfinanzierungsquelle für islamistische Gruppierungen bislang noch nicht eingehend beleuchtet worden sind: Ebendiese Strategie wurde in Jassins *Mudschama* verfolgt, wo man schon in den ersten Jahren nach seiner Gründung islamische Mode in Ausstellungen präsentierte und den Besucherinnen zu besonders günstigen Preisen anbot. Wie übrigens auch beim sogenannten Palästinensertuch, der *Keffiya*, handelt es sich beim Thema islamische Kleidung im palästinensischen Kontext offenkundig um ein Beispiel für die Erfindung von Tradition.[12] Der Kopftuchvorschrift für Frauen entspricht bei den palästinensischen Muslimbrüdern – ähnlich wie bei den ägyptischen – auf männlicher Seite ein «gepflegtes Aussehen»: Obligat ist das Tragen eines Anzugs – oder wenigstens Jacketts – und eines gestutzten Bartes. Indes diente den Muslimbrüdern dieser Habit von Anfang an nicht nur als Erkennungsmerkmal, sondern trug auch erheblich zur Stärkung des Zusammengehörigkeitsgefühls bei. Dass er weitgehend europäischen Ursprungs ist, scheint zumindest heute niemanden zu stören: Er ist und bleibt ein Erkennungszeichen für islamische Korrektheit.

Jassin – von seinen Anhängern mittlerweile als Scheich Jassin verehrt –, der wohl nicht zuletzt auch aufgrund seiner fortschreitenden Lähmung diesem äußeren Erscheinungsbild nicht Rechnung trug, sondern vielmehr das Image eines Gelehrten mit langem Bart pflegte, führte den Vorsitz in dem 14-köpfigen Exekutivrat des Islamischen Zentrums. Dessen Hauptziel lautete, der Moschee wieder ihre traditionelle Rolle als Zentrum des islamischen Lebens zurückzugeben. Die Arbeit des *Mudschama* wurde streng nach Bereichen gegliedert und in die Sektionen religiöse Leitung, Wohlfahrt, Erziehung, Soziales, Medizin und Sport aufgeteilt. Das mit der religiösen Aufsicht betraute Komitee überwachte die Ausbildung und Ernennung von Moscheepredigern aus den eigenen Reihen. 1976 wurde in dem *Mudschama*, der bereits über Unterrichtsräume, eine Bibliothek und einen Kindergarten verfügte, eine Koranschule eröffnet, in der auch das islamische Religionsgesetz gelehrt wurde. Auf dem sozialen Sektor wurden Beziehungen zwischen wohlhabenden und armen Familien hergestellt, wobei letztere von ersteren adoptiert wurden. Im Bedarfsfall griff der *Mudschama* auch unterstützend ein, etwa bei kostspieligen Hausreparaturen nach Unwettern. Auch wurden die Bruderschaftsmitglieder regelmäßig zu Reinigungsarbeiten im öffentlichen Raum herangezogen und waren angehalten, bei Veranstaltungen und größeren religiösen Festen ehrenamtlich mitzuhelfen. Das Sozialkomitee kümmerte sich zudem um die Betreuung der Frauen, deren Potential als Erziehungsinstanz innerhalb der Familie von Jassin schon früh erkannt worden war. So wurden neben Kursen in Religion auch solche für Handarbeiten angeboten, um junge Frauen auf das künftige Eheleben vorzubereiten. Und Frauen, die in religiösen Fragen Rat suchten, stand Jassins Tür ein Mal in der Woche offen. Die Erziehungsarbeit im *Mudschama* war insbesondere auf die Jugend konzentriert und umfasste schon bald alle Altersstufen vom Kindergarten bis zum Abitur. Neben dem üblichen Unterrichtsstoff lag der Schwerpunkt auf dem Religionsunterricht, der auch das Gebet und das Studium der heiligen Schriften beinhaltete. Besondere schulische Leistungen wurden mit Preisen honoriert, und es wurden Stipendien vergeben, die, von den Saudis finanziert, den Absolventen ein Studium der Scharia, des islamischen Gesetzes, in Saudi-Arabien ermöglichten. Aktive Kulturarbeit wurde ebenfalls betrieben – Jassin beaufsichtigte persönlich mehrere Jugendtheatergruppen, die religiöse Themen leicht verständlich aufbereiteten und wirkungsvoll auf die Bühne brachten. Den Komitees für Wohlfahrt und Gesundheitswesen oblag indes die Organisation und Überwachung der Spendensammlungen und die medizinische Versorgung in den organisationseigenen Arztpraxen, die stark subventioniert wurden; in Dschorat al-Schams wurde sogar eine eigene Entbindungsstation eingerichtet mit ausschließlich weiblichem Personal. Dem Muster von Hassan al-Bannas Bruderschaft folgend, trat Jassins Organisation auch mit einem umfangreichen Sportangebot auf, das von Fußball über Volleyball bis hin zu Tischtennis und Ringen reichte. Und um die Beziehungen zwischen den organisationseigenen Sportclubs im Gazastreifen und in der Westbank zu festigen, wurden regelmäßig regionale und überregionale Turniere veranstaltet. Ebenfalls nach ägyptischem Vorbild wurden Pfadfindergruppen gegründet, die Ausflüge und Sommerlager organisierten. Neben den genannten sechs Arbeitsbereichen überwachte Scheich Jassin höchstpersönlich auch die Arbeit eines Schlichtungskomitees, das die Aufgabe hatte, in lokalen Streitereien zwischen den Konfliktparteien zu vermitteln. Wie die Sportaktivitäten sollte auch die Schlichtungsarbeit zur Vertiefung der Beziehungen zwischen den einzelnen Niederlassungen der Muslimbrüder beitragen.

Erst im Juni 1979 wurde Jassins *Mudschama*, dessen Aktivitäten bis dahin von der israelischen Besatzungsbehörde toleriert worden waren, offiziell zugelassen – das Islamische Zentrum besteht bis heute und ist nach wie vor aktiv.[13] Mit der amtlichen Genehmigung war auch die Gründung und Arbeit weiterer Niederlassungen im Gazastreifen legalisiert, die ihren Aktivitäten nun ungehindert in größeren und kleineren Orten im Gazastreifen nachgehen konnten. Für die Rekrutierung und Einbindung seiner Anhänger nutzte Jassin ein ähnliches hierarchisches System wie die ägyptischen Muslimbrüder. Den Kern bildeten die Gründungsmitglieder, gefolgt von den aktiven Mitgliedern, die nach dem ersten Jahr ihrer Tätigkeit für die Organisation einen Loyalitätseid abzulegen hatten. Auf der nächstunteren Stufe standen die assoziierten Mitglieder, deren Mitgliedschaft vom Exekutivrat genehmigt werden musste, und ganz unten schließlich der breite, namentlich nur dem Führungsgremium bekannte Kreis von Sympathisanten, die die Organisation finanziell unterstützten und für sie Überzeugungsarbeit leisteten. Dieses für Außenstehende weitgehend undurchschaubare System erlaubte dem *Mudschama* – und später der Hamas –, jederzeit aus einem riesigen Reservoir von Anhängern zu schöpfen, auf das die Organisation vor allem auch nach großen Verhaftungswellen, die meist nur registrierte Mitglieder erfassten, zurückgreifen konnte.

Dass das Ansehen von Jassins Islamisten-Bewegung stetig wuchs, hatte mehrere Gründe. Die panarabische Bewegung, die noch ein Jahrzehnt zuvor die arabischen Massen in ihren Bann geschlagen hatte, schien ihren Höhepunkt längst überschritten zu haben – eine Entwicklung, die auch nicht ohne Einfluss auf die säkulare PLO bleiben sollte. Deren Terrorangriffe Ende der sechziger Jahre hatten zwar die Aufmerksamkeit der Weltöffentlichkeit auf die palästinensische Nationalbewegung gezogen, doch führte die wachsende Macht ihrer von Jordanien aus operierenden Milizen zu immer schwereren Auseinandersetzungen mit dem jordanischen Regime, die schließlich in der Vertreibung der bewaffneten PLO-Einheiten in den Libanon und nach Syrien gipfelten. Und als Jassir Arafat schließlich eine Annäherung an Israel signalisierte und 1974 als Vertreter der palästinensischen Nationalbewegung vor der Generalversammlung der Vereinten Nationen eine Rede hielt, quittierten die radikaleren palästinensischen Kampforganisationen den von dem PLO-Führer eingeleiteten Kurswechsel mit einer Welle blutigen Terrors gegen zivile israelische Ziele. Jedoch vermochten die spektakulären Terrorangriffe und Selbstmordattentate der Palästinenser gegen Israel in den Jahren 1974 und 1975, ein Kampfmittel, das sich aufgrund der vehementen innerpalästinensischen Konkurrenz auch Arafats Fatah zu Eigen machte, Israel weder zu schwächen geschweige denn militärisch zu besiegen.

Israel und die Muslimbrüder

All dies trug dazu bei, dass der Einfluss der PLO in den Palästinensergebieten zunehmend schwand. Hinzu kam, dass die PLO-Milizen ab 1975 in den libanesischen Bürgerkrieg verwickelt wurden, wo sie zunächst einmal mit dem eigenen Überleben beschäftigt waren. In den Palästinensergebieten wurden die Aktivisten der PLO von der israelischen Militärbesatzung erbarmungslos verfolgt. Zugleich hatten die Israelis, wie bereits erwähnt, auch größtes Interesse an der Erstarkung der religiösen Konkurrenz: ein Thema, das nicht nur in Israel gerne unter den Tisch gekehrt wird – auch Jassins Anhänger wollen bis heute nichts davon hören, mit den Israelis jemals gemeinsam Front gegen die säkularen palästinensischen Nationalisten gemacht zu haben. Bei näherer Betrachtung ergibt sich freilich ein weitaus komplexeres Bild dieses in der historischen Forschung kaum dokumentierten Geschichtskapitels, das in Israel – nicht zuletzt mangels

Einsichtsmöglichkeiten in die Akten der israelischen Besatzungsbehörde – nach wie vor umstritten ist. Einen begrenzten Zugang zu diesen Akten konnten sich bislang nur die wenigsten verschaffen: so etwa die israelischen Journalisten und Buchautoren Roni Shaked und Aviva Shabi, die in ihrem 1994 erschienenen Buch über die Hamas zu dem Schluss kamen, dass bezüglich des Umgangs der israelischen Militärbesatzung mit den Islamisten in den Palästinensergebieten zweifelsohne von einem «israelischen Versagen» gesprochen werden könne.[14] Wie kontrovers dieses Thema in Israel diskutiert wurde, veranschaulicht ein Artikel der israelischen Tageszeitung *Haaretz* aus dem gleichen Jahr, in dem ehemalige hohe Besatzungsfunktionäre jeden Vorwurf zurückweisen, die palästinensischen Muslimbrüder aktiv unterstützt zu haben.[15] Ein abschließendes Urteil bleibt indes auch weiterhin schwierig, weil man bei dieser Frage auf die Ausführungen der Militärs angewiesen bleibt. Diese prägen auch die Darstellung von Shaked und Shabi, deren Buch – wie in solchen Fällen in Israel allgemein üblich – vor dem Erscheinen der Militärzensur vorgelegt worden sein dürfte. Im Ergebnis handelt es sich um eine Ansammlung von zum Teil widersprüchlichen Aussagen, die mal mehr, mal weniger über die israelische Besatzungspolitik gegenüber den palästinensischen Islamisten preisgeben. So gab etwa Brigadegeneral a. D. Benjamin Ben Eliezer, in den Jahren 1983 und 1984 von der Regierung beauftragter Koordinator der israelischen Politik in den besetzten Palästinensergebieten und heute Minister für Infrastruktur, im Gespräch mit den Autoren Shaked und Shabi Folgendes zu Protokoll:

> Hinsichtlich der [Palästinenser]Gebiete hat es noch nie ein klares, langfristig angelegtes politisches Konzept gegeben, weil es keine nationale Einigung über die dort zu verfolgenden Ziele gab. Niemand machte sich die Mühe, in die Zukunft zu schauen. In dieser Hinsicht gab es auch zwischen den [linksgerichteten] Maarach- und den [rechten] Likud-Regierungen keinen Unterschied. Alle betrachteten die Lage durch die Sicherheitsbrille: Was zählte, war, politische Subversion zu verhindern und Prozesse zu blockieren, die zu Terrorakten führen könnten. In diesem Zusammenhang sagte man damals, lasst uns als Gegengewicht zur PLO den Islam gedeihen lassen. Sie [die Palästinenser] sollten sich lieber mit Gott als mit Terrorismus beschäftigen.[16]

Ende 1994 hatte Ben Eliezer seine damalige Aussage schon etwas relativiert. Im Interview mit einer Reporterin der Zeitung *Haaretz* sagte er:

> Die Unterstellung, dass wir die Hamas gehegt und gepflegt hätten, ist unerhört. Man könnte jedoch sagen, dass in Bezug auf diesen Prozess, der sich nur langsam vor unseren Augen vollzog, niemand aufstand und sagte, dass hier eine Bedrohung heranwachse, die in zehn oder weniger Jahren explodieren würde. Wir alle waren mit den Terroranschlägen der PLO und der palästinensischen Ablehnungsfront beschäftigt, und die islamische Angelegenheit war an uns vorbeigegangen, als ob nichts geschehen wäre. Wie schon im Falle der PLO hatte niemand die soziopolitische Entwicklung dahinter erkannt, den Übergang von Widerstandslosigkeit zu Aufstand und Rebellion.[17]

Ganz so ahnungslos, wie man sich bezüglich der Aktivitäten von Jassin und seinen Anhängern gab, scheint man in Israels Militärkreisen indes nicht gewesen zu sein. Itzhak Segev, in den Jahren 1979 bis 1981 Militärgouverneur des Gazastreifens, hatte schon früh das Gefahrenpotential der islamischen Bewegung für die israelische Besatzungsbehörde erkannt; wohl nicht zuletzt auch deshalb, weil er, unmittelbar bevor er den Posten in Gaza übernahm, in den Jahren 1977 bis 1979 israelischer Militärattaché in Teheran gewesen war und die Islamische Revolution im Iran hautnah miterlebt hatte. Seinem Eindruck nach schien sich das iranische Szenario nun auch in Gaza zu wiederholen, eine Befürchtung, für die es damals durchaus Gründe gab.[18] Denn die iranische Revolution hatte gleichzeitig auch den Re-Islamisierungsprozess in der arabischen Welt beschleunigt, der inzwischen zunehmend von Gewaltausbrüchen begleitet war. Der islamische Fundamentalismus, der immer mehr Zulauf erhielt, steuerte jetzt seinem Höhepunkt zu. Auch in Gaza sollten sich die durch die Agitation der Islamisten wachsenden Spannungen innerhalb der palästinensischen Gesellschaft schon bald in Gewalt entladen. Im Januar 1980 war es dann soweit: In der Al-Azhar-Moschee im Zentrum von Gaza-Stadt fand eine große Zusammenkunft statt, auf der mit dem *Mudschama* assoziierte Prediger gegen die linken palästinensischen Nationalisten hetzten. Sie beschimpften sie als «Kommunisten» und bezichtigten sie, die Palästinenser mit ihrer unislamischen Lebensweise auf den falschen Weg zu führen. Nach der Veranstaltung marschierten, von dem Aktivisten Hidschasi Burbar angeführt, mehrere hundert Versammlungsteilnehmer zum Büro der Hilfsorganisation «Der Rote Halbmond», die bei den Islamisten als Hochburg der palästinensischen Linken verrufen war. Sie stürmten das Gebäude und setzten es in Brand. Anschließend zündeten sie einen großen Getränkeladen an, dessen Bestände an Spirituosen vorher zerschlagen wurden. Von dort setzte sich der Zerstörungszug zu dem am Strand gelegenen Al-Huwaidi-Hotel fort, dessen Restaurant und Bar die islamistischen Randalierer ebenfalls verwüsteten. Am Haus des prominenten Arztes und damaligen Leiters des «Roten Halbmonds» in Gaza, Haidar Abdel Schafi, der das nächste Ziel sein sollte, machten israelische Sicherheitskräfte dem Spuk schließlich ein Ende.[19]

Der israelische Militärgouverneur Itzhak Segev, der diesen in seinem Gewaltausmaß bis dahin präzedenzlosen Vorfall alles andere als unterschätzte, ließ umgehend einen Lagebericht erstellen, der unter anderem das Gebaren der palästinensischen Muslimbrüder im Gazastreifen mit dem Verhalten der ägyptischen Muslimbruderschaft verglich. Wie daraus hervorging, schien die islamische Bewegung im Gazastreifen zunehmend den Charakter einer Volksbewegung nach iranischem Muster anzunehmen und sich von ihrer Mutterorganisation in Ägypten immer weiter abzukoppeln. Die israelischen Experten befürchteten künftig noch Schlimmeres und warnten: «Die nächsten Ziele der islamistischen Protestaktionen könnten auch bald israelisch-staatliche Objekte wie Büros des Militärgouvernements, Militärquartiere, Polizeistationen oder auch israelische Zivilisten sein.»[20] Segev richtete daraufhin ein spezielles «Forum zur Überwachung der islamischen Erweckungsbewegung» ein, das einmal im Monat die führenden Besatzungsfunktionäre im Gazastreifen versammelte und der Militärführung und der israelischen Regierung Bericht erstattete. Von nun an betrieb Segev eine sogenannte Neutralisierungspolitik, in deren Rahmen er zum ersten Mal die verschiedenen an die Moscheen der Bruderschaft angeschlossenen Clubs durchsuchen, Bau- und Betriebsgenehmigungen der Moscheen überprüfen sowie die Freitagspredigten mithören ließ. Segev, der sich über die Bedeutung Scheich Jassins sehr wohl im Klaren war, suchte diesen persönlich in seinem Haus auf und überredete ihn, sich angesichts der ständigen Verschlechterung seines Gesundheitszustands von den Israelis zu einer medizinischen Untersuchung in ein Krankenhaus nach Tel Aviv bringen zu lassen. Der Militärgouverneur spekulierte darauf, dass ein solcher Krankenhausbesuch Jassin den Ruf eines Kollaborateurs einbringen könnte – doch er hatte die Rechnung ohne den Scheich gemacht. Der nämlich weigerte sich, in ein israelisches Militärfahrzeug zu steigen und setzte schließlich durch, von einem zivilen israelischen Krankenwagen nach Tel Aviv gefahren zu werden. Und als er am nächsten Tag wieder in Gaza eintraf, wurde Jassin von seinen Anhängern ohne ein einziges Wort der Kritik herzlich empfangen.[21] Segev jedoch gab sich noch nicht geschlagen und versuchte nun durch persönliche Hausbesuche bei Jassin, die er oder seine Besatzungsoffiziere regelmäßig durchführten, den Eindruck zu erwecken, dass der Scheich enge Kontakte zu Israels Besatzungsarmee pflege – doch auch dieser Plan scheiterte. Indes liefen auch die Warnungen des Gouverneurs vor dem wachsenden Einfluss subversiver islamistischer Kräfte im Gazastreifen ins Leere; sie stießen bei der militärischen und politischen Führung Israels wohl auch deshalb auf taube Ohren, weil Segevs Zuständigkeitsgebiet im Großen und Ganzen als unproblematisch galt. Dies umso mehr, als es dort zu der Zeit nur vereinzelt Terroranschläge gab, die von linksnationalistischen Kampforganisationen verübt wurden, was die israelische Regierung seinerzeit veranlasste, im gesamten Gazastreifen lediglich ein paar hundert Soldaten zu stationieren. Ebenso wurden alle Versuche Segevs, der schleichenden Unterwanderung der Islamischen Universität in Gaza durch die Islamisten Einhalt zu gebieten – wovon später noch die Rede sein wird –, blockiert. 1981 gab Segev nach nur zweijähriger Amtszeit seinen Posten als Militärgouverneur im Gazastreifen auf.[22]

In diesen Jahren schien Israels Besatzungspolitik nicht mehr nur darauf abzuzielen, die bis dahin fast ausschließlich von säkularen Palästinensergruppen begangenen Terrorakte gegen israelische Ziele mit eigenen Kräften zu verhindern. Allem Anschein nach war sie wohl auch zunehmend darauf ausgerichtet, sich den innerpalästinensischen Konflikt zwischen Islamisten und Säkularen zunutze zu machen und ihn noch weiter zu schüren, indem man Jassins Bewegung nicht nur tolerierte, sondern deren Erstarken auch gezielt förderte. Diese These wird etwa auch durch die Ausführungen von Moshe Arens, Israels Verteidigungsminister in den Jahren 1982 bis 1984, erhärtet, der gegenüber den Autoren Shaked und Shabi erklärte:

Zweifelsohne sah man darin [in den Aktivitäten der Islamisten] ein gesundes Phänomen, das die PLO stoppen könnte. Von Seiten des Militärs und des Inlandsgeheimdienstes Schabak gab es wohl auch den Versuch, die Fundamentalisten als Gegengewicht zur PLO zu fördern. So hatte man mir bei Amtsantritt mitgeteilt. De facto wurde jedenfalls nichts unternommen, um sie aufzuhalten.[23]

Wie Ben Eliezer hatte sich auch Arens 1994 von dieser Aussage nachträglich distanziert und die Verantwortung für die Besatzungspolitik, die Jassins Bewegung gestärkt hatte, auf seinen Amtsvorgänger Ariel Scharon geschoben. Scharon wiederum wies diesen Vorwurf mit aller Vehemenz zurück und behauptete, der Aufstieg des Islamismus im Gazastreifen sei während seiner Amtszeit überhaupt kein Thema gewesen, so dass er sich damit auch nie befasst habe.[24]

Re-Islamisierung im Gazastreifen

Wie auch immer die israelische Politik bezüglich des Umgangs mit den Islamisten geartet gewesen sein mag, Tatsache ist, dass es in den folgenden Jahren immer häufiger zu gewalttätigen innerpalästinensischen Auseinandersetzungen kam. Offenbar nicht zuletzt auch durch die wohlwollende Zurückhaltung der Israelis ermuntert, setzten islamistische Aktivisten im Gazastreifen ihre Ziele nun zunehmend mit Gewalt durch. In Hamas-nahen Darstellungen[25] dieser Phase sucht man indes vergeblich nach Hinweisen auf ein gewaltsames Vorgehen islamistischer Aktivisten gegen Gegner von Jassins Bewegung und ist wieder auf israelische Quellen angewiesen, die allerdings auch nicht besonders ergiebig sind.[26] So soll das *Mudschama* Anfang der achtziger Jahre Schlägertrupps aufgestellt haben, die mit Eisenstangen, Äxten und Messern gegen die vermeintlichen Feinde des Islam zu Felde zogen. Sie verwüsteten Nachtclubs und Videotheken und bespritzten Frauen, die am Strand badeten, mit Säure. Auf einem im April 1984 verteilten Flugblatt wurden Schulmädchen ermahnt, keine engen Kleider zu tragen. Der Wortlaut, eine Mischung aus traditionell-patriarchalischer Stammesrhetorik und islamistischen und nationalistischen Parolen, ließ, was die von Jassins Anhängern verfolgte Intention der Islamisierung der palästinensischen Gesellschaft angeht, keinerlei Zweifel:

> Gott behüte uns vor all den Katastrophen, die uns heimsuchen werden, wenn wir das abschaffen, was uns von den anderen Nationen unterscheidet – das Bewahren der Ehre. Soll denn ein Mädchen in seinen besten Jugendjahren, im Alter von sechzehn oder siebzehn, enge Sportkleider tragen, die die weiblichen Rundungen zur Schau stellen, und beim Basketballspielen senkrecht hochspringen? Und vor wem tut es das? Vor Lehrern und Lehrerinnen, die sich zu Marionetten der Feinde unseres Volkes gemacht haben.[27]

Im gleichen Zeitraum nahmen radikale Islamisten die nach dem Großvater des Propheten Muhammad benannte Abd-Manaf-Moschee in Gaza ins Visier. Wie im Falle der rigiden Kleiderordnung wurde auch hier der Einfluss des Wahhabismus offenbar, der Heiligenverehrung und Grabkult strikt ablehnt. Obgleich der in Gaza beigesetzte Haschem Bin Abd Manaf bereits vor Muhammads Geburt auf einer Handelsreise und folglich vor dem Beginn der Zeitrechnung des Islam gestorben war, galt seine Verehrung in der später über seiner Grabstätte errichteten Moschee als Frevel. Auch der Umstand, dass dieser Kult schon lange fester Bestandteil der lokalen Frömmigkeit war, hinderte die Extremisten nicht daran, am 22. April 1984 die Tür zur Grabkammer aufzubrechen und das Grab zu zerstören. Ebenfalls auf der schwarzen Liste der Islamisten stand das im April begangene ägyptische Frühlingsfest *Scham al-Nassim*, das in islamistischen Kreisen als «Fest der alten Pharaonen» galt und gegen das auch schon die ägyptischen Muslimbrüder mobil gemacht hatten. In Gaza warnten nun islamistische Studenten mit einem Flugblatt davor, dieses Fest zu begehen, das ein Sakrileg und ein Relikt aus der vorislamischen Zeit der *Dschahiliya*, der «Unwissenheit», sei.[28] Auf den Einfluss des *Mudschama* dürfte es auch zurückzuführen gewesen sein, dass nur einen Monat später die Stadtverwaltung von Gaza die Bevölkerung ermahnte, sich an das Fastengebot im Ramadan zu halten und während der Fastenzeit Kaffeehäuser und Restaurants tagsüber geschlossen zu halten.

Zu diesem Zeitpunkt hatten sich die Islamisten schon längst auf den Marsch durch die Institutionen begeben, wobei die Berufsverbände, die Islamische Universität von Gaza und die Waqf-Institutionen für sie besonders interessant waren. Jassin ließ Mitglieder des Islamischen Zentrums für verschiedene Ämter in den diversen Berufsverbänden im Gazastreifen kandidieren, um die damalige Dominanz der linksnationalen Organisationen zu brechen. Und in der Tat war es der Bewegung schon bald gelungen, in fast jedem wichtigen Berufsverband Fuß zu fassen, sei es in dem der Ingenieure oder dem der Ärzte, Rechtsanwälte, Lehrer oder Arbeiter. Auch hier setzte der *Mudschama* auf die Strategie der Einschüchterung, tätliche Übergriffe auf politische Gegner waren keine Seltenheit. Bereits 1985 hatten die Islamisten etwa ein Viertel der Mandate im Ingenieur-, Ärzte- und Anwaltverband an sich gerissen; und auch in den Verbänden der Lehrer und Arbeiter, die mit der UN-Hilfsorganisation UNRWA[29] assoziiert waren und – wie der *Mudschama* auch – in den Flüchtlingslagern ihre Basis hatten, gewann Jassins Organisation zunehmend an Einfluss.

Ein weiterer Schauplatz des Machtkampfs zwischen den säkularen Linken und den Islamisten war die Islamische Universität in Gaza. Obgleich 1978 als Ableger der Kairoer Al-Azhar-Universität gegründet, wurde die Lehranstalt bis Anfang der achtziger Jahre von der PLO dominiert, die sie bis dahin auch finanziell unterstützt hatte. Sie wurde binnen kurzer Zeit auch deshalb zum politischen Brennpunkt, weil sie der einzige Ort im Gazastreifen war, an dem – wie an den palästinensischen Universitäten überhaupt, die weitgehend den Status unabhängiger Institutionen hatten – die israelische Besatzungsmacht offene politische Aktivitäten duldete. Die Vorherrschaft der PLO an der Islamischen Universität begann zu bröckeln, als Arafats Organisation 1982 von den Israelis aus dem Libanon gedrängt wurde und sich im tunesischen Exil zunächst neu formieren und orientieren musste. Dadurch war eine wichtige Geldquelle der Hochschule versiegt, die nun neue finanzielle Mittel auftreiben musste. Dabei kamen ihr die Kontakte der Islamisten zu reichen arabischen Ländern wie gerufen. Zu Beginn des Jahres 1983 wurde in einer Art Palastrevolution der aus dem Gazastreifen stammende Muslimbruder Muhammad Saker vom Senat der Universität zum neuen Präsidenten gewählt. Der damals amtierende Riad al-Agha, ein Fatah-Mann, war jedoch nicht bereit, den Präsidentenstuhl kampflos zu räumen, und erklärte die Wahl Sakers für illegal. Doch das nützte ihm wenig. Studentische Aktivisten aus dem Anhängerkreis des *Mudschama* belagerten daraufhin tagelang sein Büro und forderten al-Agha auf, sein Amt abzugeben. Als dieser sich jedoch nicht so leicht einschüchtern ließ, gingen sie noch einen Schritt weiter. Sie passten al-Agha am Eingang des Campus ab und drohten ihm mit Messern und Schlagringen; nachdem er sich auch von dieser Drohgebärde nicht beeindrucken ließ, schlugen sie ihn brutal zusammen. Auf diesen Vorfall hin verließ al-Agha Gaza und nahm später eine Stelle an der Birzeit-Universität in der Westbank an.[30]

Die in der islamistischen Bewegung aktiven Studenten hatten sich zu diesem Zeitpunkt auf dem Campus bereits schon häufiger mit Gewalt Respekt verschafft. Bei den blutigen Scharmützeln, die sie sich mit den damals noch die Mehrheit bildenden studentischen Aktivisten der säkularen Kampforganisationen lieferten, waren es meist letztere, die das Nachsehen hatten. Denn Verhaftungen durch israelische Soldaten schienen nur sie zu treffen[31] – hier dürfte die israelische Laisser-faire-Politik gegenüber den Islamisten wohl etwas zielbewusster gewesen sein, als die oben zitierten Besatzungsfunktionäre je zuzugeben bereit waren.[32] Zu den islamistischen Studentenführern an der Islamischen Universität in Gaza gehörte in den achtziger Jahren übrigens auch Ismail Hanija, der heutige palästinensische Ministerpräsident, der in den Jahren 1985 und 1986 sogar zum Vorsitzenden des Studentenrats der Universität gewählt worden war, den mittlerweile die Islamisten dominierten. Indes liefern Hanijas Darstellungen jener Zeit kein Indiz für eine ausgesprochen islamfreundliche Politik der Israelis. Im Gegenteil, ein aus seiner Feder stammendes Manuskript, das dem Hamas-Historiker Khaled Abu al-Amrein vorlag, malt ein geradezu entgegengesetztes Bild des israelischen Verhaltens. So soll die israelische Besatzungsmacht versucht haben, die Aktivitäten der islamistischen Studenten, die die Bevölkerung regelmäßig zu islamischen und nationalen Festveranstaltungen auf den Campus einluden, dadurch in Misskredit zu bringen, dass sie unmittelbar nach diesen Veranstaltungen regelmäßig Straßensperren errichtete und Massenverhaftungen durchführte; Hanija spricht in diesem Zusammenhang sogar von «ganzen Bussen»,[33] was jedoch angesichts der damals sehr begrenzten Präsenz israelischer Soldaten im Gazastreifen eher unwahrscheinlich ist.

Binnen weniger Jahre mutierte die Islamische Universität von Gaza zu einer Hochburg der *Mudschama*-Islamisten, deren erfolgreicher Eroberungszug um die Mitte der achtziger Jahre von schweren und zum

Teil blutigen Auseinandersetzungen gekennzeichnet war. Als im November 1984 der mit Jassins Verein verbundene Arabisch-Dozent Ismail al-Khatib als Antwort auf die permanenten Angriffe islamistischer Studenten von Fatah-Aktivisten getötet wurde, eskalierte der Konflikt, der mittlerweile auch außerhalb des Campus ausgetragen wurde. Er führte nur wenige Monate später zu einer zehntägigen Schließung der Universität, nachdem bei den Zusammenstößen ein Fatah-Aktivist schwer verletzt worden war. Doch der Vormarsch der Islamisten war nicht mehr aufzuhalten. Nachdem 1993 auch noch die letzten Fatah-Vertreter aus dem Kuratorium der Hochschule zurückgetreten waren und die Islamische Universität endgültig von den Islamisten übernommen wurde, gilt sie heute allgemein als geistige Brutstätte der Hamas.[34] Die Fatah indessen versuchte ihre Niederlage wettzumachen, indem sie Anfang der neunziger Jahre die gegenüber der Islamischen Universität gelegene Al-Azhar-Universität gründete, die sich bald als «Arafats Universität» einen Namen machte.[35]

Der dritte Bereich, den die Islamisten ins Visier nahmen, war die islamische Institution des Waqf, der die von Privatleuten gestifteten Moscheen und Wohltätigkeitseinrichtungen verwaltet. Diejenigen Waqf-Beamten, die dem *Mudschama* nicht angehörten, setzte man unter Druck, mit Jassins Organisation zu kooperieren; verweigerten sie die Zusammenarbeit, wurden sie kurzerhand als zionistische Kollaborateure diffamiert. Das Ziel war, möglichst viele Moscheen, die vom Waqf verwaltet und deren Prediger von ihm ernannt waren, unter die Kontrolle des *Mudschama* zu bringen. In welchem Maß die *Mudschama*-Aktivisten den Waqf tatsächlich infiltriert hatten, wurde spätestens klar, als die Besatzungsbehörde 1987 überprüfte, welche Moschee-Prediger vom Waqf monatliche Zuwendungen erhielten: Scheich Jassin war ebenfalls auf der Liste.[36] Im Jahr 1985 beherrschte der *Mudschama* bereits 32 Moscheen, also etwa ein Fünftel der islamischen Gotteshäuser im Gazastreifen; nur zwei Jahre später waren es bereits doppelt so viele. Parallel dazu forcierte Jassins Organisation den Bau zahlreicher kleinerer und größerer privater Moscheen, die gleichzeitig Aktionsbasen der Bewegung waren. Von den 78 Moscheen, die in den Jahren 1967 bis 1984 im Gazastreifen entstanden waren, wurden die meisten von den palästinensischen Muslimbrüdern errichtet.[37] Dieser Trend war auch auf die Westbank übergeschwappt, wo Jassin und seine Anhänger mit der Zeit ein weit verzweigtes Kontaktnetz aufbauten und ihren Einfluss zunehmend geltend machten. In nur zwanzig Jahren, zwischen 1967 und 1987, hatte sich so die Zahl der Moscheen in den gesamten Palästinensergebieten mehr als verdoppelt – von 600 auf 1300.[38]

Waffen für den Dschihad

Nicht nur das stete Wachstum der Bewegung Anfang der achtziger Jahre stärkte das Selbstbewusstsein Scheich Jassins und seiner Sympathisanten. Es waren wohl auch die kleinen Siege in den Gewaltscharmützeln mit den Anhängern der Fatah und der übrigen linksnationalen palästinensischen Gruppierungen im Gazastreifen, die die Muslimbrüder offenbar dazu verleiteten, den säkularen Konkurrenzorganisationen den nationalen Führungsanspruch streitig zu machen. Allerdings schienen die Muslimbrüder, was die Möglichkeit offener nationalistischer Agitation anbetraf, der Fatah gegenüber zunächst im Nachteil zu sein, was Jassins Bewegung andererseits aber auch zugute gekommen war: War doch der rasante Aufstieg der Islamisten-Bewegung wohl gerade deshalb möglich gewesen, weil Jassin seine Lektion schnell gelernt und begriffen hatte, dass – zumindest in der Aufbauphase – jedwede offene nationalistische Rhetorik seiner Organisation nur schaden würde. Diese kluge Taktik ließ die Islamisten-Bewegung in den Augen der Israelis – von den erwähnten Ausnahmen abgesehen – zunächst einmal eher als eine willkommene Gegenbewegung zur säkularen nationalen Befreiungsbewegung der Palästinenser erscheinen. Doch löste das Erstarken der palästinensischen Muslimbrüder zugleich auch Gegenreaktionen aus. Die Fatah nämlich, die sich schneller als erwartet von ihrer Niederlage im Libanon erholt hatte und nun ihr Führungsmonopol nicht zu Unrecht in Gefahr sah, verstärkte gegen Mitte der achtziger Jahre ihre Aktivitäten in den Palästinensergebieten.[39] Gleichzeitig versuchte sie, einzelne radikale Islamisten an sich zu ziehen, um Jassins Bewegung zu radikalisieren und so zu spalten. Diese Konkurrenzsituation förderte im Gazastreifen schließlich das Aufkommen eines besonders militanten Islamismus proiranischer Provenienz, dessen Verfechter von Anfang an für den bewaffneten Dschihad als einzigen Weg zur Befreiung Palästinas plädierten – und zwar je eher, desto besser.[40]

Gaza hatte indessen ein neuer Trend aus Ägypten erreicht, der Jassin und seinen Anhängern zunehmend Kopfzerbrechen bereitete. Im Ursprungsland der Muslimbrüder hatte sich in den siebziger Jahren die islamistische Szene erheblich radikalisiert und neue radikale Gruppierungen wie *Al-Takfir wa-l-hidschra* (Exkommunikation und Auswanderung) und oder *Al-Dschihad* (Der Heilige Krieg) hervorgebracht. Diese hatten sich von den in ihren Augen viel zu gemäßigten ägyptischen Muslimbrüdern abgespalten und den bewaffneten Kampf auf die Fahnen geschrieben, der zunächst dem eigenen Regime galt. Der Umsturz im Iran Ende der siebziger Jahre hatte diese Extremistenorganisationen in ihrem Glauben bestärkt, eine islamische Revolution könnte auch in der arabischen Welt gelingen, was die Wendung zu offenem Terror beschleunigte, der in der Ermordung des ägyptischen Präsidenten Anwar Sadat im Oktober 1981 gipfelte. Diesen Radikalisierungsprozess hatten auch zwei Palästinenser durchlaufen, die sich, bevor sie zum Studium nach Ägypten gingen, wo sie enge Kontakte zu islamistischen Kreisen pflegten, Anfang der siebziger Jahre den Muslimbrüdern im Gazastreifen angeschlossen hatten:[41] Fathi al-Schiqaqi und Abdelaziz Awda. Ersterer ergriff noch während seines Medizinstudiums in Ägypten mit der von ihm verfassten Schrift *Khomeini – die islamische Lösung und die Alternative* leidenschaftlich Partei für die iranische Revolution, mit der sich al-Schiqaqi vor allem deshalb identifizierte, weil Khomeini Israel als den Kristallisationspunkt des westlichen Imperialismus sah, der vernichtet werden müsste.[42] Von Ägypten aus bot sich al-Schiqaqi allerdings keine Gelegenheit, dieses Ziel zu verfolgen: Er wurde von der ägyptischen Polizei verhaftet, sein Buch konfisziert. Da man ihm jedoch keine direkten Verbindungen zu den iranischen Revolutionären nachweisen konnte, wurde al-Schiqaqi kurze Zeit später wieder aus der Haft entlassen. Der radikale Fundamentalist verließ Ägypten und ließ sich nach einer Zwischenstation in Jerusalem in Gaza nieder. Ihm schloss sich bald der ebenfalls in seiner Studienzeit in Ägypten als radikaler Islamist aufgefallene Abdelaziz Awda an, der 1975 des Landes verwiesen worden war und nach einem längeren Arbeitsaufenthalt in den Vereinigten Arabischen Emiraten, wo er sich als Arabisch- und Religionslehrer betätigt hatte, nach Gaza zurückgekehrt war. 1981 gründeten die beiden die Organisation «Die Islamische Vorhut» (*Al-talia al-islamiya*) mit dem Ziel, für den Heiligen Krieg gegen Israel zu mobilisieren.[43] Al-Schiqaqi beschrieb später seine Motivation bei der Gründung dieser Organisation mit folgenden Worten:

> Diejenigen, die damals das Banner des Islam trugen [gemeint sind die gemäßigteren Islamisten wie die Muslimbrüder], kämpften nicht für Palästina, und diejenigen, die für Palästina kämpften [die linksnationalen Organisationen], hatten den Islam aus ihrer Ideologie verbannt. Wir jungen palästinensischen Muslime erkannten jedoch, dass Palästina im Herzen des Koran liegt und gleich einem Vers aus dem Koran ist. So wurde uns auch die Zentralität der Palästina-Frage für die islamische Bewegung und für die islamische *umma* bewusst. Wir sahen, dass der Dschihad in Palästina die einzige Rettung sei und der einzige Ausweg für uns alle, ob Individuen, Gruppen, Volk oder Nation.[44]

Die «Islamische Vorhut», die strukturell die Missionierungs- und Mobilisierungstaktik der Muslimbrüder übernahm, erwies sich trotz ihrer längst nicht so breiten Basis in der Bevölkerung bald als ernsthafte Konkurrenz: Ihr revolutionär-militanter Nationalismus, in islamischem Gewand offen artikuliert, schien die neue Generation von Islamisten, die im Unterschied zur vorangegangenen nur das Leben unter israelischer Besatzung kannte und für revolutionäre Ideen leichter zu begeistern war, zunehmend anzusprechen. Wie den Muslimbrüdern dienten auch al-Schiqaqi und Awda die Moscheen und die Islamische Universität in Gaza als Ausgangspunkt für ihre Agitation. Über die islamistische Revolutionsrhetorik hinaus betonten letztere allerdings in weit stärkerem Maße die Bedeutung Palästinas in dem propagierten heiligen Kampf. Publikationen der Organisation wurden im Gazastreifen und auf dem Campus der Islamischen Universität, wo al-Schiqaqis Anhänger bald mit einer eigenen Studentengruppe vertreten waren, unters Volk gebracht.[45]

Jassir Arafats Fatah hatte den neuen Trend erkannt und versuchte, ihn für ihre eigenen Zwecke zu instrumentalisieren. Für diesen Kurs zeichnete Khalil al-Wazir verantwortlich, jener Mann, der in den fünfziger Jahren vergeblich die Muslimbrüder hatte dazu bewegen wollen, eine unter ihrer Obhut stehende säkulare Kampforganisation ins Leben zu rufen. Als Mitbegründer der Fatah mittlerweile zum Militärchef der Organisation avanciert, mobilisierte al-Wazir nun zwei seiner Gewährsmänner, Bassim Sultan und Ghazi Abdelkader al-Husseini, die mittlerweile religiös geworden waren, und beauftragte sie mit der Gründung der «Brigaden des Islamischen Dschihad» (*sarayat al-dschihad al-islami*), die der Fatah direkt unterstellt waren. Gleichzeitig förderte al-Wazir andere kleine Gruppierungen, die damals im Dunstkreis der radikalen Islamisten entstanden waren, wie etwa die um Scheich Dschaber Amar im Gazastreifen oder die um den militanten Religionsgelehrten Scheich Asad Bayudh al-Tamimi, dessen Anhänger in der Westbank unter dem Namen «Die Islamische Gruppe» (*al-dschamaa al-islamiya*) operierten. Zu einer Annäherung der Fatah an al-Schiqaqis «Islamische Obhut» soll es ebenfalls gekommen sein, was wohl nicht zuletzt daraus resultierte, dass beide Organisationen ein großes Interesse daran hatten, den erstarkenden gemeinsamen Gegner Jassin und seine Bewegung zu schwächen.[46] Auch dürften gemeinsame Gefängnisaufenthalte von Aktivisten verschiedener Gruppierungen zur Vertiefung von Kontakten geführt haben. Bei aller vordergründigen Verbrüderung herrschte freilich auch gegenseitiges Misstrauen. So etwa würdigten die Islamisten um al-Schiqaqi und Awda zwar die Errungenschaften der Fatah im nationalen Befreiungskampf und äußerten sich auch lobend über deren grundsätzlichen Respekt vor dem Islam. Dies hinderte sie aber nicht daran, den von der Fatah eingeschlagenen säkularen Weg als gescheitert abzuqualifizieren und Arafat und al-Wazir zu verdächtigen, sich lediglich mit der militanten Kraft der jungen und kampfbereiten Islamisten schmücken zu wollen.[47] Schon bald machten die radikalen Islamisten mit blutigen Terrorangriffen auf Israelis von sich reden, die im Sommer 1983 mit der Ermordung eines jungen Talmudschülers in Hebron durch ein Mitglied der «Islamischen Gruppe» einen Höhepunkt erreichten.[48]

Indes hatte Scheich Jassin noch vor diesem Anschlag die neuen Herausforderungen durch die Radikalen erkannt. Bereits Anfang 1983 hatte er sich in Einzelgesprächen mit drei seiner engsten Vertrauten über die geheime Beschaffung von Waffen beraten, die künftig kleinen Kampfgruppen für Widerstandsaktionen seiner Organisation zur Verfügung gestellt werden sollten. Einer der drei ins Vertrauen Gezogenen, Abdelrahman Tamraz, wurde im April nach Jordanien geschickt, um den dortigen Parlamentsabgeordneten und Muslimbruder Jussuf al-Azam für das Unterfangen zu gewinnen. Bei seiner Rückkehr hatte Tamraz eine beträchtliche Geldsumme und al-Azams Kooperationszusage im Gepäck, womit für das weitere Vorgehen die Weichen gestellt waren. Ende April wurde von Jassin und seinen Mitstreitern die Zelle *Al-Mudschahidun al-Filastiniyun* (Die palästinensischen Heiligen Krieger) gegründet, die es nun galt, mit Waffen auszurüsten. Allerdings sollte gleich die erste größere Waffenbeschaffungsaktion dem Scheich zum Verhängnis werden. Mit Hilfe eines israelisch-beduinischen Soldaten brachen einige von Jassins Aktivisten in das Waffenlager einer israelischen Militärkaserne bei Beer Sheva ein. Es sollte nicht lange dauern, bis die israelische Besatzungsbehörde Verdacht schöpfte und im Juni 1984 bei Jassin eine Hausdurchsuchung veranlasste. Dort fanden die Sicherheitskräfte etwa fünfzig Maschinengewehre und zweiundzwanzig Pistolen – die weiteren zu diesem Zeitpunkt im Besitz der Organisation befindlichen Waffen, die sich in einem anderen Versteck befanden, entdeckten die Israelis allerdings nicht. Jassin und mehrere seiner Mitstreiter wurden daraufhin festgenommen und vor ein israelisches Militärgericht in Gaza gestellt. Ihr Versuch, das sichergestellte Waffenarsenal mit dem Argument der Selbstverteidigung gegen die Angriffe der säkularen palästinensischen Kampforganisationen zu rechtfertigen, scheiterte indes. Vielmehr waren die Militärrichter der Auffassung, dass Jassin und seine Komplizen sich in der Absicht bewaffneten, den israelischen Staat zu vernichten und an seiner Stelle einen islamischen Staat zu errichten. Die Angeklagten wurden sämtlich zu langen Freiheitsstrafen verurteilt. Jassin, der dreizehn Jahre Haft erhalten hatte, kam allerdings im Rahmen eines Gefangenenaustausches der Israelis mit der palästinensischen Kampforganisation «Volksfront für die Befreiung Palästinas – Generalkommando» (PFLP-GC)[49] nach nur elf Monaten wieder frei. Das Amt des *Mudschama*-Vorsitzenden hatte er mittlerweile offiziell niedergelegt und es an einen seiner Vertrauten, den Apotheker Ibrahim al-Jazuri, übergeben.[50]

Im Hintergrund zog Jassin jedoch weiter die Fäden. Im Jahre 1986 rief er die *Madschmuat al-Dschihad wa-l-dawa* (Gruppe für Dschihad und Propaganda) ins Leben, eine militante Aktivistenzelle, die unter dem Namen *al-Madschd* bekannt wurde. Ihre Mitglieder traten als islamische Sittenwächter auf, die unislamisches Verhalten registrierten und gegebenenfalls auch sanktionierten. Darüber hinaus hatten sie den Auftrag, mit den Israelis kollaborierende palästinensische Informanten aufzuspüren – ein weiteres Zeichen dafür, dass in der Führung von Jassins Bewegung nationalistisches Gedankengut zunehmend Fuß zu fassen begann. Damit war der Grundstein für die künftigen Waffeneinsätze und militärischen Aktionen der palästinensischen Muslimbrüder gelegt. Extreme Departementalisierung war oberstes Gebot: Die Mitglieder der verschiedenen Aktivistenzellen, die zweistellige Ziffern als Codenamen erhielten, kannten einander nicht; auch die Übermittlung von Botschaften geschah anonym – sie wurden an vereinbarten Stellen, ohne dass Bote und Empfänger sich trafen, deponiert. Die kontinuierlich wachsende Datensammlung zu den von den Islamisten zu Feinden des Islam erklärten Personen, darunter Diebe, Drogenhändler, Zuhälter, Spirituosenverkäufer, Pornographie-Händler und Kollaborateure, wurde auf Jassins Anordnung in der Abu Uthman-Moschee im Stadtteil Sedschaiya in Gaza versteckt. Bereits im darauf folgenden Jahr trat die *al-Madschd* in Aktion und nahm sich zunächst zwei Videotheken vor, deren Besitzer beschuldigt wurden, pornographische Filme in ihrem Sortiment anzubieten. Im Oktober und November 1987 verübten Jassins Männer Brandanschläge auf diese beiden Videoläden, die gänzlich zerstört wurden. Als nächstes standen die palästinensischen Kollaborateure der Israelis auf dem Programm, zu denen man mittlerweile umfassende Informationen gesammelt hatte. Das erste Ziel war Rasmi Salim Awda, der in der Stadt Khan Yunis eine Videothek betrieb und von den Islamisten nicht nur bezichtigt wurde, Pornofilme zu vertreiben und solche in seinem Laden auch selbst zu produzieren, sondern darüber hinaus auch in dem Verdacht stand, mit den Israelis zu kooperieren. Jassin, der schon vor dieser Strafaktion eine Fatwa erlassen hatte, die für solche Vergehen die Todesstrafe vorsah, ließ Awda einem Verhör unterziehen, in dem er solange befragt und geschlagen wurde, bis er nach drei Tagen in allen Punkten gestand. Noch in der gleichen Nacht wurde der Videothekenbesitzer von drei Mitgliedern der *al-Madschd* auf dem Friedhof von Khan Yunis stranguliert und in ein offenes Grab geworfen. Ein ähnliches Schicksal ereilte in den nächsten Jahren noch weitere Palästinenser.[51]

Diese Entwicklung war nur eines der Zeichen für die Radikalisierung der islamistischen Szene, die in den Palästinensergebieten seit Mitte der achtziger Jahre eingesetzt hatte. Sie führte schließlich zum Ausbruch der Intifada, des palästinensischen Aufstands, im Dezember 1987, mit dem in der Geschichte der palästinensischen Muslimbrüder ein völlig neues Kapitel aufgeschlagen werden sollte.

3. Die Geburt der Hamas aus dem Geist der Intifada

Der palästinensische Aufstand bricht aus

Am 8. Dezember 1987 ereignete sich in Gaza ein Verkehrsunfall, der eine nicht abreißende Kette von gewalttätigen palästinensischen Reaktionen und israelischen Gegenreaktionen auslöste, auf die keine der beiden Seiten vorbereitet war. Als am Nachmittag jenes schicksalhaften Tages ein israelischer Lastwagen mit einem mit Arbeitern besetzten palästinensischen Fahrzeug kollidierte, waren auf palästinensischer Seite vier Tote und mehrere Schwerverletzte zu beklagen. Im benachbarten Flüchtlingslager Dschebaliya verbreitete sich daraufhin wie ein Lauffeuer das Gerücht, bei dem tragischen Unfall habe es sich um einen israelischen Racheakt dafür gehandelt, dass zwei Tage zuvor ein Israeli in Gaza-Stadt erstochen worden sei. Der Fahrer des israelischen Fahrzeugs, hieß es, sei ein Verwandter des Opfers gewesen. Noch am selben Abend zirkulierte in Gaza ein Flugblatt, das den «Mord» an den ums Leben gekommenen palästinensischen Autoinsassen verurteilte, und in der Ostjerusalemer palästinensischen Zeitung *Al-Fajr* war am nächsten Tag von «vorsätzlicher Tötung» die Rede.[1] Die Gerüchteküche brodelte und sollte bizarrerweise auch für die spätere Geschichtsschreibung weitreichende Folgen zeitigen, die in dem Verkehrsunfall den Auslöser der sogenannten Intifada (arabisch: «Abschütteln»), des ersten Palästinenseraufstands, sah. Bis heute herrscht in der Literatur Uneinigkeit darüber, was bei dem Unglück genau geschehen war. So berichteten die israelischen Autoren Zeev Schiff und Ehud Yaari von nur einem palästinensischen Fahrzeug, das in den Unfall verwickelt war.[2] Der palästinensische Historiker Yezid Sayigh hingegen sprach von zwei Transportfahrzeugen,[3] und bei dem amerikanischen Journalisten Don Peretz mutierte der israelische Lastwagen, der landwirtschaftliche Produkte transportiert hatte, zu einem Militärtankwagen.[4] Diese divergierenden Varianten sind typisch für die historiographische Analyse der Intifada, die bis heute, je nach Standpunkt der Autoren, völlig unterschiedlich bewertet wird, was die historische Wahrheitssuche nicht gerade erleichtert.

Jedenfalls scheint festzustehen, dass kurz nach dem Unfall aufgebrachte Palästinenser einen in der Nähe des Flüchtlingslagers Dschebaliya postierten israelischen Wachposten mit Steinen und Molotowcocktails attackierten; angeblich hatten die Angreifer zum Dschihad aufgerufen und sich auch durch Warnschüsse nur schwer zurückdrängen lassen.[5] Der Vorfall, über den die dort stationierten israelischen Reservisten ihrer Kommandantur umgehend Bericht erstatteten, wurde jedoch nicht weiter ernst genommen und die Forderung der Soldaten, ihnen Verstärkung zu schicken, abgelehnt. Am darauf folgenden Tag waren bereits zahlreiche Straßen in dem Flüchtlingslager durch improvisierte Barrikaden aus Steinblöcken, Möbeln und Wasserrohren versperrt. Zur Arbeit ging an diesem Tag fast niemand, und Studenten der Islamischen Universität von Gaza zogen von Haus zu Haus, um die Bewohner zu motivieren, sich an Demonstrationen zu beteiligen.[6] Schon bald versperrten Tausende die Hauptstraßen von Dschebaliya und lieferten sich Schlachten mit israelischen Patrouillen, die vergeblich versuchten, die erzürnten Massen mit Tränengas und Warnschüssen auseinander zu treiben. Die Beerdigungen der Unfallopfer, von denen drei aus dem Flüchtlingslager stammten, heizten die Stimmung zusätzlich an.[7] Bei einer der Konfrontationen gerieten die mit Steinen und Molotowcocktails angegriffenen israelischen Soldaten derart in Bedrängnis, dass sie sich gezwungen sahen, auf die Demonstranten zu schießen. Obgleich sie der offiziellen Version zufolge zur Abschreckung lediglich auf die Beine gezielt haben sollen, wurde in dem Tumult ein palästinensischer Jugendlicher von israelischen Schüssen tödlich getroffen.[8] Auch nach diesem Zwischenfall und weiteren gewalttätigen Ausschreitungen in anderen Teilen des Gazastreifens wollte die Militärführung die neue Qualität der palästinensischen Aggressionen immer noch nicht wahrhaben und verbuchte sie als vorübergehende «Störungen der öffentlichen Ordnung». Der Kommandant der Reservisteneinheit, die für den Tod des palästinensischen Jungen verantwortlich war, wurde auf Geheiß des israelischen Generalstabschefs Itzhak Mordechai kurzerhand aus dem Dienst entlassen. Mordechai glaubte wohl, damit auch die Ursache für die Ausbreitung der Gewalt in den Straßen Gazas beseitigt zu haben.[9]

Doch der Generalstabschef sollte sich, ebenso wie die politische

Führung Israels, gründlich geirrt haben. Nach zwanzigjähriger Besetzung der Palästinensergebiete hatten sich die Israelis längst an ihre Rolle als Besatzer gewöhnt und in dem Glauben gewiegt, durch die Durchdringung der palästinensischen Gesellschaft mit Informanten und die Verfolgung und Ausweisung führender politischer Widerständler den Status quo der Besatzung zementiert zu haben. Für die besetzten Palästinenser war indes der Moment gekommen, sich gegen die israelische Fremdherrschaft zu erheben. Die unmittelbare Ursache für den Ausbruch des palästinensischen Aufstands just zu jenem Zeitpunkt – Anfang Dezember 1987 – wurde von Historikern und Soziologen insbesondere Ende der achtziger und Anfang der neunziger Jahre ausgiebig diskutiert; heute hingegen scheint sich kaum noch jemand für die gesellschaftspolitischen Aspekte der Intifada wissenschaftlich zu interessieren. Schon damals, noch während der sogenannten ersten Intifada, war bereits eine deutliche Tendenz zur Lagerbildung zwischen den Historikern erkennbar, an der sich bis heute kaum etwas geändert hat. Dies illustrieren, um nur die wichtigsten Beispiele zu nennen, zwei Sammelbände zum Thema Intifada, der eine 1990, der andere 1992 herausgegeben. Ersterer, in New York erschienen, versammelt überwiegend Beiträge palästinensischer beziehungsweise arabischer und darüber hinaus noch einiger weniger westlicher Forscher, während der in Tel Aviv zwei Jahre später publizierte Band so gut wie nur Aufsätze israelischer Orientalisten enthält.[10]

Letztere übernahmen denn auch die offizielle israelische Sprachregelung und bezeichneten die Palästinensergebiete als «Judäa», «Samaria» und «Gaza». Der israelische Arabist und Mitherausgeber Gad Gilber untersuchte die demographischen, wirtschaftlichen und bildungspolitischen Entwicklungen in den Palästinensergebieten in den Jahren vor der Intifada. Er stellte fest, dass bis Anfang der achtziger Jahre aufgrund der bis dahin günstigen Wirtschaftslage und Arbeitsmöglichkeiten in Israel, Jordanien und anderen arabischen Staaten die Geburtenrate der Palästinenser stetig angestiegen war. Gleichzeitig besuchten immer mehr palästinensische Jugendliche Oberschulen und absolvierten später ein Universitätsstudium. Insbesondere um die Mitte der achtziger Jahre begann sich jedoch immer deutlicher abzuzeichnen, dass diesen jungen Menschen trotz ihres hohen Ausbildungsniveaus insgesamt nur wenige und auch kaum qualifizierte Arbeitsplätze zur

Verfügung standen. Dies war laut Gilber nicht nur auf die 1982 einsetzende Rezession auf dem internationalen Ölmarkt und die daraus resultierenden eingeschränkten Arbeitsmöglichkeiten in den Golfstaaten zurückzuführen, sondern hatte seinen Grund ebenso in den Rationalisierungs- und Mechanisierungsprozessen in der palästinensischen Landwirtschaft wie in der stagnierenden Industrie in den Palästinensergebieten. Dass diese sich Mitte der achtziger Jahre auf demselben Stand wie eineinhalb Jahrzehnte zuvor befand, führte der Israeli auf die fehlenden inländischen wie ausländischen Investitionen zurück sowie auf die israelische Konkurrenz und die Schwierigkeit, Zugang zum jordanischen Markt zu finden. Infolge der stetig steigenden Arbeitslosigkeit waren viele der zum Teil hochqualifizierten jungen Palästinenser gezwungen, sich – sofern sich überhaupt die Möglichkeit dazu ergab – als einfache Arbeiter in Israel zu verdingen, wo sie für einen Hungerlohn arbeiten mussten. Der Autor sprach in diesem Zusammenhang auch von der «großen Frustration» dieser Menschen und der von ihnen empfundenen Demütigung: Sie resultierten vor allem aus der schlechten Unterbringung in Israel, den ständigen Sicherheitschecks, der erniedrigenden Behandlung durch die israelischen Arbeitgeber sowie dem frustrierenden Vergleich mit den in jeder Hinsicht weit bessergestellten gleichaltrigen Israelis, mit denen sie während der Arbeit in Berührung kamen. Hinzu gekommen sei außerdem die aus der «nationalen Unterdrückung» resultierende «politische Frustration». Beide Faktoren zusammen, die Verbitterung über die wirtschaftliche Not und die politische Unzufriedenheit, seien die ausschlaggebende Triebfeder des Palästinenseraufstands gewesen. Dass dieser seinen Anfang in einem der Flüchtlingslager nahm, war für den Autor nur die logische Konsequenz, da die soziale Lage dort am schlechtesten war. Gilber ging mit der israelischen Politik scharf ins Gericht, weil sie die wirtschaftlichen Belange der Palästinenser sträflich vernachlässigt habe. Hätte sie sich um das materielle Wohlergehen der Palästinenser gekümmert, so seine These, hätte die Frustration in der palästinensischen Bevölkerung wohl nicht jenen Grad erreicht, der zum Ausbruch der Intifada führte. Deren Hauptursache verortete der israelische Orientalist letztendlich in der wirtschaftlichen und weniger in der politischen Situation – eine für die Israelis damals ebenso typische wie realitätsferne Sichtweise, waren sie doch nicht gewillt, das bereits stark ausgeprägte Nationalbewusstsein der Palästinenser und ihr Aufbegehren gegen die israelische Fremdherrschaft ernst zu nehmen. Dass bei dieser Wahrnehmungsblockade auch die Selbstüberschätzung der Besatzer eine Rolle spielte, die offenbar glaubten, die Palästinenser würden zugunsten wirtschaftlicher Prosperität ihre nationalen Aspirationen irgendwann aufgeben, dafür war schließlich auch Gilbers Argumentation bezeichnend. Seine Abhandlung war denn auch mit «Demographische und wirtschaftliche Entwicklungen als Ursachen für die Intifada» überschrieben – politische Beweggründe standen hier keineswegs im Vordergrund.[11]

Eine diametral entgegengesetzte, weit realistischere Einschätzung findet sich in dem erwähnten älteren, 1990 erschienenen Sammelband. Im ersten Beitrag begaben sich Samih K. Farsoun, ein aus Haifa stammender und seinerzeit in Washington lehrender palästinensischer Soziologieprofessor, und sein Assistent Jean M. Landis ebenfalls auf die Suche nach den Motiven für den Ausbruch der Intifada. Im Unterschied zu den Ausführungen des Israelis Gilber war hier der politische Aspekt, sprich die nationale Unterdrückung und «Kolonisierung» der Palästinenser durch Israel, vorrangig. Auch lehnten Farsoun und Landis den Begriff der Frustration, der in der medialen wie akademischen Diskussion über die Intifada offenbar von Anfang an gerne ins Feld geführt wurde, als Erklärungsmuster entschieden ab. Stattdessen zitierten sie den palästinensischen Soziologen Salim Tamari, der die Lage der Palästinenser unter israelischer Herrschaft ihrer Ansicht nach treffend charakterisierte:

> Frustration ist etwas, das man empfindet, wenn die Angebetete Annäherungsversuche nicht erwidert. Womit wir es hier zu tun haben, ist Repression. Es ist kein psychologischer Seelenzustand, sondern eine politische Antwort auf eine vorliegende Situation. Der Begriff Frustration verschleiert die Beziehung zwischen Israel und den besetzten Gebieten. Erstens, weil er die hierarchische Form von Kontrolle (Herrschaft) verdeckt. Zweitens, weil er den Charakter der Reaktion missdeutet, die kein unüberlegter Ausbruch, sondern ein politisch motivierter Akt ist, zwar spontan, aber mit klaren politischen Zielen.[12]

Die Autoren sahen das israelische Vorgehen als gezielten Versuch, die Palästinensergebiete auf mehrfache Weise zu kolonisieren. Erstens mittels politischer Unterdrückung, was den israelischen Staat in die

Lage versetzte, über alle Bereiche der palästinensischen Gesellschaft die direkte Kontrolle auszuüben. Dabei wurden die Schaffung eigener politischer Institutionen ebenso unterbunden wie Kontakte zur PLO oder zu einzelnen ihrer Mitglieder, selbst Sympathiebekundungen standen unter Strafe. Ein weiteres Instrument der politischen Unterdrückung war die sogenannte administrative Haft, die es der israelischen Besatzungsbehörde ermöglichte, einflussreiche politische Aktivisten auch ohne Gerichtsprozess für längere Zeit aus dem Verkehr zu ziehen. Im Jahr 1987 etwa saßen rund 4700 Palästinenser in israelischen Gefängnissen, wobei viele von ihnen Misshandlungen und Folter ausgesetzt waren. Durch Ausgangssperren und Abriegelungen wurde die Bewegungsfreiheit der Palästinenser immer weiter eingeschränkt, hinzu kamen die Zerstörung und die Versiegelung von Häusern – zwischen 1985 und 1987 waren es 125 an der Zahl – als Vergeltungsmaßnahmen für Gewalttätigkeiten gegen Israelis. Über die ungezählten Schikanen und willkürlichen Strafaktionen an Zivilisten berichtete ein palästinensischer Augenzeuge:

> Die Kampagne [begonnen 1985] war gekennzeichnet durch die Anwendung demütigender und erniedrigender Praktiken, bei denen etwa Männer gezwungen wurden, lange Zeit mit erhobenen Armen auf einem Bein zu stehen, oder ihnen befohlen wurde zu tanzen, wie ein Esel zu schreien, auf allen Vieren zu gehen und so weiter. Bewohner wurden gezwungen, sich auszuziehen und erniedrigende Posen einzunehmen; weigerten sie sich, so wurden sie geschlagen. Soldaten drangen in Häuser ein, zerstörten das Mobiliar, schossen in Wassertanks und schlugen die Hausbewohner, einschließlich der Frauen, wenn sie sich beklagten.[13]

Die zweite Form der Kolonisierung stellte nach Farsoun und Landis die wirtschaftliche Ausbeutung dar – ein Aspekt, der bei dem Israeli Gilber heruntergespielt wurde. Die palästinensischen Wissenschaftler sprachen in diesem Zusammenhang von einem «monopolistischen Markt» (captive market), womit die Ausbeutung der natürlichen Ressourcen – vor allem Wasser und Boden – der Palästinensergebiete und der palästinensischen Arbeitskräfte durch die Israelis gemeint war. Zudem sollten hohe israelische Einfuhrzölle die Entwicklung der palästinensischen Industrie hemmen, während israelische Industrie- und Landwirtschaftsprodukte unbegrenzt in die Palästinensergebiete exportiert werden durften. Mit derartigen Maßnahmen wurde die Abhängigkeit der Palästinenser von Israel immer weiter zementiert. Ein weiteres Beispiel dafür war der Anschluss an das israelische Stromnetz, das die Palästinensergebiete – übrigens bis heute – mit Elektrizität versorgt. Die fortschreitende Einschränkung der wirtschaftlichen Entfaltungsmöglichkeiten ging mit immer massiveren Landkonfiszierungen sowie dem fortgesetzten Bau jüdischer Siedlungen einher, für die Autoren ohne Frage eine «schleichende Annexion» der besetzten Gebiete. Die allmähliche Sättigung des israelischen Arbeitsmarkts mit billigen palästinensischen Arbeitskräften und die gleichzeitige Rezession in den Golfstaaten, durch die sich das Angebot an Arbeitsmöglichkeiten für die jungen Palästinenser stark verknappte, verschärfte die Lage in den palästinensischen Gebieten zusätzlich. Diese Konstellation hatte tief greifende Auswirkungen auf das soziale und wirtschaftliche Wohlergehen der Bevölkerung in den besetzten Gebieten und führte in Verbindung mit der allgemeinen Chancen- und Perspektivlosigkeit besonders bei der jüngeren Generation zu einer stärkeren Wahrnehmung der herrschenden Unterdrückungsstrukturen, eine Entwicklung, die wie ein Katalysator für den Ausbruch der Intifada wirkte.[14]

Als weitere Kolonisationsmaßnahme wurde von Farsoun und Landis das Bemühen Israels genannt, die Bildung palästinensischer Institutionen zu verhindern. So wurde gleich zu Beginn der israelischen Besatzung das bestehende Bankensystem abgeschafft und durch ein israelisches ersetzt. Die Berufsverbände wurden in ihrer Arbeit stark eingeschränkt und strengen Kontrollen unterzogen. Gleichzeitig wurde immer weniger in den technischen Ausbildungs- und in den Gesundheitssektor investiert, wodurch das Qualifikationsniveau der palästinensischen Arbeiter im technischen Bereich immer weiter sank. Auch die Zahl der Krankenhausbetten ging immer weiter zurück. Doch die Versuche der Israelis, jegliche Form von Selbsthilfe und Selbstorganisation zu torpedieren, riefen eine Gegenbewegung auf den Plan: Mit den Jahren wuchs die palästinensische Zivilgesellschaft immer weiter, indem dezentralisierte, dafür aber stark politisierte Selbsthilfegruppen in den unterschiedlichsten Bereichen entstanden.

Eine weitere Säule der israelischen Besatzungspolitik war Farsoun und Landis zufolge die kulturelle und ideologische Unterdrückung mit dem Ziel, die Etablierung einer palästinensischen kollektiven Identität zu verhindern. Dabei nahm die israelische Zensur zum Teil absurde Formen an, etwa wenn palästinensischen Künstlern verboten wurde, Kunstwerke auszustellen, in denen die Farben der palästinensischen Nationalfahne vorkamen. Mit welchen Mitteln die israelische Besatzungsbehörde das Erwachen einer palästinensischen Nationalidentität zu unterdrücken versuchte, veranschaulicht die Schilderung des palästinensischen Historikers Muhammad Hallaj:

> Das Wort «Palästina» ist aus sämtlichen, an den Schulen zum Einsatz kommenden Lehrbüchern entfernt und systematisch durch «Israel» ersetzt worden. Zahlreiche Bücher, die meisten von ihnen Klassiker der arabischen Literatur, kamen auf den Index, und den Bibliotheken wurde ihr Besitz verboten.
> Arabisch-palästinensische historische Stätten wurden dem Erdboden gleichgemacht oder gebrandschatzt. Sogar palästinensische Folkloreartikel wie traditionelle Trachten oder Lebensmittelprodukte werden geraubt und im Ausland als israelische Schöpfungen vermarktet. Die arabischen Namen von Städten, Hügeln und Straßen werden ausgelöscht und durch hebräische Namen ersetzt. Die UNESCO hatte Recht, als sie zu dem Schluss kam, dass «die israelischen Behörden im Gazastreifen und in der Westbank eine Politik verfolgen, die darauf abzielt, die palästinensische Kultur zu lähmen».[15]

Auch die Meinungs- und Pressefreiheit der Palästinenser wurde erheblich eingeschränkt. Pressebeiträge und Bücher mussten vor ihrer Veröffentlichung von einem israelischen Zensor autorisiert werden, der das Recht hatte, Publikationen ganz zu verbieten oder bereits veröffentlichte Werke zu konfiszieren. Ferner wurden Kulturveranstaltungen wie Kulturfestivals, Ausstellungen und öffentliche Vorträge, die in dem Ruch standen, nationalpolitisch motiviert zu sein, von den Besatzungsbehörden immer wieder untersagt. Die Palästinenser fanden jedoch Wege, diese Zensur zu umgehen und nationalistische Botschaften in symbolisch-verschlüsselter Form via Bildender Kunst, Dichtung oder Prosa und vor allem über anonyme Graffiti zu transportieren.

Die vielfältigen Unterdrückungsmaßnahmen hatten Farsoun und Landis zufolge einen «kumulativen Effekt», der durch verschiedene Ereignisse und Prozesse noch beschleunigt wurde und schließlich zum Ausbruch der Intifada führte. So hatten die Palästinenser durch den Teilrückzug der Israelis aus dem Libanon um die Mitte der achtziger Jahre den Eindruck gewonnen, dass selbst die bis dahin als unbesiegbar geltende israelische Armee durch entschlossenen Widerstand zurückgedrängt werden könne. Außerdem hatten die stark abnehmende Abwanderung junger Palästinenser in die arabischen Ölstaaten als Folge der dortigen Rezession und die damit verbundenen erheblichen Einkommensausfälle nicht nur die wirtschaftliche Lage in den Palästinensergebieten dramatisch verschlechtert, sondern auch zum Verlust der Ventilfunktion geführt, die diese Migration bis dahin hatte. Hinzu kam, dass im Laufe des Jahres 1987 der Palästinensische Nationalrat neu gebildet wurde und von nun an, insbesondere durch die Einverleibung der Palästinensischen Kommunistischen Partei in die PLO, über eine breitere nationale Basis verfügte, die eine neue nationale Einigkeit signalisierte. Und als Vertreter der arabischen Staaten, die im November 1987 zu einem Treffen in Amman zusammengekommen waren, in ihrer Schlusserklärung unter anderem den Iran zum Hauptfeind der Araber erklärten, während die Palästina-Frage an allerletzter Stelle rangierte, war das für viele Palästinenser das offenkundige Zeichen dafür, ihr Schicksal nun selbst in die Hand nehmen zu müssen. Und so hätte es, meinten die Autoren, nur noch eines tragischen Zwischenfalls wie des eingangs beschriebenen Verkehrsunfalls in Gaza bedurft, um das Fass zum Überlaufen zu bringen.[16]

Für die israelischen Journalisten Schiff und Yaari lagen die Ursachen für den Ausbruch des Palästinenseraufstands indes ganz woanders. Ihrer Ansicht nach hing die Hinwendung der Palästinenser zur Gewalt mit einer schleichenden Erosion der Abschreckungsfähigkeit des israelischen Militärs im Gazastreifen zusammen. So habe die steigende Gewaltbereitschaft palästinensischer Demonstranten in direktem Zusammenhang mit dem zunehmend defensiven Verhalten des Militärs und der Besatzungsfunktionäre gestanden, die sich immer weiter hätten zurückdrängen lassen – ein für den unmittelbaren Entstehungshintergrund der Intifada zwar durchaus plausibles, aber dennoch verkürztes Erklärungsmuster. Denn dahinter verbirgt sich letztlich der Irrglaube der Besatzer, zu einem Aufstand der Palästinenser hätte es nie kommen können, hätte das israelische Militär konsequent hart durchgegriffen und jeglichen palästinensischen Widerstand sofort im Keim erstickt. Als im Jahr 1987, so Schiff und Yaari, die Zahl der gewalttätigen Übergriffe auf Israelis im Gazastreifen rapide anstieg, wurden die dort stationierten Militärs und Besatzungsbeamten angewiesen, sich nur noch im Fahrzeugkonvoi fortzubewegen und Nebenstraßen zu benutzen. Doch auch diese Maßnahme habe wenig genützt, hielten doch die Attacken palästinensischer Demonstrationsteilnehmer weiterhin an, und auch die Abgabe von Warnschüssen habe kaum noch abschreckende Wirkung gezeigt. Spätestens der schwere Übergriff im November, bei dem israelische Besatzungsfunktionäre aus ihren Fahrzeugen fliehen mussten, die von rasenden Demonstranten demoliert und in Brand gesteckt wurden, hätte nach Meinung der Autoren auf israelischer Seite zu der Einsicht führen müssen, dass die Lage außer Kontrolle geraten war. Doch auch dieser Vorfall sei von Seiten Israels völlig unterschätzt worden, das auf diese Eskalation keine andere Antwort gehabt habe, als mit der Strategie der Konfliktvermeidung zu reagieren,[17] wofür das Land schließlich einen hohen Preis habe zahlen müssen. In einem Untersuchungsbericht der Militärbehörde wurde es so ausgedrückt:

> Die Erosion unseres Images [als starke Armee] erfolgte nicht über Nacht; es war ein Prozess des Rückzugs, der Konzessionen und des Zögerns, eine Kumulation kleiner Siege [der Palästinenser] über die Behörde, wobei jeder noch so kleine Triumph ein zehnmal größeres Echo als die tatsächliche Bedeutung des Sieges selbst hatte.[18]

Jassins Muslimbrüder gründen die Hamas

Scheich Ahmad Jassin und seinen Vertrauten war diese Entwicklung natürlich nicht entgangen. Dass in den ersten Tagen nach dem verhängnisvollen Verkehrsunfall vom 8. Dezember im Gazastreifen die Gewalt gegen das israelische Militär immer wieder neu aufflammte und bald auch auf die Westbank überschwappte,[19] rief Jassins Muslimbrüder auf den Plan. Bereits am 10. Dezember versammelte der Scheich in seinem Haus den engsten Kreis seiner Mitstreiter, um über das weitere Vorgehen der Bruderschaft zu beratschlagen. Teilnehmer der Sitzung waren Salah Mustafa Schachada, Aissa Khalil al-Naschar, Muhammad Hassan Khalil al-Schamaa, Ibrahim Fares al-Jazuri, Abdelfatah Hassan Dukhan und Abdelaziz al-Rantisi. Nachdem das Für und Wider des sich abzeichnenden palästinensischen Aufstands ausgiebig diskutiert worden war,[20] wurde schließlich beschlossen, der Bewegung einen neuen, militanteren Charakter zu verleihen und dies auch in einem neuen Namen zum Ausdruck zu bringen. Die Anwesenden einigten sich auf die Bezeichnung «Die Islamische Widerstandsbewegung» (harakat al-muqawama al-islamiya), deren Akronym HAMAS, unter dem sie sich schon bald einen Namen machen sollte, im Arabischen gleichzeitig auch «Eifer» bedeutet. Schon einen Tag nach der Gründung setzte Scheich Jassin ein erstes Flugblatt der neuen Organisation auf, das am 14. Dezember verteilt wurde.[21] Dessen Inhalt offenbarte ein breites Spektrum radikaler nationalistischer wie islamistischer Positionen, die bis dahin von den Muslimbrüdern um Jassin offensichtlich insgeheim vertreten, wohl aber aus Vorsichtsgründen nicht öffentlich artikuliert worden waren. Ungeniert bediente man sich jetzt der Rhetorik des Heiligen Krieges, der als Leitziel der Bewegung dem Wortlaut des Kommuniqués unmissverständlich zu entnehmen war, obgleich der Begriff «Dschihad» noch nicht ausdrücklich fiel. Das Hamas-Flugblatt war allerdings nicht das erste seiner Art seit dem Ausbruch der Intifada. Vor seinem Erscheinen war bereits eine von Mitgliedern des noch radikaleren proiranischen Islamischen Dschihad verfasste Flugschrift im Umlauf, in der unverblümt vom «Heiligen Krieg» die Rede war.[22] Ob Jassin diese kannte und sich eventuell sogar bewusst vom revolutionären Diskurs des noch militanteren Konkurrenten zu distanzieren versuchte, lässt sich nicht mit Sicherheit sagen.

Der Aufruf war programmatisch mit dem Koranzitat «Ihr Gläubigen! Übt Geduld und bemüht euch, standhaft und fest zu bleiben! Und fürchtet Gott! Vielleicht wird es euch (dann) wohl ergehen»[23] überschrieben. Der Scheich wandte sich an die «islamischen Massen», die er als murabita bezeichnete. Mit der Verwendung dieses Terminus spielte er gezielt auf ihre Verteidigungsrolle gegen die Feinde des Islam im Dschihad an – murabita leitet sich ab von ribat, einem Begriff, der ein islamisches Territorium bezeichnet, das durch seine Grenzlage sozusagen die Funktion eines Grenzpostens hat, den es im Heiligen Krieg gegen die benachbarten Nichtmuslime zu verteidigen gilt. Es sei ein Gebot von Gott, hieß es in dem Flugblatt weiter, «die

Wurzeln der Existenz der Juden und ihrer Unterstützer herauszureißen», ein göttlicher Plan, mit dessen Ausführung die Mehrheit der Muslime bereits begonnen habe. «Hunderte von Verletzten und zig Märtyrer haben auf dem Weg Gottes in der vergangenen Woche ihr Leben für die Würde und Ehre ihrer Nation geopfert», lobpries der Autor, «um unsere Rechte in unserem Vaterland zurückzuerlangen und das Banner Allahs über dem Land hoch zu halten». Hierin offenbare sich der Aufopferungsgeist, von dem das Volk beseelt sei und der die Zionisten um den Schlaf gebracht und die Fundamente ihrer Existenz erschüttert habe. Dank seiner Widerstandsfähigkeit und Ausdauer werde das palästinensische Volk die Unterdrücker und deren Arroganz besiegen – trotz aller Ketten, Gefängnisse, Inhaftierungslager und trotz des Leids unter der verbrecherischen Besatzung.

An die Israelis, hier gemäß der Sprachregelung der Hamas als «Juden» bezeichnet, war eine unmissverständliche Kampfbotschaft gerichtet: «Sie sollen wissen, dass ihre Politik der Gewalt auf nur noch größere Gewalt von Seiten unserer Söhne und unserer Jugend trifft, deren Sehnsucht nach dem Paradies weitaus stärker ist als die Begierde unserer Feinde nach dem diesseitigen Leben.» Die Intifada – ein Begriff, von dem übrigens schon in dem zuvor veröffentlichten Flugblatt des Islamischen Dschihad Gebrauch gemacht wurde – sei die Bekundung ihrer Ablehnung der Besatzung, der von den Zionisten betriebenen Politik der Unterdrückung, der Landenteignungen und der Siedlungspolitik. Als «nutzlos» geißelte der Autor jegliche internationale Friedensbemühungen und als «verräterisch» das israelisch-ägyptische Friedensabkommen von Camp David vom September 1978: «Sie können gewiss sein, der Islam ist die Lösung und die [einzige] Alternative.» Der Kampf der Palästinenser, die hier im Übrigen nicht explizit beim Namen genannt, sondern als islamische Massen bezeichnet wurden, sei ein Glaubens- und Überlebenskampf gegen die Zionisten, die «Nazi-Verbrechen» begingen. All dem werde man sich «auf dem Weg des Martyriums und der Aufopferung» widersetzen.[24]

Die israelischen Historiker Shaul Mishal und Reuben Aharoni, die ebenfalls die Flugschriften zur Intifada analysiert haben, identifizierten indessen ein anderes Dokument als erstes Flugblatt der Hamas. Inhaltlich deckte sich dieses weitgehend mit dem eben beschriebenen: Auch hier wird zum Widerstand gegen die israelische Besatzung aufgerufen und mit scharfen Worten gegen den ägyptischen Friedensschluss mit Israel polemisiert. Insgesamt jedoch spricht dieses Kommuniqué eine deutlichere Sprache. So wird hier ausdrücklich der «Dschihad» beschworen, «der bis zum Sieg fortgesetzt» werde. Das Blut der Märtyrer solle nicht in Vergessenheit geraten, vielmehr werde «jeder Blutstropfen zu einem Molotowcocktail, einer Zeitbombe, einem ferngezündeten Sprengsatz am Straßenrand, der den Juden die Eingeweide herausreißen wird», die gleich eingangs als «Brüder der Affen, Prophetenmörder, Blutsauger, Kriegstreiber» verunglimpft werden. Auch wenn hier der Islam als die einzige Macht apostrophiert wird, die «die Juden brechen» und «deren Traum zerschlagen» könne, ist der nationalistische Tenor des Textes doch unübersehbar: Unverhohlen ist hier vom «muslimischen palästinensischen Volk» die Rede.[25]

Der Umstand, dass die Rhetorik dieser von Januar 1988 datierenden Kampfschrift bereits deutlich von nationalistischen Elementen geprägt war, legt die Vermutung nahe, dass die Führung der Islamischen Widerstandsbewegung sich gezwungen sah, auf die in der Zwischenzeit in Umlauf gebrachten Flugblätter der säkular-nationalistischen Organisationen zu reagieren. Jedenfalls hatte sich bereits im Januar der Begriff «Intifada» bei allen am nationalen Befreiungskampf beteiligten Organisationen als Synonym für den palästinensischen Aufstand etabliert. Es galt nun, diesen mit den jeweiligen organisationseigenen Inhalten und Zielen zu füllen. Im Falle der Hamas geschah dies in dem von Mishal und Aharoni als Flugblatt Nr. 2 bezeichneten Kommuniqué mit dem Titel «Die gesegnete Intifada», das vermutlich Anfang oder Mitte Januar 1988 erschien. Die dem Text vorangestellte Koransure «Und rüstet für sie, soviel ihr an Kriegsmacht und Schlachtrossen (aufzubringen) vermögt, um damit Gottes und eure Feinde einzuschüchtern»[26] dürfte darauf verweisen, dass bei dem militanten Zweig der palästinensischen Muslimbrüder die Zeit der Generalmobilmachung begonnen hatte. Die sukzessive Durchdringung des islamistischen Grundtenors der vorangegangenen Hamas-Flugblätter, in denen die Intifada zunehmend als islamischer Heiliger Krieg dargestellt worden war, mit nationalistischen Inhalten fiel hier noch deutlicher ins Auge. So folgte auf die Huldigung der islamischen Helden Palästinas ein summarischer Überblick über die Geschichte des Landes in der Zeit von 1948 bis zur israelischen Besatzung von 1967, die zwar symbolisch als Neuauflage der im Koran überlieferten jüdischen Aggression gegen Muhammad aufgefasst, gleichzeitig aber auch äußerst realitätsnah bezüglich der vielfältigen Unterdrückungsmethoden dargestellt wurde. So wurde suggeriert, die Juden hätten darauf spekuliert, die palästinensische Jugend mit «Haschisch und Opium, Liedern und Musik, Badestränden und Prostituierten» zu vergiften und aus ihr eine «Generation von Informanten und Defätisten» zu machen. Doch genau das Gegenteil sei eingetroffen, nämlich das religiöse Erwachen des Volkes, das den Massen Palästinas den Weg in den Widerstand gewiesen habe, jubelten die Autoren und mahnten ihre Volksbrüder zur Opferbereitschaft: Das Blut der Gerechten sei der Preis für die Wiedererlangung der Ehre, der Befreiung und der Erlösung. Anschließend erinnerte die häufig im Zusammenhang mit dem Dschihad angeführte Koranstelle «Gott hat den Gläubigen ihre Person und ihr Vermögen dafür abgekauft, daß sie das Paradies haben sollen. (...)»[27] an die Belohnung, die die Gotteskämpfer im Jenseits erwarte. Die zusätzliche Anspielung auf die schönen Augen der Paradiesjungfrauen, der traditionellen Jenseitsbelohnung für die islamischen Märtyrer, sollte den Anreiz für die Selbstaufopferung noch erhöhen. Das gewaltsame Vorgehen der Israelis gegen die palästinensischen Aufständischen sahen die Autoren zu der Zeit hauptsächlich gegen die «Bewegung», sprich die Islamische Widerstandsbewegung, gerichtet. Der Aufruf schließt mit den Kampfparolen: «Nein zur zionistischen Existenz! Nein zur jüdischen Besatzung! Nein zur Deportation! Nein zu den Verhaftungen! Nein zur Tyrannei! Nein zu Konzessionen – nicht einmal ein Staubkorn vom Boden Palästinas. Möge die Intifada mit Stärke fortgesetzt werden um des Rechts, der Freiheit, der Würde und der Ehre willen.» Hatte man die beiden ersten Flugblätter noch lediglich mit «Islamische Widerstandsbewegung» unterzeichnet, so wurde diese Formel nun noch mit dem Zusatz «Palästina» versehen, der auch künftig beibehalten werden sollte.[28]

Dass die Appelle der Hamas sich ausdrücklich an die «Massen» richteten, hatte seine Gründe. In der ersten Phase nämlich, etwa bis Mitte Februar, blieben die Krawalle im Wesentlichen auf die Flüchtlingslager – zunächst im Gazastreifen, dann auch in der Westbank – beschränkt. Infolgedessen waren auch die ersten Todesopfer unter den

Lagerbewohnern zu beklagen, die die überwiegende Mehrzahl der ersten zwanzig Toten und rund zweihundert Verletzten während der ersten beiden Wochen der Intifada bildeten.[29] Der israelischen Armee, die, um die Lage in den Griff zu bekommen, Knüppel, Tränengas und Schusswaffen einsetzte, Ausgangssperren und Abriegelungen verhängte sowie Massenverhaftungen durchführte,[30] gelang es indes nicht, den Aufstand niederzuschlagen. Übrigens divergieren bezüglich der Frage, auf wen genau sich die Wut der Menge in dieser anfänglichen Phase des Aufstands entlud, die Meinungen der palästinensischen und der israelischen Chronisten erheblich. Während der Palästinenser Adil Yahya, um nur ein Beispiel zu nennen, betonte, dass das Ziel der Ausschreitungen einzig das israelische Militär gewesen sei, verwiesen die israelischen Autoren Schiff und Yaari darauf, dass die Gewalt der Lagerbewohner sich damals auch gegen die materiell besser gestellten Schichten der palästinensischen Gesellschaft, also generell gegen das «lokale Establishment» gerichtet habe – von den städtischen Händlern und Notabeln bis hin zu den palästinensischen Kontraktoren, die den Israelis einheimische Arbeitskräfte vermittelten. Vermutlich zeichnete für den Versuch, neben der nationalen auch eine Art soziale Erhebung zu entfachen, der Islamische Dschihad verantwortlich, der schon in seinem ersten Flugblatt ganz offen von einer – wenn auch vor allem islamisch konnotierten – «Revolution» (thawra) sprach. Die Hamas, die diesen von ihrem schärfsten Konkurrenten programmatisch verwendeten Terminus bewusst vermied, versuchte währenddessen die umstürzlerische Stimmung im Volk für ihre eigenen Zwecke zu nutzen. Sie rief die Massen dazu auf, ihrer neuen, gleichwohl den organisationseigenen Traditionen der Muslimbrüder stark verhafteten Sozialutopie zu folgen, als deren Grundpfeiler gesellschaftliche Solidarität, gegenseitige Hilfe und Versorgung der Bedürftigen postuliert wurden.[31]

Angesichts der Tatsache, dass Jassin und seine Anhänger sich nun auch offen als Nationalisten gebärdeten, drängt sich die Frage auf, ob sie damals womöglich den Zeitpunkt für gekommen hielten, der säkularen PLO die Führungsstellung ernsthaft streitig zu machen – zumal sich die Muslimbrüder ihrer dominanten Stellung in den Flüchtlingslagern sehr wohl bewusst gewesen sein dürften. Die ständigen Anspielungen in den ersten Hamas-Flugblättern auf die Ohnmacht, ja das verräterische Spiel der arabischen Staaten, auf deren Unterstützung die PLO bekanntlich stets angewiesen war, deuten jedenfalls auf eine solche Intention hin. Wie dem auch sei, die Islamisten, die die palästinensischen Massen in den ersten Wochen der Intifada unzweifelhaft aufstachelten, verstanden es, von der Gunst der Stunde zu profitieren und das Mobilisierungspotential ihres Aktionsnetzes geschickt zu nutzen: Sie verwandelten die unter ihrem Einfluss stehenden Moscheen – im Gazastreifen und insbesondere in den dortigen Flüchtlingslagern waren es die meisten – in Rekrutierungszentren für Protestaktionen, wo die Bevölkerung mit von Jassin häufig selbst verfassten[32] flammenden Predigten und Flugblättern gegen die israelischen Besatzer aufgewiegelt wurde. Und von hier aus wurde auch, insbesondere nach den Beerdigungen der zu islamischen «Märtyrern» erklärten Opfer israelischer Militärgewalt, immer wieder zu großen Demonstrationen aufgerufen, die häufig neue Todesopfer forderten. So drehten Jassin und seine Aktivisten tatkräftig an der Gewaltspirale weiter, wodurch die Bewegung nicht nur immer größeren Zulauf erhielt, sondern sich auch einen anfänglichen Vorsprung gegenüber der PLO eroberte. In den Flugschriften der Hamas werden die rebellierenden Palästinenser immer wieder als «islamische Massen» dargestellt – unter der alleinigen Führung der «Islamischen Widerstandsbewegung in Palästina», versteht sich.

Auch beim Medium Flugblatt, damals Autoritätsersatz für eine nicht vorhandene zentrale nationale Führung, sollten Jassin und seine Anhänger in den folgenden Monaten ihren Führungsanspruch in Sachen palästinensischer Befreiungskampf selbstbewusst bekräftigen. Die vom Ausbruch der Intifada völlig überraschte PLO-Führung in Tunis[33] meldete sich postwendend mit eigenen Flugblättern, die mit «Vereinigte Nationale Führung» (UNC) unterzeichnet waren und über deren Aktivisten in den Palästinensergebieten verteilt wurden. Im ersten Jahr des Aufstands veröffentlichte sie immerhin einunddreißig solcher Kommuniqués, konnte sich aber gegen die produktiven Pamphletisten der Hamas nicht behaupten, die es im gleichen Zeitraum auf zwei Flugblätter mehr brachten.[34] Die UNC schien sich von Anfang an darüber im Klaren gewesen zu sein, dass die radikalislamische Organisation des charismatischen Scheichs eine ernst zu nehmende Rivalin war. Denn gleich in ihren ersten Flugblättern beanspruchte sie nicht nur die Führung des Aufstands für die gesamten «besetzten Gebiete», sondern forderte die Hamas auch ganz gezielt in ihrem Stammgebiet heraus, als sie dort zusätzliche, mit «Vereinigte Nationale Führung der Intifada im Gazastreifen» unterzeichnete Flugblätter verteilte.[35] Die Hamas konterte sogleich, indem sie sich in ihrem dritten Flugblatt nicht nur als die «Stimme des Islam», sondern auch als die «des gesamten palästinensischen Volkes in der [West]bank und im [Gaza]streifen und im übrigen Teil Palästinas»[36] präsentierte.

Diese Rhetorik war nicht im leeren Raum entstanden, sondern Ausdruck einer gleichsam über Nacht erfolgten Neuausrichtung, die die im Gazastreifen agierende Muslimbruderschaft vollziehen musste, wollte sie sich binnen kürzester Zeit von einer auf religiöse Erziehung und Sozialarbeit konzentrierten Wohlfahrtsorganisation in eine einflussreiche Massenprotestbewegung verwandeln. Angesichts der zunehmenden Verschärfung der Repressionsmaßnahmen, mit denen die israelische Armee den Krawallen begegnete, musste die neu gegründete Organisation allerdings auch imstande sein, aus dem Untergrund heraus zu operieren, um trotz der Massenverhaftungen agieren zu können. Zu diesem Zweck wurde auf früher bewährte Organisationsstrukturen, wie sie etwa dem *al-Madschd*, dem 1986 gegründeten Sicherheitsapparat der Muslimbrüder, zugrunde lagen, zurückgegriffen, wie die strikte Trennung der verschiedenen Zweige der Organisation oder der anonyme Kommunikationsaustausch. Aktive Mitglieder des *Mudschama* wurden mit Führungspositionen innerhalb der neu gegründeten Aktionsgruppen der Hamas betraut, denen die Rekrutierung neuer Aktivisten und die Koordination des Widerstands oblagen. Die Muslimbrüder in der Westbank wurden nicht nur sukzessive in die Intifada-Aktionen der Islamischen Widerstandsbewegung mit einbezogen, sondern als Ergebnis eines persönlichen Treffens von Scheich Jassin und Dschamil Hamami, dem Führer der Muslimbruderschaft in der Westbank, auch offiziell der Hamas einverleibt.[37] Von nun an übermittelte man die in Gaza verfassten Texte der Hamas-Flugblätter auch einer Druckerei in Ostjerusalem, von wo aus sie über die Filialen der Muslimbrüder in der gesamten Westbank verteilt wurden. Das Geld für diese Aktivitäten stammte, wie Jassin später berichtete, vom Oberhaupt der Muslimbrüder in Jordanien und erreichte die Organisation über im Geldwechselgeschäft tätige palästinensische Mittelsmänner. Übrigens hatte auch der zum Islam konvertierte ehemalige Popsänger Cat Stevens, der sich mittlerweile Yussuf Islam nannte, Spenden für die Hamas im Gepäck, als er im Frühjahr 1988 in die Palästinensergebiete reiste.[38]

Innerhalb weniger Wochen waren, was die Koordination des Widerstands anbelangte, Parallelwelten entstanden, in denen die PLO und die Hamas die Hauptrolle spielten und aufs heftigste miteinander konkurrierten. Kaum hatten die Volkskomitees der UNC ihre «Schlagkommandos» (al-madschmuat al-dhariba) gegründet, schickte die Hamas ihre «Wurfarmee» (al-sawaid al-ramiya) ins Rennen. Beide Gruppen operierten nach ähnlichen Aktionsmustern: Sie griffen israelische Soldaten mit Steinen an, errichteten Straßenbarrikaden und organisierten Streiks, deren Einhaltung sie gegebenenfalls mit Gewalt sicherstellten.[39] Ähnlich wie die Hamasspitze war auch die Führung der UNC strukturiert, die trotz der Verhaftungen stets versuchte, einen festen Kern von etwa vierzig Aktivisten zu erhalten, für den bei Bedarf immer wieder aus einem Pool von etwa fünfhundert jederzeit abrufbaren Organisationsmitgliedern rekrutiert werden konnte.[40] Bezeichnete die Hamas das palästinensische Volk als von ihr geführte «Massen der Muslime», so wurde es von der UNC wiederum als «heroische Massen» deklariert, die dem Aufruf der PLO, «unserem einzigen legitimen Vertreter», zu einem Aufstand gefolgt seien. Und dem von der Hamas als islamisch apostrophierten Palästina setzten die PLO-Gruppen, noch ganz dem Panarabismus verpflichtet, das «arabische Palästina» entgegen.[41] Anstelle der religiösen Konnotation des Martyriums bei den Islamisten wurde bei der UNC mit einem vordergründig säkularisierten Märtyrerbegriff operiert und die unbedingte «Treue gegenüber dem Blut der reinen Märtyrer» beschworen.[42] Dies hinderte die UNC jedoch nicht daran, von ihrem zweiten Flugblatt an in einem unterschwellig religiösen Ton immer wieder auch die Schlussformel «Ewiges Leben den Märtyrern!» zu verwenden.[43] Allem voran aber war die Palästinensische Befreiungsbewegung um die Vermittlung nationalen Gedankenguts bemüht, so dass sie als Entgegnung auf die von der Hamas aufgeführte Reihe islamischer Märtyrer eine eigene nationale Märtyrerheldengalerie konstruierte.[44] Und als wollte die PLO den palästinensischen Märtyrerkult usurpieren – sie sprach ihre Leser denn auch als «Volk der Märtyrer»[45] an –, erklärte die UNC den 15. Januar zum nationalen Gedenktag für ihre im Kampf gegen die Israelis gefallenen Märtyrer.[46] An diesem Tag sollten neben Gebetsveranstaltungen vor allem die schon ein Jahrzehnt früher bei den säkularen palästinensischen Fedayin üblich gewesenen «symbolischen Beerdigungen»[47] stattfinden. Da sie dabei nichts dem Zufall überlassen wollten, gaben die Verfasser des PLO-Flugblatts den Demonstranten denn auch die Losung vor, die «unisono» angestimmt werden sollte: «Mit unserer Seele und unserem Blut werden wir dich erlösen, o Märtyrer (...) Mit unserer Seele und unserem Blut werden wir dich erlösen, o Palästina!»[48] Wie schnell sich diese als Kampfruf tatsächlich etablierte, ist schwer zu sagen; gleichwohl wurde sie in PLO-Kreisen schon sehr bald zur Parole des Widerstands und hat dort bis heute überlebt. Jedenfalls verkündete die UNC nur acht Tage später stolz in ihrem nächsten Flugblatt (Nr. 3), die Massen hätten diese Formel «mit lauter und vereinter Stimme» skandiert.[49] Mit dieser enthusiastischen Selbstdarstellung beabsichtigte man wohl auch, die islamistische Konkurrenz zu übertrumpfen, die ihre Anhänger zur gleichen Zeit durch eine nicht minder spektakuläre Aktion aufpeitschte: Diese hatte die Hamas nämlich in ihrem vierten Flugblatt angewiesen, das traditionelle religiöse *takbir*, das «Allahu akbar», von allen Dächern herunter zu schreien – Kinder ebenso wie Erwachsene. Und auch die Islamische Widerstandsbewegung sparte nicht mit Eigenlob. Ihrem Schlachtruf wurde wunderwirkende Kraft im Kampf gegen das israelische Militär zugeschrieben: Er habe sogar das Pfeifen der israelischen Gewehrkugeln und Granaten – damit waren wohl die seinerzeit eingesetzten Tränengaspatronen gemeint – übertönt.[50] Überdies proklamierten die Autoren die Intifada als islamische Erhebung und warnten eindringlich vor den Versuchen der säkularen Konkurrenz, auf ihren eingeschleusten Flugblättern die Sachlage anders darzustellen.[51] In ihren folgenden Flugschriften wurde die Kampfparole der Islamischen Widerstandsbewegung weiter radikalisiert und dem *takbir* der Hinweis hinzugefügt, dass im Namen Allahs die Stunde von Khaibar gekommen sei, jener siegreichen Schlacht des Propheten Muhammad im Jahre 628 gegen die des Verrats bezichtigte jüdische Bevölkerung in der gleichnamigen Wüstenstadt, die zu deren Unterwerfung führte –

ein Sieg über die Juden, der sich nun mit der Intifada wiederholen sollte. Flugblatt Nr. 6 der Hamas gab den Lesern am Schluss die Kampfformel «Allah ist groß, Tod den Besatzern!»[52] mit auf den Weg und erwiderte damit offenbar den vorangegangenen Ruf der PLO nach härteren Kampfmethoden – den verstärkten Einsatz von Molotowcocktails und Steinen – gegen die Israelis als Antwort auf deren «Politik der Schläge und des [Knochen]brechens.»[53]

Im Rennen um die Vorherrschaft im palästinensischen Befreiungskampf wollte die PLO es nicht allein den Islamisten überlassen, sich mit der Aura des Islam zu schmücken. So hatte die UNC, noch unter ihrem vorläufigen Nom de guerre «Die nationalen palästinensischen Kräfte», schon ihr allererstes Flugblatt – in Anlehnung an die vorangegangenen des Islamischen Dschihad und der Hamas – mit der religiösen Eingangsformel «Im Namen Allahs, des Erbarmers, des Barmherzigen» versehen, derer sie sich auch später immer wieder bediente. Doch weit mehr als mit religiösen Intentionen hatte die Verwendung der Formel wie auch die ausdrückliche Betonung Jerusalems als Hauptstadt Palästinas[54] mit dem Anspruch der PLO zu tun, als Repräsentantin des gesamten, in der Mehrheit muslimischen palästinensischen Volkes zu gelten. Den umfassenden Führungsanspruch sollten auch die regelmäßigen Bezugnahmen auf die christlichen Palästinenser in den UNC-Flugblättern zementieren, wie etwa der in ihrem zweiten Kommuniqué gleichermaßen an die palästinensischen Geistlichen wie an die Imame der Moscheen gerichtete Appell, den Aufstand zu unterstützen.[55] Man versuchte den Eindruck zu vermitteln, die PLO stehe als Synonym für das gesamte palästinensische Volk, weshalb im Untertitel der UNC-Kommuniqués auch regelmäßig die Formel auftauchte: «Keine Stimme wird sich über die Stimme des palästinensischen Volkes erheben – das Volk der PLO».[56] Dementsprechend waren die Autoren bemüht, die verschiedenen Gesellschaftsschichten immer wieder gezielt anzusprechen, wie etwa in ihrer bereits erwähnten zweiten Flugschrift, die auch die Aufforderung enthielt, allerorts die palästinensische Nationalflagge zu hissen.[57] Selbst an Schüler und Studenten waren direkte Appelle gerichtet, sich aktiv an dem «heroischen» Aufstand zu beteiligen.[58]

Das Ziel der Intifada wurde von den Pamphletisten der PLO bereits Anfang Februar 1988 in ihrem sechsten Flugblatt festgeschrieben: die

Gründung eines unabhängigen palästinensischen Staates unter der Führung der Palästinensischen Befreiungsorganisation.[59] Im Gegenzug proklamierte die Hamas fast auf den Tag genau einen Monat später in ihrer siebten Flugschrift die Errichtung eines «islamischen palästinensischen Staates auf dem reinen Boden Palästinas» als Zweck des Aufstands. Demgemäß wurden jetzt auch ihre Anhänger zum Hissen der palästinensischen Fahne aufgefordert, und dem Märtyrer-Gedenktag der PLO wurde der «Tag der Herausforderung und der Konfrontation» entgegengesetzt, der am 7. März begangen werden sollte, jenem Datum, an dem sich 1957 die Israelis aus dem Gazastreifen zurückgezogen hatten.[60] Und während die UNC auch die israelischen Palästinenser zur Unterstützung des Aufstands aufrief[61] und damit indirekt für dessen Ausweitung auf das gesamte historische Gebiet Palästinas plädierte, deklarierte die Hamas letzteres zum heiligen islamischen Boden, von Gott gesegnet und im Heiligen Koran verankert, und deshalb nicht teilbar. Erlösung und Befreiung – man könnte hierin eine Übertrumpfung der Rivalin, der «Palästinensischen Befreiungsorganisation», sehen – sei ohnehin nur unter dem Banner des Islam zu erlangen, wie es bereits bei der Eroberung und Befreiung Palästinas durch islamische Feldherren wie den Kalifen Umar oder Saladin der Fall gewesen sei.[62] Die PLO, die diesen ruhmvollen Taten natürlich nichts Adäquates entgegenzusetzen hatte, musste auf den von Arafat persönlich konstruierten Siegesmythos von Karameh zurückgreifen, an den sie mit einem alljährlichen Gedenktag erinnerte.[63] Je länger der Aufstand dauerte, desto siegessicherer gaben sich beide Lager. Die UNC, die in ihrem Flugblatt vom 20. April 1988 den Verlust des von einem israelischen Kommando vier Tage zuvor in Tunis liquidierten Fatah-Militärchefs Khalil al-Wazir beklagte, beschwor den Tag, an dem «unsere Kalaschnikow in jedem Winkel Palästinas singen wird», und unterstrich ihren Siegeswillen am Schluss noch einmal mit der Beteuerung: «Wir werden mit Gewissheit siegen».[64] Die Islamische Befreiungsbewegung baute indessen auf die eschatologische Version vom Triumph über die Juden, die bekanntlich schon die Muslimbrüder bemüht hatten: An jenem Schicksalstag – gemeint war hier der Tag der Auferstehung, das islamische Jüngste Gericht – werde sich Gottes Macht offenbaren, und Steine und Bäume würden die Juden, die sich hinter ihnen versteckt hielten, an die Muslime verraten, damit diese sie töteten.[65] Der Sieg werde kommen, versicherte die Hamas in einem ihrer nächsten Flugblätter, wenn man nur im Glauben stark genug sei – so wie Muhammad und seine Gefährten, die, obgleich sie zahlenmäßig dem Feind weit unterlegen gewesen seien, dank ihrer Gottesfurcht, die der «Schlüssel zum Sieg» sei, in der Schlacht von Badr den Feind bezwungen hätten.[66]

Den Preis für diese Siegeszuversicht hatten indes all diejenigen zu zahlen, die den Weisungen der beiden konkurrierenden Kampforganisationen nicht Folge leisteten. Der etwa ab Mitte Mai 1988 aus beiden Lagern stets ertönende und immer radikalere Appell der Flugblatt-Autoren, diese «Dissidenten» zu bestrafen, war die Kehrseite des Rufes nach nationaler Einigkeit. Vor allem die PLO forderte ein immer härteres Vorgehen gegen Kollaborateure jeglicher Art, einschließlich Polizisten und Gemeinderäten. Sie sollten «kräftig geschlagen» werden,[67] was in der Realität nicht selten den Tod bedeutete. Gleichzeitig hatte die UNC die eigenen Volkskomitees zur «Regierung des Volkes und des Aufstands» erklärt,[68] möglicherweise nicht zuletzt auch als Reaktion auf den neuerdings noch selbstbewussteren Auftritt der Hamas, deren Flugblätter etwa ab Ende März häufig einen durchnummerierten Forderungs- und Anweisungskatalog enthielten, ganz nach Art derjenigen der UNC.[69] Nunmehr rief auch die Hamas regelmäßig Generalstreiks aus. Dass diese in Konkurrenz zu denen der Säkularen treten sollten, versteht sich von selbst, zumal es zwangsläufig zu Kollisionen mit den Streikaktionen der UNC kommen musste, hatte diese sich doch in den Monaten zuvor in ihren Flugblättern mit immer rigideren und dichteren Wochenplänen für ihre Protestaktionen und Streiks hervorgetan, die bald keinen einzigen Tag in der Woche mehr unberührt ließen.[70] Ob und inwieweit sich in dieser Zeit ein interner Konflikt zwischen den verschiedenen Lagern des palästinensischen Widerstands anbahnte, ist aus heutiger Sicht schwer zu beurteilen; fest steht allerdings, dass mittlerweile Flugblätter kursierten, die im Namen der Hamas offen zum Kampf gegen die Volkskomitees der UNC aufriefen. Aus welcher Feder diese nun tatsächlich stammten und ob hier eventuell besonders militante Gruppen innerhalb der Islamischen Befreiungsbewegung ihre Finger im Spiel hatten, kann nicht eindeutig beantwortet werden. Die Hamas jedenfalls sah sich veranlasst, sich von derartigen Kampfaufforderungen ausdrücklich zu distanzieren – sie seien ein Machwerk der Zionisten und ihrer Kollaborateure und von diesen in Umlauf gebracht, hieß es im Hamas-Flugblatt Nr. 26 vom 19. Juli 1988.[71]

Mit der historischen Erklärung vom 31. Juli 1988, auf die 1950 annektierte Westbank zu verzichten, schuf König Hussein von Jordanien eine völlig neue politische Lage. Nur wenige Tage später erklärte die UNC den Schritt Husseins nicht nur zum Sieg der Intifada, sondern präsentierte ihn als Erfolg der PLO – dieser hatte der jordanische König «als einziger und legitimer Vertreterin des palästinensischen Volkes»[72] die Westbank überlassen –, die sich nun in ihrer nationalen Führungsposition bestätigt sah.[73] Fast gleichzeitig kam zufällig ans Tageslicht, dass man in PLO-Kreisen, sowohl in den besetzten Palästinensergebieten als auch bei der Führung in der Diaspora, schon seit geraumer Zeit intensiv an einem Entwurf für die Gründung eines von der Palästinensischen Befreiungsorganisation geführten Palästinenserstaates arbeitete. Entsprechende, international Aufsehen erregende Dokumente waren am 6. August an die Öffentlichkeit gelangt, nachdem die israelische Armee eine Woche zuvor das Büro des Ostjerusalemer Publizisten und PLO-Kaders Faisal al-Husseini durchsucht und einschlägige Unterlagen konfisziert hatte. Darunter befand sich auch ein mit «Projekt zur Veröffentlichung der Unabhängigkeitserklärung» betiteltes Schriftstück, in dem die Gründung eines unabhängigen palästinensischen Staates, der neben Israel existieren und von der PLO und Jassir Arafat geführt werden sollte, proklamiert wurde. Die Intifada, hieß es in dem sogenannten «Husseini-Dokument» weiter, sollte von der Ebene des gewalttätigen Widerstands auf die politisch-diplomatische Ebene verlagert werden und damit neue Impulse erhalten.[74] Insbesondere vor dem Hintergrund der historischen Entscheidung König Husseins von Jordanien hätte aus dieser Empfehlung manch einer auf palästinensischer Seite den Schluss ziehen können, die PLO beabsichtige, den gewalttätigen Aufstand gegen die israelischen Besatzer zu beenden und ihn nurmehr mit rein politischen Mitteln fortzusetzen. Dieser Eindruck wurde noch verstärkt durch die Äußerung von Salah Khalaf, einem der Mitbegründer der Fatah, der am 14. August gegenüber der französischen Presse erklärte, die PLO erwäge die Gründung einer provisorischen Exilregierung sowie die eventuelle Anerkennung Israels, was allerdings eine andere

Charta als die damals bestehende sogenannte «Palästinensische Nationalcharta» erfordere.[75]

Die Charta der Hamas: Der Heilige Krieg als Programm

Es dürfte alles andere als ein Zufall gewesen sein, dass die Hamas nur vier Tage später, am 18. August 1988, ihre Gründungscharta vorlegte und das damit in Zusammenhang stehende Flugblatt Nr. 28 herausgab. Bemerkenswerterweise wurde in der Forschungsliteratur dieses Datum bisher immer nur erwähnt, die Hintergründe der Veröffentlichung wurden aber nicht beleuchtet; auch einen detaillierten Vergleich der Hamas- mit der PLO-Charta ist die Wissenschaft bislang schuldig geblieben. Indes dürfte der Hamas kaum entgangen sein, dass die säkulare Konkurrenz seit Monaten daran arbeitete, die Prinzipien für die Gründung eines unabhängigen Palästinenserstaates unter ihrer Führung zu formulieren, waren doch in den Kommuniqués der PLO die ständigen Anspielungen darauf deutlich genug. Von der Verzichtserklärung des jordanischen Königs Hussein bis zur Veröffentlichung der Hamas-Charta war allerdings nur wenig mehr als ein halber Monat vergangen und die Bekanntmachung des «Husseini-Dokuments» lag sogar noch kürzere Zeit zurück. Die ausgeklügelte Struktur und auch der Umfang der Hamas-Charta sprechen für die Annahme, dass diese zumindest zum großen Teil bereits vor Bekanntwerden des PLO-Manifests entstanden sein dürfte – aller Wahrscheinlichkeit nach sogar schon lange vorher und wohl nicht zuletzt auch aus dem Zwang heraus, im Wettlauf um die Vorrangstellung im palästinensischen Befreiungskampf in ihren Flugblättern Stellung nehmen zu müssen. Angesichts der neuen Wendung schien es für die Hamas nun in jeder Hinsicht an der Zeit zu sein, ihre eigene Charta herauszugeben, zumal die PLO jetzt nicht nur die Möglichkeit einer Anerkennung Israels offen in Betracht zog, sondern ihren Führungsanspruch auch durch die angekündigte Bildung einer PLO-geführten Exilregierung zementierte.

In der Tat hätten die Islamisten ihren Standpunkt nicht prägnanter formulieren können: «Ein islamisches Palästina vom [Mittel]Meer bis zum [Jordan]Fluss».[76] Mit diesem Credo, mit dem das Flugblatt vom 18. August überschrieben war, lehnte die Islamische Widerstandsbewegung das gesamte politische Programm der säkularen Konkurrenz kompromisslos ab. Die Forderung nach einem das gesamte historische Gebiet Palästinas umfassenden Palästinenserstaat bedeutete zwangsläufig die Verweigerung jeglicher Verhandlungen mit Israel. Zudem sprachen die Islamisten damit Israel das Existenzrecht ab und bekundeten die Absicht, den jüdischen Staat von der Landkarte tilgen zu wollen. Dem PLO-Konzept eines säkularen Nationalstaates setzten die Autoren mit aller Entschiedenheit ihre eigene Vision von einem islamischen palästinensischen Staat entgegen. Auch wenn die der PLO-Politik diametral entgegengesetzten Positionen schon aus den früheren Hamas-Flugblättern bekannt waren, mussten die säkularen Kontrahenten das Kommuniqué als direkte Kampfansage auffassen, zumal die Islamisten darin den historischen Schritt des jordanischen Königs und das Vorgehen der PLO kommentierten, ohne allerdings letztere beim Namen zu nennen. Ein Teil des Volkes, so die Hamas-Autoren, nehme die Entscheidung Husseins gerne an und sehe darin die größte Errungenschaft der Intifada sowie einen Schritt in Richtung auf ein freies Palästina. Allerdings sei die Errichtung eines Palästinenserstaates nach dem Modell der PLO schon allein deshalb der falsche Weg, weil Israel den Repräsentanten ihrer Exilregierung ohnehin den Zugang zu den Palästinensergebieten verweigern würde. Außerdem käme der Verzicht auf einen Teil Palästinas – damit war das israelische Staatsterritorium gemeint – einem Verrat an dem Vermächtnis der palästinensischen Märtyrer und ihrem Opfer gleich.[77] Die Preisgabe palästinensischen Bodens brächte nicht nur Schande über das muslimische palästinensische Volk, sondern sei eine Niederlage und Kapitulation. Jegliche Verhandlungen seien ausgeschlossen, denn, so Punkt Nr. 5 in dem Flugblatt:

> Die Muslime haben das volle – und nicht nur ein partielles – Recht auf Palästina über Generationen hinweg, in Vergangenheit, Gegenwart und Zukunft. Dieses Recht steht den Palästinensern oder den Arabern nicht alleine zu [sondern allen Muslimen], und keine palästinensische Generation darf sich das Recht herausnehmen, dieses Land, das von dem Blut der Märtyrer getränkt ist, aufzugeben.[78]

Die Bezugnahmen auf die unmittelbare politische Entwicklung waren offenbar auch als korrigierende Ergänzung zu der am gleichen Tag veröffentlichten Hamas-Charta gedacht. Vor allem schien es erforderlich, einen auf dem Konzept der PLO-Charta basierenden palästinensischen Staat sowie die Verhandlungsbereitschaft der säkularen Konkurrenz – Themen, die den Kern des Flugblatts bildeten – offiziell abzulehnen. Denn in den Artikeln 25 bis 27 der Hamas-Charta wurde, freilich nur halbherzig, für Solidarität und einen Schulterschluss mit den nationalistischen Kampforganisationen, allen voran der PLO, plädiert,[79] wenn auch die Hamas gleichzeitig in Artikel 29 an die Säkularen appellierte, sich den Positionen der Islamischen Widerstandsbewegung anzuschließen.[80] Ob dies ein Zeichen dafür war, dass sich die Hamas ernsthaft mit der Absicht trug, die Führung des palästinensischen Volkes mit der PLO zu teilen, kann aufgrund der vernebelnden und mitunter widersprüchlichen Formulierungen nicht mit Sicherheit gesagt werden, zumal Artikel 27, in dem zwar von einem im Großen und Ganzen gleichrangigen Verhältnis der beiden Organisationen, sprich «von Bruder zu Bruder, Verwandter zu Verwandter», die Rede ist, deutlich der paternalistischen Vorstellung Ausdruck verleiht, dass die PLO irgendwann doch «den Islam als Lebensweise annimmt».[81] An dem Tag, an dem dies geschehe, würden die Hamas-Sympathisanten zu «Soldaten» der PLO, und bis dahin sei die Hamas bereit, der PLO «in der Konfrontation mit den Feinden den Rücken» zu stärken, und sie wünsche ihr die «rechte Führung und Verstand».[82]

Ebendiese «rechte Führung» und damit ihre Legitimationsgrundlage schien die PLO aufgrund der aktuellen Entwicklungen seit Ende Juli 1988 in den Augen der Islamisten verloren zu haben. So dürfte das Hamas-Flugblatt vom 18. August auch dem Zweck gedient haben, die eben erwähnte Solidaritätsbekundung gegenüber der PLO zurückzunehmen und zugleich die Frage des nationalen Führungsanspruchs wieder aufs Tapet zu bringen, die auch in der Charta bislang nicht eindeutig geklärt war. Gleichzeitig sollte das Flugblatt jedoch auch manch zentrale Aussage der Hamas-Charta zementieren.

Die Charta leitet ein längeres Koranzitat (Sure 3, Vers 110–112) ein, womit sie sich in die Tradition der islamisch-religiösen Texte einreiht. Die hier gewählte Koranstelle hebt nicht nur die geistige Auserwähltheit der Muslime hervor, sondern unterstreicht auch ausdrücklich ihre Überlegenheit gegenüber jenen «Leuten der Schrift» (ahl al-kitab) – traditionell Juden und Christen, wobei hier wohl eher die Juden gemeint sind –, die die islamische Religion nicht angenommen haben. An dieser Stelle wird im Koran der Sieg der Muslime über die Ungläubigen verheißen. Das eher theologisch definierte Feindbild wird direkt im Anschluss an das Koranzitat politisch konkretisiert und aktualisiert, und zwar durch die Bezugnahme auf den «Märtyrer Imam Hassan al-Banna», den Gründungsvater der ägyptischen Muslimbruderschaft, der mit den Worten zitiert wird: «Israel wird bestehen und so lange bestehen bleiben, bis der Islam es annulliert, so wie er davor Bestehendes annulliert hat.» Angespielt wird hier auf jene militärischen Siege islamischer Armeen, die vom Mittelalter – mit Ausnahme der relativ kurzen Unterbrechung während der Kreuzzüge – bis 1918 die Kontinuität der islamischen Herrschaft über Palästina gesichert hatten. Dass es gerade eine Kampfparole al-Bannas ist, die religiös überhöht zum Leitsatz der Hamas erhoben wird, verweist auf jene Nabelschnur, durch die die Hamas mit den ägyptischen Muslimbrüdern verbunden ist: die Absicht, der israelischen Herrschaft über Palästina mit den Mitteln des islamischen Heiligen Krieges ein Ende zu setzen.[83] Der Hinweis auf die organisationsgeschichtliche Nähe der Hamas zu den Muslimbrüdern begegnet dem Leser erst in Artikel 2 der Charta, der von der «Verbindung der Islamischen Widerstandsbewegung mit der Gemeinschaft der Muslimbrüder» handelt und in dem erklärt wird, dass die Hamas «einer der Flügel der Muslimbrüder in Palästina» sei.[84] Diese Reihenfolge, das sei ausdrücklich hervorgehoben, ist bedeutsam, weil sie einen wichtigen Schlüssel zum Selbstverständnis der Hamas liefert: Nicht die Tatsache, dass die Hamas aus der ägyptischen Muslimbruderschaft hervorgegangen ist, steht im Vordergrund, sondern das von den mittlerweile in mehreren Ländern entstandenen Ablegern der Muslimbrüder gemeinsam verfolgte Ziel der Rückeroberung Palästinas auf dem Weg des Dschihad, wofür bekanntlich schon al-Banna und seine Anhänger gekämpft haben und in deren Fußstapfen später Scheich Jassin und seine Aktivisten getreten sind.[85] Wohl auch deshalb wird unmittelbar nach al-Banna der prominente irakische Muslimbruder Amdschad al-Zahawi zitiert, der sich mit seinen Mitstreitern 1948 im Dschihad gegen Israel verdient gemacht hat.[86] Sein Ausspruch verleiht dem islamischen Kampf um Palästina eine globale, ja fast schon eschatologische Dimension: «Die islamische Welt brennt, und ein jeder von uns hat – und sei es ein wenig – Wasser zu gießen, um zu löschen, was zu löschen er vermag, ohne auf andere zu warten.»[87] Diese Perspektive wird durch eine Passage in der Präambel noch untermauert, in der der Dschihad um Palästina auch als ein arabischer und islamischer Kampf gegen die Juden aufgefasst wird, in dem der Feind eine Niederlage erleiden und sich der Sieg Gottes offenbaren werde. Die Hamas erfüllt demgemäß einen göttlichen Plan. Hierauf deutet auch die angeführte Koranstelle (Sure 58, Vers 21) hin: «Gott hat bestimmt: Ich und meine Gesandten werden gewiss die Oberhand gewinnen. Gott ist stark und mächtig.»[88]

Das erste Kapitel der Charta ist der «Definition der Bewegung» gewidmet. In Artikel 1 bekennt die Hamas sich dazu, dass der Islam die ausschließliche Quelle sei, aus der sie schöpfe. Allerdings sei ihr Religionsverständnis, wie Artikel 2 sogleich relativiert, auch von dem der Bewegung der Muslimbrüder geprägt, das hier als «tiefes Verständnis, präzise Vorstellung und vollkommene Ganzheitlichkeit aller islamischen Konzepte auf den verschiedensten Gebieten des Lebens» gepriesen wird. Dass der Dschihad gegen die Unterdrücker – gemeint sind die Israelis – der Motor der Hamas ist, veranschaulicht Artikel 3. Denn diesem Abschnitt, der mit «Struktur und Aufbau» betitelt ist, entnimmt man, dass die Reihen der Hamas all die versammeln, die nicht nur «Gott ihre Treue gaben», sondern auch bereit seien, ihrer Pflicht nachzukommen, in den Heiligen Krieg zu ziehen. Zu diesem wird in Artikel 4 mobilisiert und mit der Verheißung des göttlichen Lohns geworben.[89] Das Endziel des Dschihad sei, wie Artikel 6 präzisiert, «Gottes Banner auf jedem Fußbreit Palästinas zu hissen» und dort die Herrschaft des Islam zu etablieren. Hier wird – vermutlich zum ersten Mal in den Schriften der Hamas – die Frage der nichtmuslimischen religiösen Minderheiten in Palästina thematisiert, denen die Islamisten ein unbehelligtes Leben unter der Oberhoheit des Islam garantieren.[90] Wie bereits in ihren Flugblättern proklamiert, sieht die Islamische Widerstandsbewegung ihren Kampf in einer Kontinuität, die bis in die Zeit der großen islamischen Eroberungen zurückreicht, worauf auch das oben genannte Zitat von Hassan al-Banna hinweist. In Artikel 7 zum «weltweiten Charakter der Islamischen Widerstandsbewegung» kommen die Verfasser auch auf den modernen nationalen Kampf der Palästinenser gegen die Zionisten zu sprechen, allerdings nur insoweit, als er religiös konnotiert ist. In diesem Kontext dient Scheich Izz ad-Din al-Qassam, der schon 1936 gegen die britischen Mandatsherren und die Juden in Palästina kämpfte, nicht zuletzt deshalb als Vorbild, weil er laut Hamas die «kämpfenden Brüder von den Muslimbrüdern» an seiner Seite hatte. Historisch ist dies allerdings ebenso wenig belegt wie die Überlieferung, al-Qassam habe kurz vor seinem Tod durch die Schüsse einer britischen Polizeipatrouille ausgerufen: «Es ist der Heilige Krieg – Sieg oder Märtyrertod!» – ein Schlachtruf, der in zahlreiche Flugschriften der Hamas Eingang fand.[91] Als weitere Stationen des palästinensischen, unter dem Banner des Islam geführten Kampfs gegen die Zionisten werden der Kriegseinsatz der Muslimbrüder im Jahr 1948 sowie ihre – begrenzte – Beteiligung an Guerilla-Aktionen gegen Israel im Jahr 1968 genannt. Indes wird der weitaus bedeutendere Beitrag der säkularen palästinensischen Kampforganisationen zum Nationalen Befreiungskampf seit den sechziger Jahren hier völlig ignoriert. Der Kampf gegen die Juden kann aus dem Blickwinkel der Islamisten nur ein religiöser sein, und so wird an dieser Stelle auf seine eschatologische Bedeutung verwiesen: «Die Stunde (der Auferstehung) wird nicht kommen, bis die Muslime gegen die Juden kämpfen. Die Muslime werden sie töten, bis sich der Jude hinter Stein und Baum verbirgt, und Stein und Baum dann sagen: ‹Oh Muslim, oh Diener Gottes! Da ist ein Jude hinter mir. Komm und töte ihn› (...).»[92] Auf diese dem Hadith entnommene Vision hatten bekanntlich schon die ägyptischen Muslimbrüder bei ihrem Propagandafeldzug für die Befreiung Palästinas zurückgegriffen, deren Einfluss hier abermals sichtbar wird. Die eschatologische Dimension der Islamischen Widerstandsbewegung, die von ihr verkündete Botschaft von Tod und Erlösung, tritt noch deutlicher in Artikel 8 zu Tage: Der Dschihad ist für sie der Weg zur Erlösung und der Tod für die Sache Gottes ihr erhabenster Wunsch.[93]

Während das kurze zweite Kapitel «Beweggründe und Ziele» noch einmal generell den universalen Herrschaftsanspruch des Islam hervorhebt und den Auftrag der Hamas artikuliert, die «Heimat» zurückzuerlangen und dort von den Moscheen herab den Ruf zum Gebet ertönen zu lassen,[94] behandelt das dritte Kapitel der Charta in weit ausführlicherer Form die «Strategie und Mittel» der Bewegung. Dessen erster Abschnitt (Artikel 11) betont die Pflicht, Palästina als «Waqf-Land», also als islamisch geheiligt zu betrachten:

> Die Islamische Widerstandsbewegung ist davon überzeugt, dass das Land Palästinas ein islamisches Waqf-Land für die Generationen der Muslime bis zum Tag der Auferstehung ist. Weder darf es oder ein Teil von ihm aufgegeben werden, noch darf darauf oder auf einen Teil von ihm verzichtet werden; dazu sind kein arabischer Staat oder die Gesamtheit der arabischen Staaten, kein König oder Präsident oder die Gesamtheit der Könige und Präsidenten, keine – ob nun palästinensische oder arabische – Organisation oder die Gesamtheit der Organisationen befugt, denn Palästina ist ein islamisches Waqf-Land für die islamischen Generationen bis zum Tag der Auferstehung.[95]

Die Islamisten wollten indes ihren Anspruch auf Palästina nicht ausschließlich islamisch definieren, zumal sie sich im Wettstreit mit den konkurrierenden säkularen nationalen Kampforganisationen auch als patriotisch zu präsentieren trachteten. Demgemäß ist Artikel 12 dem Thema «Heimat und Patriotismus» gewidmet. Er illustriert nicht nur die Vereinbarkeit von Islam und Patriotismus, sondern untermauert auch den Führungsanspruch der Hamas als der authentischsten und erhabensten aller palästinensischen Kampforganisationen. Die Art und Weise, wie die Aspekte Islam und Vaterlandsliebe hier miteinander verbunden werden, erinnert stark an die an anderer Stelle bereits dargelegte Verknüpfung von Nationalismus und Islam bei Hassan al-Banna.[96] So bezeichnet die Hamas – analog zur Auffassung al-Bannas, dass bereits der Prophet Muhammad Patriotismus (*wataniya*) empfunden habe und dieser infolgedessen fester Bestandteil der islamischen Tradition sei – *wataniya* als «Teil des [islamisch] religiösen Glaubens»;[97] und in Artikel 14 kommt der direkte Bezug zu dem Gründervater der ägyptischen Muslimbruderschaft noch deutlicher zum Vorschein. Dort nämlich ist in Anlehnung an al-Bannas Konzept der multiplen Loyalitäten von dem palästinensischen, dem arabischen und dem islamischen Kreis die Rede.[98] Der Dschihad, die Verteidigung islamischen Bodens gegen nicht-islamische Invasoren, sei, wie Artikel 12 weiter zu entnehmen ist, die höchste Form des Patriotismus, durch die sich auch die Vaterlandsliebe der Hamas auszeichne – eben weil sie über alle anderen Beweggründe hinaus auch noch religiös erhaben und ihr Ziel kein anderes sei, als über Palästina das islamische Banner zu hissen:

> Wenn andere Patriotismen mit materiellen, menschlichen und territorialen Motiven zusammenhängen, so besitzt (auch) der Patriotismus

der Islamischen Widerstandsbewegung all das, und darüber hinaus hat er – und dies ist das Wichtigste – göttliche Motive, die ihm Geist und Leben verleihen (...).[99]

Nachdem die Hamas-Autoren für sich beanspruchen, die einzig wahren Patrioten zu sein, liegt es nicht fern, dass sie im anschließenden Artikel 13 sämtliche Friedensbemühungen zur Lösung des israelisch-palästinensischen Konflikts ablehnen, da derlei Initiativen «lediglich eine Spielart unter anderen» seien, «um die Ungläubigen zu Herrschern auf dem Boden Palästinas zu machen».[100] Insbesondere angesichts der sich damals abzeichnenden Bereitschaft der PLO, mit Israel in Verhandlungen zu treten, ist die Botschaft unmissverständlich und wird weiter konkretisiert: «Eine Lösung für die palästinensische Frage gibt es nur durch den Dschihad.»[101] Und dieser, so Artikel 15, sei «zu einer individuellen Pflicht für jeden Muslim» geworden, da hier islamisches Gebiet vom Feind usurpiert werde.[102] Der Dschihad allerdings setze die «Verbreitung des islamischen Bewusstseins unter den Massen auf lokaler, arabischer und islamischer Ebene» voraus,[103] eine Aussage, die unweigerlich an Hassan al-Bannas fünfstufiges Dschihad-Konzept denken lässt. Indes kann sich der Leser bereits hier des Eindrucks nicht erwehren, die Re-Islamisierung der Gesellschaft sei nicht primär das Ziel der Hamas, sondern diene vielmehr als Vehikel zur Mobilisierung der Massen für den Heiligen Krieg. Zu diesem Zweck müsse das gesamte Erziehungssystem von «den Folgen der geistigen Invasion» des Westens frei gemacht werden und außerdem die Palästina-Frage «im Geist der muslimischen Generationen dahingehend verankert werden, dass sie eine religiöse Frage ist und auf dieser Grundlage zu behandeln ist».[104]

Mit der «Erziehung der Generationen» befasst sich im Anschluss Artikel 16, in dem ebenfalls manifest wird, wie stark das pädagogische Konzept der Hamas in einen kriegerischen Kontext eingebettet ist. Es sei nicht nur erforderlich, wird hier erklärt, dass die jüngeren Generationen die heiligen Schriften und die Geschichte des Islam studierten. Auch bestehe für den «kämpfenden Muslim», abgesehen davon, dass er immer über die aktuellen Ereignisse informiert und auf dem neuesten Stand der Entwicklungen sein müsse, die «Notwendigkeit, aufmerksam den Feind, seine materiellen und menschlichen Möglichkeiten zu studieren, seine Schwachpunkte und Stärken zu erkennen, die ihn unterstützenden und an seiner Seite stehenden Kräfte zu kennen»[105] – dies ist nichts anderes als die Aufgabe jeder Militäraufklärung. Wie bereits die ägyptischen Muslimbrüder bei ihrer Palästina-Kampagne will auch die Hamas die Frauen in die Kriegsanstrengungen mit einbeziehen. So klärt Artikel 17 über die Rolle der muslimischen Frau im Befreiungskampf auf, «die nicht geringer als die des Mannes ist, denn sie bringt die Männer hervor, und ihre Rolle in der Orientierung und Erziehung der Generationen ist eine bedeutende Rolle».[106] Ihr obliege es nicht nur, wie Artikel 18 präzisiert, die Kinder «zur Erfüllung der religiösen Pflichten» zu erziehen, sondern sie auch auf ihre künftige Rolle als Dschihad-Kämpfer vorzubereiten. Bereits in der Schule sollten die Mädchen an diese Aufgabe herangeführt werden.[107] Auch der islamischen Kunst kommt gemäß Artikel 19 eine wichtige Rolle im palästinensischen Befreiungskampf zu. Diese zeichne sich vor der Kunst der Heiden insbesondere dadurch aus, dass sie den Geist und nicht den Körper anspreche. Ob im Gewand eines volkstümlichen Gedichts, der Poesie, einer Hymne oder eines Theaterstücks, die islamische Kunst gehöre zu den «Notwendigkeiten der geistigen Mobilisierung und der sich ständig erneuernden Nahrung für die Fortsetzung des Marsches und die Erholung».[108]

Auch die «soziale Solidarität», der sich Artikel 20 und 21 ausgehend von der zu den fünf Säulen des Islam zählenden Pflicht zum Zahlen der Almosensteuer (zakat) widmen, wird in den Dienst des Dschihad gestellt. Denn insbesondere dieser Geist der Solidarität sei es, der die Gesellschaft dazu befähige, dem Feind geschlossen entgegenzutreten.[109] Dass der Gegner besonders mächtig sei, ist aus Artikel 22 zu erfahren, der die «Kräfte, die den Feind unterstützen», zu entlarven meint. Die Juden werden hier, wohl in Anlehnung an die sogenannten «Protokolle der Weisen von Zion», der Weltherrschaft bezichtigt – an späterer Stelle wird die Anfang des 20. Jahrhunderts entstandene antisemitische Hetzschrift übrigens auch als Quelle genannt.[110] Die Juden hätten mit ihrem Vermögen Revolutionen wie die französische oder die kommunistischen initiiert und sowohl die internationalen Medien als auch die kolonialistischen Staaten unter ihre Kontrolle gebracht. Die Zionisten seien auch, spinnen die Autoren das Leitmotiv der Protokolle weiter, hinter dem Ersten Weltkrieg gestanden, wo sie es schafften, den Staat des islamischen Kalifats zu beseitigen, und wo sie materielle Gewinne erzielten, die Kontrolle über viele Quellen des Reichtums erlangten, die Balfour-Erklärung erhielten und den Völkerbund schufen, um die Welt mittels dieser Organisation zu beherrschen. Und sie standen hinter dem Zweiten Weltkrieg, wo sie gewaltige Profite aus ihrem Handel mit Kriegsgütern erzielten, die Errichtung ihres Staates anbahnten und die Bildung der Organisation der Vereinten Nationen und des Sicherheitsrats anstelle des Völkerbunds anregten, um damit die Welt zu beherrschen.[111]

Das in der Charta schon vorher gezeichnete manichäische Weltbild von den «guten» Muslimen, die von den «bösen» Andersgläubigen bedroht würden, wird hier noch einmal konkretisiert: Die Zionisten und ihre Helfer würden sich, «sobald der Islam in Erscheinung tritt», als «Kräfte des Unglaubens» gegen ihn zusammenschließen.[112]

In Kapitel 4 definiert die Hamas ihr Verhältnis zu anderen führenden Kräften des palästinensischen Widerstands wie auch zu den arabischen und islamischen Staaten und nicht zuletzt zu den Angehörigen anderer Religionen. Die Reihenfolge, in der die einzelnen Bewegungen und Organisationen aufgeführt werden, ist Ausdruck ihrer Relevanz für Jassins Islamisten: An erster Stelle stehen die «islamischen Bewegungen», gefolgt von den «patriotischen Bewegungen in der palästinensischen Arena»; erst dann wird die PLO genannt, auf die die arabische und islamische Welt und schließlich die Andersgläubigen folgen. Die islamischen Bewegungen (Artikel 23 und 24) werden zwar als Mitstreiter aufgefasst, die man mit «Respekt und Wertschätzung» und «als einen Fundus für sich» betrachte. Jedoch betonen die Autoren, dass die Islamische Widerstandsbewegung auch weiterhin bestrebt sei, «das Banner der Einheit hochzuhalten».[113]
Den «patriotischen Bewegungen in der palästinensischen Arena» sichert die Hamas in Artikel 25 zwar generell ihre Unterstützung zu, knüpft daran allerdings Bedingungen. So dürften die nichtreligiösen Patrioten weder gegenüber dem «kommunistischen Osten» noch gegenüber dem «kreuzzüglerischen Westen» Loyalität hegen. Zudem wird proklamiert – in Fortsetzung der schon oben begegneten Argumentationslinie zur Überlegenheit der Vaterlandsliebe der Hamas gegenüber anderen Patriotismen –, dass die Islamische Widerstands-

bewegung, die dem Dschihad verpflichtet sei, «den Opportunismus verabscheut und (...) keine materiellen Gewinne oder eigenen Ruhm anstrebt».[114]

Nach der Skizzierung des oben bereits besprochenen Verhältnisses zur PLO ergeht in Artikel 28 an die «arabischen und islamischen Staaten und Regierungen», insbesondere die Anrainerstaaten Israels, der schon fast wie ein Befehl klingende Appell, «ihre Grenzen den Kämpfern der arabischen und islamischen Völker zu öffnen, so dass sie ihre Rolle wahrnehmen und ihre Anstrengungen mit den Anstrengungen ihrer Brüder von [der Gemeinschaft der] Muslimbrüder in Palästina vereinen».[115] Von allen übrigen Staaten fordert die Hamas, den islamistischen Kämpfern zumindest die Ein- und Ausreise zu erleichtern, betreffe ihr Kampf doch schließlich den Islam als Ganzes: «Israel ist mit seinem jüdischen Charakter und seinen Juden eine Herausforderung für den Islam und die Muslime.»[116] Mobilisiert werden für den Heiligen Krieg gegen die Zionisten sollen auch, wie Artikel 29 und 30 erklären, nationale und religiöse Gremien und Vereinigungen sowie Institutionen und sämtliche Intellektuellen, von Schriftstellern und Medienleuten bis hin zu Predigern sowie Lehrern und Erziehern. Ihre Unterstützung sei unerlässlich, denn

> der Dschihad ist nicht darauf beschränkt, die Waffen zu tragen und die Feinde zu bekämpfen. Das gute Wort, der treffliche Artikel, das nützliche Buch, die Unterstützung und Hilfe, all das gehört – sofern die Absichten rein sind, das Banner Gottes das höchste sein zu lassen – zum Dschihad auf dem Wege Gottes.[117]

Den Angehörigen der anderen Buchreligionen, Christen wie Juden, versichert die Hamas in Artikel 31, sie sei eine «humane Bewegung, die die menschlichen Rechte beachtet und sich an die Toleranz des Islam im Hinblick auf die Angehörigen der anderen Religionen gebunden fühlt». Hier wird weiter präzisiert, was bereits in Artikel 6 zu dieser Frage geäußert wurde. Allerdings seien die Rechte dieser Minderheiten nur dann garantiert, wenn sie dem Islam die Souveränität über dieses Gebiet – gemeint ist wohl Palästina – überlassen würden, da es nur «Gemetzel, Folter und Vertreibung» gebe, wenn sie herrschten, denn sie «ertragen schon einander nicht, ganz zu schweigen von den Angehörigen anderer Religionen», was Vergangenheit und Gegenwart ausreichend bewiesen hätten.[118] Allein die Oberhoheit des Islam gewährleiste ein Miteinander in Ruhe und Sicherheit, für das, so wird suggeriert, die Beseitigung des israelischen Staates die Voraussetzung sei. Unklar indes bleibt, wie die viel gepriesene Toleranz des Islam mit der grundsätzlichen Haltung der Hamas gegenüber den Juden – den angeblich gefährlichen, antiislamischen Weltherrschern – und mit der Vision von der Judenverfolgung am Tag der Auferstehung zu vereinbaren ist, wie sie in Artikel 7 beschworen wird. Um eine Auflösung dieser Widersprüche sind die Autoren jedenfalls ebenso wenig bemüht wie um korrekte Geschichtsbilder. Denn mit der irreführenden Behauptung «Der Islam gewährt jedem sein Recht und verbietet den Angriff auf die Rechte der anderen»[119] wird verschwiegen, dass Christen und Juden unter der Herrschaft des Islam in vielfacher Hinsicht diskriminiert und zahlreichen erniedrigenden Gesetzen unterworfen waren.[120]

Im vorletzten Abschnitt des vierten Kapitels (Artikel 32) knüpfen die Autoren an das in Artikel 22 unterstellte Bündnis zwischen den angeblich die Welt beherrschenden Zionisten und den Kolonialisten an – hier in leicht modifizierter Form der «internationale Zionismus und die kolonialistischen Kräfte». Ziel dieser Allianz sei, möglichst alle arabischen Staaten nacheinander aus der «Arena des Kampfes mit dem Zionismus herauszulösen» und so die Palästinenser in ihrem Kampf zu isolieren.[121] An dieser Stelle werden denn auch als Quelle für die hier entwickelten Verschwörungstheorien die «Protokolle der Weisen von Zion» angeführt. Auch wenn die Zionisten den Theorien der Hamas zufolge bereits große Teile der Welt beherrschen, so haben sie für den arabischen Raum nach Ansicht der Autoren noch einiges geplant:

> Das zionistische Vorhaben ist grenzenlos, und nach Palästina streben sie nach der Expansion vom Nil bis zum Euphrat. Wenn sie das Gebiet völlig verschlungen haben, zu dem sie vorgedrungen sind, trachten sie nach einer weiteren Expansion und so fort. Ihr Vorhaben steht in den «Protokollen der Weisen von Zion», und ihr gegenwärtiges Tun ist der beste Beleg für das, was wir sagen.[122]

Denjenigen, die «die Arena des Kampfes mit dem Zionismus verlassen», wird Hochverrat vorgeworfen und unverhüllt mit der Hölle gedroht, unter Bezugnahme auf den Koran Sure 8, Vers 16: «Wer ihnen alsdann den Rücken kehrt (...), der verfällt dem Zorn Gottes, und die Hölle wird ihn (dereinst) aufnehmen. Ein schlimmes Ende!»[123] Wenig später folgt die Klarstellung der eigenen Positionierung im «Kampf mit dem internationalen Zionismus», in dem die Islamische Widerstandsbewegung zwar ihre «Anstrengungen mit den Anstrengungen all jener, die in der palästinensischen Szene wirken», vereine, sich selbst aber als «Speerspitze» betrachte.[124] In diesem Sinne sind denn auch unter dem Slogan «Auf zum Dschihad!» in Artikel 33 – dem letzten des vierten Kapitels – alle arabischen und islamischen Staaten aufgerufen, die Hamas zu unterstützen.[125]

Am Ende dieses Heiligen Krieges, wie anschließend Artikel 34 und 35 des fünften Kapitels versichern, werde die Niederlage der Zionisten stehen, so wie die großen islamischen Feldherren Saladin beziehungsweise Qutuz und Baibars eine solche einst auch den Kreuzfahrern und den tatarischen Eroberern beigebracht hatten. Der Sieg über die Zionisten sei «nicht schwer für Gott», vorausgesetzt, die Muslime würden aus den Erfahrungen der Vergangenheit lernen, sich von der «geistigen Invasion» des Westens befreien und den Bräuchen ihrer Vorfahren folgen.[126] Unter der programmatischen Überschrift «Die Islamische Widerstandsbewegung sind Soldaten» wird im Schlusskapitel noch einmal das Selbstverständnis der Hamas als Kampforganisation markiert. Nochmals geloben die Autoren «gegenüber allen Angehörigen unseres Volkes und den arabischen und islamischen Völkern», nicht danach zu trachten, «eigenen Ruhm oder materiellen Gewinn oder eine soziale Position» zu erlangen. Die Islamische Widerstandsbewegung sei «gegen keinen der Söhne unseres Volkes gerichtet (...), um dessen Konkurrent zu sein oder danach zu streben, seinen Platz einzunehmen – überhaupt nichts von all dem». Dass dieses Credo allerdings kaum mit der oben gemachten Erklärung in Einklang zu bringen ist, die Hamas verstehe sich als Speerspitze des palästinensischen Befreiungskampfes, ist einer von mehreren Widersprüchen in der Hamas-Charta, die offenbar mit der überbordenden Brüderlichkeitsrhetorik des gemeinsamen Kampfs gegen die Zionisten verdeckt werden sollen: Die Hamas, heißt es am Ende des ersten Absatzes gleichsam als Schlussakkord, «wird nichts als eine Hilfe für alle Vereinigungen und Organisationen sein, die gegen den zionistischen Feind und die unter seinem Einfluss Stehenden aktiv sind». Nach der erneuten Beteuerung, dass die Hamas dem Islam verpflichtet sei und jedem, «der sich auf den Islam als Lebensweise» stütze, «ob Organisation, Staat oder eine andere Gruppe», nur «als Soldaten» diene, und nach der Bitte, Gott möge sie rechtleiten, schließt die Charta mit der Formel: «Unser letztes Gebet ist: Lob sei Gott, dem Weltenherren».[127]

Hamas und PLO: Ein Palästina, zwei Programme

Die Lektüre ihrer Charta macht nicht nur deutlich, dass sich die Hamas ganz bewusst als Gegenbewegung zur PLO zu positionieren versuchte. In vielen Punkten kann dieses Dokument auch als Gegenentwurf zu der 1968 verabschiedeten sogenannten Palästinensischen Nationalcharta der PLO, auch als «Palästinensisches Manifest» bekannt, gelesen werden.[128] Allein schon bezüglich ihrer Struktur weisen beide Dokumente eine auffallende Ähnlichkeit auf: das der Palästinensischen Befreiungsorganisation enthält 33, das der Islamischen Widerstandsbewegung 36 Artikel, die in der Hamas-Charta allerdings größtenteils weit länger sind als in dem PLO-Manifest. Auch sind die behandelten Themenbereiche zum Teil so eng miteinander verwandt, dass sich dem Leser zumindest an einigen Stellen des Hamas-Dokuments unwillkürlich der Eindruck aufdrängt, es hier mit einer «islamisierten» Fassung der Nationalcharta zu tun zu haben. Hatte die PLO einleitend ihre Loyalität gegenüber der im Sinne des säkularen Panarabismus verstandenen «arabischen Nation» versichert und Palästina als «Teil des arabischen Mutterlandes» (Artikel 1) und als «unteilbare territoriale Einheit» (Artikel 2) definiert, so bekundet die Hamas im Gegenzug ihre Treue zum Islam (Artikel 1) und apostrophiert Palästina demgemäß als geheiligten islamischen Boden, der ebenfalls nicht geteilt oder aufgegeben werden dürfe (Artikel 11). Damit wurde auch gleich das in der PLO-Charta auf einer säkularen historisch-nationalen Grundlage basierende Zugehörigkeitsverständnis der Palästinenser (Artikel 4 und 5) von den Islamisten in ein national-religiöses Verständnis von Volkszugehörigkeit umdefiniert. Indes sah die PLO Juden, die bereits vor der «zionistischen Invasion» in Palästina gelebt hatten, als «Palästinenser» an (Artikel 6) und erklärte sie somit zu gleichberechtigten Staatsbürgern im künftigen Palästinenserstaat, in dem laut Artikel 16 des palästinensischen Manifests Glaubensfreiheit und, unabhängig von «Rasse, Hautfarbe und Religion», der freie Zugang zu den Heiligen Stätten des Landes garantiert war. Demgegenüber sicherte die Hamas in Artikel 31 Christen und Juden freie Religionsausübung zu, freilich nur auf der Grundlage der einschränkenden Regeln des islamischen Gesetzes und unter der Bedingung, dass keinerlei politische Ansprüche auf Palästina erhoben würden. Der Aufgabe der Volkserziehung widmete die PLO den darauf folgenden Artikel 7, in dem sie festschrieb, dass jeder Palästinenser eine «arabisch-revolutionäre» Erziehung erhalten müsse; dieser setzte die Hamas in Artikel 16 die «islamische» Erziehung entgegen. Dem von der PLO propagierten nationalen Kampf für die Befreiung Palästinas stellte die Hamas den islamischen Heiligen Krieg entgegen, bediente sich dabei (Artikel 17, 29) jedoch ebenfalls des von der Konkurrentin (Artikel 27) verwendeten und in der Regel säkular konnotierten Terminus des «Befreiungskampfs» (marakat al-tahrir). Und analog zu den von der PLO verfolgten, sich gegenseitig ergänzenden Zielen «Arabische Einheit und die Befreiung Palästinas» (Artikel 13) stellte die Hamas letztere in einen breiteren islamischen Kontext, indem sie es zu einem islamischen Waqf-Land erklärte (Artikel 11), das dem gesamten Islam gehöre. Artikel 15 des PLO-Manifests überschneidet sich inhaltlich weitgehend mit Artikel 28 der Hamas-Charta, beide Bewegungen fordern Unterstützung für ihren Kampf gegen die Zionisten: Während die PLO hier an die arabischen Staaten appellierte, wurden von der Hamas nicht nur die arabischen, sondern alle islamischen Staaten zu Hilfe aufgerufen. Bestritt die Palästinensische Befreiungsbewegung das Existenzrecht des israelischen Staates (Artikel 19 bis 22) und erhob es zur nationalen Pflicht der (pan)arabischen Nation, den «Zionismus in Palästina auszutilgen» (Artikel 15), so beschwor die Hamas den bevorstehenden Sieg über den Zionismus in Palästina, was ebenfalls auf eine Abschaffung des jüdischen Staates hinauslief (Artikel 34 und 35). Auch die Geißelung des Zionismus, der in dem PLO-Manifest als eine im Dienst des internationalen Imperialismus stehende politische Bewegung «rassistischer und fanatischer Natur» geschmäht wird, deren Ziele «aggressiv, expansionistisch und kolonialistisch» und deren Methoden «faschistisch» seien, sowie die Behauptung, Israel bedrohe den Frieden im Nahen Osten (Artikel 22), finden sich in modifizierter

Form in der Hamas-Charta wieder, und zwar auffälligerweise ebenfalls in Artikel 22. Hier wird den Juden indessen auch noch unterstellt, vom «kommunistischen Osten» unterstützt zu werden – von dort erhielt früher bekanntlich die PLO Unterstützung. Die Gleichsetzung von Judentum und Zionismus mit Faschismus und Nationalsozialismus dürfte die Hamas der Rhetorik ihrer säkularen Rivalin entnommen haben – derartige Vergleiche waren in antifaschistischen linksorientierten Befreiungs- und Terrororganisationen in den siebziger Jahren an der Tagesordnung. Der rechtsgerichtete moderne europäische Antisemitismus scheidet hier als Inspirationsquelle schon allein deshalb aus, weil er die Gleichsetzung von Judentum und Faschismus notwendigerweise ausschließt – nicht aber die von Judentum und Kommunismus. Die Hamas hat beide Antijudaismen – einmal rechter, einmal linker Provenienz – miteinander gekoppelt und schließlich auch noch mit der islamischen Judenfeindschaft verquickt.

Gegen Arafats Friedenskurs

Die Veröffentlichung ihrer Charta blieb für die Hamas nicht ohne Folgen. Die israelische Besatzungsbehörde hatte spätestens zu diesem Zeitpunkt erkannt, dass die Umwandlung der palästinensischen Muslimbrüder-Bewegung in eine Kampforganisation in vollem Gange war. So wurde bereits zwei Wochen später, am 1. September 1988, der Hamas-Mitbegründer Salah Schachada von den Israelis verhaftet. In den nächsten Wochen folgten weitere Festnahmen führender Organisationsmitglieder, wie die Ibrahim al-Jazuris Anfang Oktober. Scheich Jassin blieb von den Verhaftungen allerdings unberührt.[129] Auch die PLO hatte die Herausforderung seitens der Hamas zur Kenntnis genommen und unverzüglich ihren Ton gegenüber Jassins aufstrebender Organisation verschärft. So wandte sich die UNC in ihrem Flugblatt Nr. 25 vom 6. September zum ersten Mal direkt an die Hamas und ermahnte sie, Generalstreiks nicht im Alleingang auszurufen, da derartige Aktionen die unter der Führung der UNC gewährleistete Einigkeit des Volkes untergrüben. «Die UNC betont», hieß es in dem Kommuniqué weiter, «dass jeder Schlag gegen die Geschlossenheit der Reihen einem großen Dienst am Feind gleichkommt und dem Aufstand schadet».[130] Auch wenn gleichzeitig der Widerstand der Hamas als wichtiger Beitrag zur «nationalen Aktion» begrüßt wurde, rügten die Autoren, dass Jassin und seine Mitstreiter versuchten, dem Volk mit Gewalt ihren Willen aufzuzwingen, was letztlich nur den Interessen des Feindes diene. Die angeprangerten Gewaltakte wurden auch präzisiert: die Zerstörung und das Anzünden von Läden und anderen Eigentums, deren Besitzer dem Streikaufruf der Hamas nicht gefolgt waren. Die UNC warnte eindringlich vor Verstößen gegen den nationalen Konsens, wer nationale Aktionen plane, habe diese mit ihr im Vorfeld zu koordinieren.[131]

Die Hamas, die nicht bereit war, sich eine derartige Bevormundung gefallen zu lassen, konterte im darauf folgenden Flugblatt (Nr. 29) vom 5. September 1988, dass die von ihr ausgerufenen Streiks auch deshalb die volle Zustimmung des Volkes fänden, weil sie aus «seinem tiefsten Inneren» kämen. Einzig die Kollaborateure, fuhren die Autoren fort, versuchten, diese Streiks zu brechen, allerdings hüteten sie sich davor, diese konkreter zu benennen. Und als wollte sie die PLO zur Ordnung rufen, appellierte sie an alle Widerständler, im Kampf gegen die Juden die Einigkeit des Volkes zu bewahren, und versicherte sie ihrer Unterstützung.[132] Die UNC bekräftigte daraufhin in ihrer nächsten Flugschrift (Nr. 26) nicht nur den alleinigen Machtanspruch der PLO über Palästina, sondern gab bereits deren Bedingungen für die Aufnahme von Friedensverhandlungen bekannt. Zum ersten Mal wurde der Feind jetzt auch beim Namen genannt – «Israel». Mit der Bekanntmachung der Eckdaten für eine friedliche Lösung des Konflikts bekundete die PLO ihre Absicht, an dem noch in ihrer Nationalcharta eindeutig formulierten Ziel der Abschaffung des Staates Israel nicht weiter festzuhalten.[133] Auch die Islamisten machten in ihrem nächsten Flugblatt (Nr. 30) keinen Hehl aus ihrem Standpunkt: «Die Juden haben die Propheten getötet ... die Unschuldigen geschlachtet ... die Gläubigen verhaftet. Es kann keinen Frieden mit den Mördern geben.»[134]

Ihrer ablehnenden Haltung gegenüber der PLO-Entscheidung, Friedensverhandlungen mit Israel aufzunehmen, verliehen die Islamisten noch einmal in einem gesonderten Flugblatt Nachdruck.[135] Es erschien am 10. November, mithin nur wenige Tage vor der für den 15. November anberaumten Sitzung des Palästinensischen Nationalrats (PNC) in Algier, von der man die offizielle Bekanntmachung des

Kurswechsels der PLO erwartete, und richtete sich direkt an die Mitglieder des PNC, die von den Hamas-Autoren mit «unsere Brüder» angeredet wurden. Die Hamas sei ins Leben gerufen worden, hieß es eingangs, um den Dschihad zu führen bis zur «totalen Befreiung des gesamten Palästina». Zur Verwirklichung dieses Ziels habe sie auch den Ausbruch der Intifada am 8. Dezember 1987 initiiert. Das gesamte palästinensische Volk – im Text ist von «allen Söhnen Palästinas» die Rede – habe sich an ihre Seite gestellt, wo es auch weiterhin stehen werde. Mit der Hilfe Gottes habe die Hamas es vermocht, die latenten Kräfte des palästinensischen Volkes zu aktivieren, die es ihm ermöglichten, in der täglichen Konfrontation mit dem feindlichen jüdischen Usurpator Wunder zu vollbringen. Der Versuch des Gegners, den Aufstand zu unterdrücken, sei gescheitert, weil Gott die Arme der Steine werfenden Söhne Palästinas gesegnet habe; der arabische Text spricht hier von *al-sawaid al-ramiya* (Wurfarme) – in der Kampfsprache der Hamas die offizielle Bezeichnung für ihre Intifada-Kommandos. Die Islamische Widerstandsbewegung versicherte noch einmal ausdrücklich, die «Strategie des totalen Dschihad» zu verfolgen, um solange gegen die Besatzung Widerstand zu leisten, bis ganz Palästina befreit sei, gleichgültig wie lange der Kampf dauern und wie zahlreich die damit verbundenen Opfer sein würden. Den Palästinensischen Nationalrat warnten die Autoren davor, das «zionistische Wesen»[136] anzuerkennen, was das «Schließen der Tore des Dschihad» bedeutete – dieses wird im Islam als Verrat betrachtet und kommt einer Apostasie gleich, zumal wenn es um die Verteidigung islamischen Bodens geht, der von Nichtmuslimen besetzt ist.[137] Demgemäß wurde den Mitgliedern des Palästinensischen Nationalrats das Recht abgesprochen, im Namen des gesamten palästinensischen Volkes Verhandlungen zu führen – dafür hätten sich die Märtyrer der Intifada nicht geopfert, ein solches Verhalten sei defätistisch.[138] Anschließend wurden die PNC-Mitglieder als «Söhne unseres im Dschihad kämpfenden Volkes» ermahnt, dass künftige Generationen hart mit ihnen ins Gericht gehen würden. Denn niemand habe das Recht, dieser Passus spielte auf Artikel 11 der Hamas-Charta an, die islamische Erde Palästinas ganz oder auch nur teilweise preiszugeben, da sie bis zum Tag der Auferstehung Eigentum aller Muslime sei. Die geplante «Übergangsregierung» (der PLO) und die «Unabhängigkeitserklärung» wurden indes als Täuschung diskreditiert, mit der die Errungenschaften der Intifada zunichte gemacht werden sollten. Zum Schluss erging der eindringliche Appell an das «heroische palästinensische Volk», die «Soldaten der gesegneten Intifada», die «*Murabitun* auf dem Boden des *ribat*», den Kampf gegen den «jüdischen Feind» fortzusetzen, für den Gott sie als «islamische Vorhut» auserwählt habe.[139]

Trotz aller Propagandafeldzüge gegen die säkularen Konkurrenten gelang es den Islamisten nicht, das Rad der Geschichte aufzuhalten und den sich abzeichnenden Kurswechsel der PLO zu verhindern. Am 15. November 1988 rief in Algier der Palästinensische Nationalrat, die oberste Instanz der PLO, den unabhängigen Staat Palästina aus; auf diese Proklamation hatte die UNC die Bevölkerung bereits zuvor in ihren Flugblättern Nr. 27 und 28 vorbereitet.[140] In ihrer Unabhängigkeitserklärung, die nicht frei von Widersprüchen war, fand indes auch der als UN-Resolution 181 bekannte UN-Teilungsplan für Palästina aus dem Jahr 1947 Erwähnung, den die PLO als Beleg für das international anerkannte Recht der Palästinenser auf einen eigenen Staat in Palästina ins Feld führte. Dass dieser Plan den Juden das gleiche Recht zugestand, wurde in der palästinensischen Deklaration allerdings mit keinem Wort erwähnt.[141] Auch der erneute Verweis an anderer Stelle der Unabhängigkeitserklärung auf die «Beschlüsse der Vereinten Nationen seit 1947»[142] – und damit praktisch auf die in diesem Dokument nicht explizit genannten UN-Resolutionen 242 (von 1967) und 338 (von 1973) –,[143] mit dem das Recht auf einen eigenen Palästinenserstaat nochmals untermauert werden sollte, garantierte noch keineswegs die Anerkennung Israels, sondern deutete eine solche lediglich an. Es verwundert kaum, dass diese nebulöse Formulierung Erklärungsbedarf erzeugte, und so musste Bassam Abu Sharif, Arafats politischer Berater, den Inhalt der PNC-Beschlüsse gegenüber der Presse erläutern. Er nahm wie folgt Stellung:

> Die PLO hat ihre Position offiziell geändert von einer totalen Ablehnung von Israels Existenzrecht als exklusivem zionistischen Staat zur vollen Anerkennung Israels entsprechend den Bedingungen der Sicherheitsresolution 242, die den Rückzug Israels aus den 1967 besetzten Gebieten fordert. Die PLO, die einst prinzipiell Verhandlungen mit Israel ablehnte, hat jetzt offiziell ihrem Wunsch nach Gesprächen mit Israel im Rahmen einer internationalen Friedenskonferenz Ausdruck gege-

ben, mit dem Ziel, eine Zwei-Staaten-Lösung des palästinensisch-israelischen Problems zu finden.[144]

Die Antwort der Hamas auf diesen Schritt ließ keine Zweifel offen. Ihr vom 25. November datierendes Flugblatt Nr. 32 überschrieb sie mit dem Diktum: «Die Teilung Palästinas wurde 1947 vom palästinensischen Volk [und] den islamischen und arabischen Regierungen und Völkern abgelehnt – und heute?!»[145] Und um ihrer kategorischen Ablehnung der Friedenspläne des PNC noch einmal nachhaltig Ausdruck zu verleihen, unterstrich sie abermals, dass das Ziel der Intifada die «Befreiung ganz Palästinas» sei.[146] Auf die einstige Zurückweisung der UN-Resolution 181 wurde von der Hamas auch in ihrem darauf folgenden Flugblatt (Nr. 33) an prominenter Stelle verwiesen. Gleich eingangs, nach den üblichen Koranzitaten, erinnerte sie daran, dass Abdel Qadir al-Husseini, einer der Anführer der palästinensischen Kampfeinheiten im Krieg von 1948, bereits am 25. Dezember als Reaktion auf besagten UN-Beschluss die «Bataillone des Heiligen Dschihad» gegründet habe.[147] Damit sollte wohl suggeriert werden, dass es eine religiös-nationale sittliche Pflicht sei, gegen derartige, für das palästinensische Volk schicksalhafte Entscheidungen vorzugehen, was einer moralischen Verurteilung der PNC-Deklaration gleichkam.

Von nun an maßten sich Jassin und seine Muslimbrüder zunehmend die Rolle der ultimativen Moralinstanz an. Nur ein Jahr nach dem Beginn der Intifada, auf die sie jetzt offen das Urheberrecht erhoben, war es ihrer Islamischen Widerstandsbewegung nicht nur gelungen, sich in der palästinensischen Gesellschaft Respekt zu verschaffen, sondern sich auch als national-religiöses und bedeutendes Gegengewicht zu Jassir Arafats säkularer Befreiungsorganisation zu etablieren. In der Rückschau könnte man fragen, ob die Kursänderung der PLO in Richtung auf eine friedliche Lösung des Konflikts nicht zuletzt auch aus Selbsterhaltungsgründen erfolgt war, um ihre Vormachtstellung, die mittlerweile durch das Erstarken der Hamas gefährdet schien, durch die Kooperation mit den Israelis erst einmal zu sichern. Tatsächlich war Israel jetzt dabei, im Umgang mit der PLO und der Hamas die Koordinaten zu ändern. Während Arafats Organisation allmählich vom Feind zum Friedenspartner mutierte, wurden die anfangs geduldeten palästinensischen Muslimbrüder, die eine Versöhnung mit Israel immer vehementer ablehnten, für Israel zu einer ernsthaften Gefahr.

4. In der Opposition

Den Frieden behindern

Während die PLO die weltweite Akzeptanz der palästinensischen Unabhängigkeitserklärung vom November 1988 als einen ihrer größten Triumphe feiern konnte, musste sich die Hamas zunächst einmal geschlagen geben. Scheich Jassin und seine Getreuen waren jedoch weit davon entfernt aufzugeben. Von nun an konzentrierten sie sich darauf, die Friedenspläne der PLO zu durchkreuzen, die drei Jahre später die Einberufung der israelisch-palästinensischen Friedenskonferenz in Madrid Ende Oktober 1991 als einen weiteren Erfolg verbuchen konnte. Derweil eskalierten die Konfrontationen zwischen den Islamisten und der israelischen Besatzungsmacht, die sich des Gefahrenpotentials der Hamas mittlerweile voll bewusst war.

Im September und Oktober 1988 erfolgte eine erste Verhaftungswelle gegen führende Mitglieder der Islamischen Widerstandsbewegung, auf die Jassin mit der Rekrutierung einer neuen Kaderschicht reagierte. Doch schon einen Monat später wurde auch Khalid al-Hindi von den Israelis inhaftiert, der kurz zuvor zum Stellvertreter des ebenfalls gerade erst nominierten, 1948 geborenen Ingenieurs Ismail Schanab – neben dem Scheich damals der offizielle Hamas-Chef im Gazastreifen – ernannt worden war. Das rigorose Vorgehen der Israelis zwang Jassin und seine Aktivisten nun unter anderem auch, neue Verstecke für die geheime Nachrichtenübermittlung zu benutzen. Hatten als solche bis dahin hauptsächlich die Spendenkästchen und Brieffächer in den Moscheen gedient, so wurden die Botschaften nun unter Müllbehältern, in Mauerritzen oder unter Steinen deponiert.[1] Auch Graffiti wurden jetzt, da sie für den Gegner kaum zu kontrollieren waren, vermehrt als Botschaftsträger eingesetzt. Durch die Verwendung grüner Schriftzüge – der Symbolfarbe des Islam – setzte die Hamas ihre Graffiti-Sprüche von den schwarzen der Fatah oder den roten der linksorientierten Volksfront ab. Zudem waren die Hamas-Propagandisten bemüht, sich vor den säkularen Kontrahenten durch die leichte Erkennbarkeit ihrer Parolen auszuzeichnen, die nun aus dem zunehmend militanten Charakter der Bewegung keinerlei Hehl mehr machten: «Mit Gewalt, und nur mit Gewalt, werden wir den Boden Palästinas befreien», lautete etwa eine der von den Islamisten proklamierten Formeln.² Und um die von ihren Aktivisten gehissten Nationalfahnen von jenen der Säkularen zu unterscheiden, wurden sie mit dem islamischen Glaubensbekenntnis «Es gibt keinen Gott außer Allah» versehen.³

Jassin selbst zog sich zurück, wohl auch um der Gefahr einer Verhaftung vorzubeugen. Zudem fanden die Sitzungen der Hamas-Führung nicht mehr in seinem, sondern nurmehr im Hause Abu Schanabs statt. Obgleich der Scheich diesen Treffen nur noch gelegentlich beiwohnte, musste die Hamas-Spitze nach wie vor alle wichtigen Entscheidungen von ihm absegnen lassen.⁴ Abu Schanab festigte indes die Kontakte zu den Zweigen der Bewegung in der Westbank, die mittlerweile über ähnliche Strukturen verfügten wie Jassins Organisation im Gazastreifen und damit befasst waren, mit Hilfe der mit ihnen seit Jahrzehnten vernetzten Muslimbrüder in Jordanien Geld aufzutreiben. So erreichten Abu Schanab allein im Jahr 1989 über Jordanien rund zweihunderttausend Dollar, von denen fast die Hälfte für die Entschädigung von Intifada-Opfern beziehungsweise deren Familien aufgewendet wurde, denen ein lokales Hamas-Mitglied das Geld persönlich in bar übergab.⁵ Eine weitere finanzielle Quelle bildete das häufig als Spenden für die Opfer des Aufstands getarnte, etwa in Kuwait zur Unterstützung der Intifada gesammelte Geld, das ebenfalls über Jordanien an die Organisation gelangte.⁶

Mit diesen Mitteln wurde auch der Aufbau des militärischen Arms der Hamas finanziert, der von Jassin höchstpersönlich vorangetrieben wurde und dem hierbei seine Erfahrung mit den früheren Kampfzellen *al-Madschd* und *al-Mudschahidun al-Filastiniyun* zugute kam. Unter dem ersten Chef Salah Schachada konzentrierten sich die Aktivitäten des militärischen Flügels im ersten Jahr der Intifada vor allem auf die Rekrutierung und Ausbildung neuer Mitglieder im Gazastreifen. Die Hamas ermordete nicht nur Palästinenser, die der Kollaboration mit dem israelischen Feind verdächtigt wurden, sondern begann auch damit, Anschläge auf die Besatzungsmacht zu verüben, zu denen sie sich allerdings nicht öffentlich bekannte – was für noch in der Aufbauphase befindliche Guerillaorganisationen typisch ist. Sie griff israelische Militärpatrouillen mit Molotowcocktails und Sprengstoffladungen an und verübte Brandanschläge gegen landwirtschaftliche Einrichtungen im israelischen Kernland. Und bereits im März 1988 nahm eine der militanten Zellen der Hamas israelische Zivilisten ins Visier. Die unter dem Kommando Muhammad Scharatchas, eines engen Vertrauten des Chefs des militanten Hamas-Arms Salah Schachada, stehende «Zelle 101» schoss in Gaza auf einen von der Stadtverwaltung mit dem Bau eines Brunnens beauftragten israelischen Wasserbauingenieur und verletzte ihn schwer. Nach einem erfolglosen Feuerüberfall auf ein mit israelischen Siedlern besetztes Fahrzeug bei Beit Lahiya, einem palästinensischen Ort im Gazastreifen, im Juli desselben Jahres wurde «Zelle 101» von Nizar Awadallah, dem Nachfolger des mittlerweile inhaftierten Schachada, angewiesen, künftig noch radikaler vorzugehen. So brachen am 16. Februar 1989 zwei Mitglieder der Zelle, als orthodoxe Juden verkleidet, nach Israel auf, wo sie südlich der Stadt Aschdod den israelischen Soldaten Avi Sasportas, der als Anhalter unterwegs war, in eine Falle lockten. Kurz nachdem Sasportas in ihr Auto gestiegen war, töteten seine Entführer ihn mit einem Kopfschuss und verscharrten seine Leiche an einer Kreuzung in der Nähe der Stadt Aschkelon. Das israelische Militär, das kurz darauf eine große Suchaktion startete, bei der Dutzende von Moscheen im Gazastreifen durchsucht wurden, fand keinerlei Spuren des Vermissten.[7] Am 3. Mai schlugen die beiden Täter nach dem gleichen Muster wieder zu und ermordeten den israelischen Soldaten Ilan Saadon, der sich als Tramper auf dem Weg nach Aschkelon befand. Sein Leichnam wurde ebenfalls unmittelbar nach der Tat vergraben. Auch dieses Mal suchte die israelische Armee in einer groß angelegten Aktion vergebens nach dem verschollenen Soldaten, stieß dafür aber auf die sterblichen Überreste Avi Sasportas'. Bei der großen Verhaftungswelle, die mit dieser Suchaktion einherging, wurden über zweihundertfünfzig führende Mitglieder und Sympathisanten der Hamas festgenommen – neben Nizar Awadallah und seinem Vorgesetzten Ismail Abu Schanab auch der Gründungsvater der Bewegung, Scheich Jassin.[8]

Von der Hamas wird die Entführung und Ermordung der beiden Soldaten bis heute als erster großer militärischer Erfolg der Organisation glorifiziert – für die Israelis war er allerdings nichts weiter als ein Terroranschlag. Im Prozess vor dem israelischen Militärgericht, das

Muhammad Scharatcha, den Anführer der «Zelle 101», zu dreimal lebenslänglich plus dreißig Jahren verurteilte, erklärte der Angeklagte in einer feurigen Rede, die damals durch die Medien ging:

> Es war mein Recht und meine Pflicht, für mein Vaterland zur Tat zu schreiten. Ich bin stolz darauf, dass es uns gelungen ist, zwei bewaffnete israelische Soldaten zu entführen und zu töten. Die Entführung und Tötung der Soldaten waren ein Gebot Gottes und des Dschihad. Jeder Palästinenser sollte so handeln, wie ich es getan habe, und sollte ich je wieder aus dem Gefängnis herauskommen, werde ich das Gleiche wieder tun.[9]

In der von der Organisation etwa zur gleichen Zeit herausgegebenen Broschüre mit dem Titel «Die Heldentaten der Hamas» wurden die beiden Gewalttaten glorifiziert, wobei man sich besonders der Liquidierung Avi Sasportas' rühmte. Dieser sollte nämlich, wie angeblich seinen Papieren zu entnehmen war, nicht nur Mitglied einer israelischen Eliteeinheit, sondern auch Fallschirmjäger und Marinesoldat gewesen sein. Tatsächlich gibt es Hinweise darauf, dass Sasportas der um Mitte der achtziger Jahre gegründeten und bis heute streng geheimen und legendenumwobenen Spezialeinheit «Magellan» angehörte.[10] Die israelischen Autoren Shaked und Shabi räumen in diesem Zusammenhang zwar ein, dass Sasportas Angehöriger einer Spezialeinheit der Fallschirmjäger war, allerdings lediglich in der Funktion eines Sanitäters.[11] In der Hamas-Broschüre jedenfalls wurde Sasportas kurzerhand zu einem gefährlichen Killer erklärt: Er sei, so wurde behauptet, an der Tötung von Khalil al-Wazir, dem Militärchef der Fatah, der am 20. April 1988 von einer israelischen Spezialeinheit in Tunis liquidiert worden war, aktiv beteiligt gewesen. Diese Legende sollte offenbar nicht nur dazu dienen, das Ansehen der Hamas als Kampforganisation zu steigern, sondern gleichzeitig auch die Aktivisten der säkularen Gegenspielerin Fatah als Amateure brandmarken – unfähig, den Mord an ihrem Militärchef zu rächen. Die Ermordung Ilan Saadons wurde indessen als «neuer Höhepunkt bei den Operationen gegen den zionistischen Feind» gefeiert. Beide Bluttaten wurden von den Autoren gleichzeitig auch als Sieg in der psychologischen Kriegsführung gegen Israel bejubelt, da das «große Medienecho zu einer psychologischen Krise beim jüdischen Volk und seinem Militär» geführt habe.[12] Diese beiden

Anschläge wurden zum Gründungsmythos für die Kampf- und Terrorgruppen der Hamas, der «Izz ad-Din al-Qassam-Brigaden»,[13] auch wenn diese erst drei Jahre später, nämlich 1991, ins Leben gerufen wurden.[14]

Die Mordtaten an den beiden Soldaten markierten auch einen Wendepunkt im Umgang der Hamas mit den israelischen und westlichen Medien, die die Islamisten von nun an immer geschickter für ihre Zwecke zu instrumentalisieren verstanden. Um künftig medienwirksame Szenen wie den Aufsehen erregenden Auftritt Muhammad Scharatchas im Militärgerichtssaal in Gaza, der seinen Prozess als Propagandaplattform benutzt hatte, zu vermeiden, änderten die israelischen Militärbehörden ihr Vorgehen, was das Gerichtsverfahren gegen Scheich Jassin besonders deutlich veranschaulicht. In den zwei Jahren nämlich, über die sich das am 3. Januar 1990 eröffnete Verfahren hinzog, kam es lediglich zu drei Verhandlungen, die auch nicht, wie bislang üblich, in Gaza, sondern in der Nähe des israelischen Checkpoints Erez stattfanden. Diese Vorsichtsmaßnahme konnte allerdings nicht verhindern, dass Jassin, der, nachdem er das Angebot, sich straffrei ins Exil abzusetzen, ausgeschlagen hatte, zu lebenslänglich plus fünfzehn Jahren Haft verurteilt wurde,[15] weltweit zur Symbolfigur des palästinensischen Befreiungskampfes avancierte. Auch in Deutschland übrigens wurde damals das sogenannte «Internationale Komitee zum Schutz von Scheich Jassin» gegründet, das Solidaritätsdemonstrationen veranstaltete und Petitionen einbrachte, in denen die Entlassung des Scheichs gefordert wurde.[16] Bis zuletzt bestritt der Scheich, an der Planung der Entführung und Tötung der beiden israelischen Soldaten beteiligt gewesen zu sein. Und in der Tat konnte ihm eine solche Komplizenschaft nicht nachgewiesen werden, weshalb das Gericht diesen Anklagepunkt letztlich fallen lassen musste;[17] Jassin wurde schließlich unter anderem wegen Mitgliedschaft in einer verbotenen Organisation, Beteiligung an ihrer Finanzierung, Anstiftung zur Tötung palästinensischer Kollaborateure in vier Fällen, unerlaubten Waffenbesitzes und Volksverhetzung verurteilt.[18] Die Leiche des zweiten entführten Soldaten Ilan Saadon wurde erst 1996 nach jahrelangen Ermittlungen des Schabak, des israelischen Inlandsgeheimdienstes, gefunden.[19]

Die Massenverhaftungen der führenden Hamas-Mitglieder zwangen die Islamisten, eine neue Führung zu installieren. In der Literatur wird diese Phase als das Ende der Ära Jassin beschrieben, der noch bis 1997 in israelischen Gefängnissen einsaß.[20] Im Zuge der notwendig gewordenen Neustrukturierung der Bewegung wurde die obere Führungsebene ins Ausland – nach Springfield im US-Staat Virginia sowie nach Amman und zeitweise auch nach London[21] – verlegt, um der Gefahr einer erneuten Zerschlagung der Führungsspitze durch die israelische Besatzungsarmee zu entgehen. Mit der Neuorganisation, an der auch die jordanischen Muslimbrüder mitwirkten, wurde Mussa Abu Marzuq, eine Schlüsselfigur der amerikanisch-palästinensischen Exilgemeinde, betraut. Der 1950 in Rafah im Gazastreifen geborene Hamas-Aktivist hatte sich bereits während seines Ingenieurstudiums in Kairo den ägyptischen Muslimbrüdern angeschlossen und gehörte später in Gaza, wohin er Anfang der siebziger Jahre zurückkehrte, zu den engsten Vertrauten des Scheichs. 1974 ging er in die USA, wo er sein Studium abschloss und später den dortigen, 1987 gegründeten Hamas-Ableger «Filastin»[22] leitete. Abu Marzuq, der nun den Neuaufbau der Hamas in den Palästinensergebieten mit Hilfe dreier weiterer «Filastin»-Mitglieder bewerkstelligen sollte, wurde zum Vorsitzenden des Hamas-Politbüros ernannt, eine Funktion, die er bis 1995 innehaben sollte.[23]

Als Abu Marzuq und sein Team – die allesamt die amerikanische Staatsbürgerschaft besaßen, was es ihnen erlaubte, jederzeit unbehelligt in die Palästinensergebiete einzureisen – im September 1989 im Gazastreifen eintrafen, hatten sie unter anderem eine Liste mit den Kandidaten im Gepäck, die für Führungspositionen vor Ort vorgesehen waren. Die konstituierende Sitzung der neuen Hamas-Führung fand Mitte September in Rafah – Abu Marzuqs Geburtsstadt – im Haus von Said Abu Musamah statt, der seinerzeit ebenfalls zum engsten Kreis um Jassin gezählt hatte und dem nun die Leitung der Hamas im Gazastreifen übertragen wurde. Was die Strukturierung der Organisation anbelangte, übernahm man zwar die bestehende Bezirkseinteilung im Gazastreifen und in der Westbank. Jedoch wurden die von Jassin eingerichteten, nach verschiedenen Zuständigkeitsbereichen aufgeteilten Leitungskomitees der Organisation aufgelöst und deren Aufgaben auf vier neugeschaffene Organe verteilt. Der Gazastreifen wie auch die Westbank erhielten jeweils ein «Generalleiter-Büro», wobei die Zusammenarbeit der beiden Stellen künftig von einer übergeordneten Instanz, dem «Westbank-Gaza-Büro», koordiniert werden sollte. Letzteres wiederum stand in engem Kontakt mit dem Politbüro in den USA, das in drei Abteilungen gegliedert war: Politik («Politisches Komitee»), Propaganda (*Dawa*-Komitee) und Militär (*Dschihad*-Komitee). Die in den Palästinensergebieten neugegründeten Ressorts entsprachen weitgehend denjenigen der Auslandsvertretungen: Sicherheitsdienst und Informationsbeschaffungsdienst, Propagandaabteilung, Aktionszentrale und Exekutive. Über den geplanten Aufbau eines Militärapparats in der Westbank und im Gazastreifen, der erst einige Monate später in Angriff genommen werden sollte, ließ Abu Marzuq bei dem Treffen in Rafah kein Wort verlauten. Die Hamas setzte von nun an sowohl auf struktureller und organisatorischer Ebene als auch hinsichtlich der internen Kommunikation auf die strikte Trennung von politischer Arbeit und militärischen Aktionen – eine Strategie, die sie bis heute beibehalten hat.[24]

Trotz aller Vorsicht, die die Islamisten bei ihren Aktivitäten in den besetzten Gebieten walten ließen, wurden die Organisationsstrukturen Ende 1990 und Anfang 1991 von den Israelis, die die Hamas im Laufe des Jahres 1989 als Terrororganisation eingestuft und für illegal erklärt hatten,[25] sukzessive aufgedeckt.[26] Unterdessen rollte erneut eine Verhaftungswelle über die Palästinensergebiete, nachdem bei einer Serie blutiger Messerangriffe etliche Israelis, hauptsächlich Zivilisten, auf teilweise extrem grausame Art zu Tode gekommen waren. Zu diesen Morden hatte die Islamische Widerstandsbewegung aufgerufen, um die achtzehn palästinensischen Opfer, die bei der gewalttätigen Demonstration vom 8. Oktober 1990 auf dem Jerusalemer Tempelberg von israelischen Sicherheitskräften erschossen wurden, zu rächen.[27] Die Islamisten rühmten sich, dass die Täter ihrem Aufruf gefolgt waren, wenn nur immer möglich, Juden zu töten. Und auch heute noch wird in den Internet-Annalen der Organisation unter der Rubrik «Glorie», die den Anschlägen der Hamas gewidmet ist, der «Krieg der Messer» als großer Erfolg gepriesen. Dabei wird jedoch nicht nur unterschlagen, dass der Großteil der getöteten Israelis unbeteiligte Zivilisten waren, sondern auch gezielt Geschichtsklitterung betrieben, indem immer wieder behauptet wird, bei den Opfern habe es sich um israelische Siedler gehandelt. In einem Fall, in dem am

14. Dezember 1990 drei Israelis in ihrer Schlosserei in Jaffa von zwei palästinensischen Angestellten brutal erstochen wurden, verlegen die Hamas-Autoren den Tatort sogar in den Gazastreifen, um den Anschein zu erwecken, dass die Tat in einer israelischen Siedlung in palästinensischem Gebiet stattgefunden habe. Im Übrigen werden die Täter als *Qassamiyun* bezeichnet, also Kämpfer der Qassam-Brigaden, die jedoch, wie oben bereits erwähnt, erst zu einem späteren Zeitpunkt entstanden waren.[28] Die neuerlichen Verhaftungen zwangen die Hamas-Führung erneut zu einer organisatorischen Neuorientierung: Die einzelnen Bezirke wurden endgültig voneinander abgekoppelt und direkt der Führung im Ausland unterstellt, die nun von den USA, Großbritannien und Jordanien aus operierte. Die Kommunikation zwischen den Hamas-Führern in den Palästinensergebieten und den Führungskadern im Ausland lief in der Hauptsache über Telefon und Fax, daneben dienten aber auch gegenseitige Besuche der Informationsübermittlung. Durch ständige Personalrotation versuchte man der Verhaftung von Führungskräften entgegenzuwirken.[29]

Die Massenverhaftungen von 1990/1991 hatten auch einen Umbau des militärischen Arms erforderlich gemacht. Mit dieser Aufgabe wurde der 1963 geborene Walid Aqel aus dem Flüchtlingslager Nusseirat im Gazastreifen beauftragt. In der ersten Jahreshälfte 1991 baute Aqel hauptsächlich in den Flüchtlingslagern des Gazastreifens mehrere bewaffnete Kampfzellen auf, die sich überwiegend aus den freundschaftlichen und verwandtschaftlichen Beziehungsnetzen ihrer Anführer rekrutierten – ein häufiges Rekrutierungsumfeld der palästinensischen Kampforganisationen.[30] Die ersten Zielobjekte dieser Kampfgruppen waren Palästinenser, die der Kollaboration mit den Israelis verdächtigt wurden. Im Sommer desselben Jahres wurde der unter Kollaborationsverdacht stehende Lagerbewohner Ahmad Matar im Flüchtlingslager von Nusseirat von Aqels lokalem Mordkommando erdrosselt und seine Leiche an den Straßenrand geworfen. Die Täter bekannten sich per Graffiti zu der Mordtat, und zwar im Namen der «Izz ad-Din al-Qassam-Brigaden» – benannt nach dem Anführer der palästinensischen *Mudschahedin*, der 1935 in einem Gefecht mit britischen Polizisten bei Dschenin ums Leben kam und zu einem palästinensischen Nationalhelden wurde. Mit diesen Bekenner-Graffiti wurde die Existenz der Organisation zum ersten Mal publik gemacht.

Der nächste, nur wenige Tage später am gleichen Ort und auf ähnliche Art verübte Mord an einem vermeintlichen palästinensischen Kollaborateur wurde bereits per Flugblatt öffentlich bekannt gemacht, das mit «Izz ad-Din al-Qassam-Brigaden» unterzeichnet war – ein Muster, dem man bei den insgesamt neunzehn im Zeitraum von Juni bis Dezember 1991 durchgeführten Morden an mutmaßlichen Kollaborateuren folgte. Wurden die Opfer anfangs in der Regel stranguliert oder erstochen, so machten die Killerkommandos mit der Zeit zunehmend von Feuerwaffen Gebrauch. Die Bewaffnung der Qassam-Brigaden diente aber vor allem der Vorbereitung von Anschlägen gegen israelische Ziele, mit denen unter dem Kommando von Aqels Nachfolger Baschir Hamad schon bald begonnen werden sollte.[31] Mittlerweile wurde für die Brigaden auch öffentlich geworben. Allem Anschein nach kursierte bereits 1991 zu Mobilisierungszwecken in Gaza ein Videoband, das Mitglieder der Qassam-Brigaden beim Training zeigte.[32] Nach mehreren misslungenen Sprengstoffanschlägen auf israelische Militärpatrouillen im Gazastreifen war es am 1. Januar 1992 dann soweit: Zwei Aktivisten erschossen einen israelischen Siedler aus der Siedlung Kfar-Darom, der mit seinem Fahrzeug auf dem Heimweg war. Dieses Attentat läutete eine neue Strategie des Terrors der Qassam-Brigaden ein, die sich in der darauf folgenden Zeit auf Feuerüberfälle und Autobombenanschläge konzentrierten. Gestählt durch die breite Akzeptanz, die das gewaltsame Vorgehen gegen die israelische Besatzungsmacht in der palästinensischen Bevölkerung fand, nutzte die Islamische Widerstandsbewegung nun die Gunst der Stunde und forderte mit Graffiti wie «Hamas ist die Alternative zur PLO»[33] oder «Hamas ist die einzige legitime Vertreterin des palästinensischen Volkes»[34] die alte Konkurrentin erneut heraus.

Zu diesem Zeitpunkt war das Verhältnis zwischen den beiden rivalisierenden Bewegungen längst auf einem neuen Tiefpunkt angelangt. Versuche der PLO, die Hamas in die sich abzeichnenden Friedensverhandlungen mit Israel einzubeziehen – nicht zuletzt, um sie dadurch zu zähmen –, waren immer wieder gescheitert. So wurde die Friedensinitiative des damaligen israelischen Ministerpräsidenten Itzhak Schamir, die dieser der amerikanischen Regierung bei seinem USA-Besuch im Mai 1989 präsentierte, von der Islamischen Widerstandsbewegung kategorisch abgelehnt. Schamirs Friedensplan sah freie Wahlen in den Palästinensergebieten vor, anschließend sollte die gewählte Führung mit Israel in Verhandlungen über eine «palästinensische Autonomie» nach den Richtlinien des Camp-David-Abkommens zwischen Israel und Ägypten vom 17. September 1978 treten. Die Hamas forderte daraufhin die PLO in ihren Flugblättern auf, auf dieses Angebot nicht einzugehen, und warnte sie vor Verhandlungen mit der amerikanischen Regierung, die lediglich zum Ziel hätten, die Intifada zum Stillstand zu bringen. Darüber hinaus appellierte sie an Arafats Organisation, in Bezug auf ihre Politik Bilanz zu ziehen und endlich den Weg des Islam zu beschreiten.[35] Die PLO lehnte Schamirs Friedensvorschlag letztlich ab, was aber nicht auf die Appelle der Islamisten zurückging, sondern auf die Tatsache, dass dieser direkte Verhandlungen mit der Exilführung der PLO ebenso ausschloss wie die Gründung eines palästinensischen Staates.[36] Mehrere anschließend von der amerikanischen Regierung gemachte Vorschläge stießen auf palästinensischer Seite ebenfalls auf Ablehnung, da die USA die grundsätzliche Weigerung Israels, direkte Verhandlungen mit der Exil-PLO zu führen, unterstützten. Gleichzeitig fanden Gespräche zwischen Arafats Vertretern und den Amerikanern statt, die sich nun auch darum bemühten, die Hamas für einen ähnlichen Austausch zu gewinnen und sie dazu zu bewegen, an der Friedensdelegation, die nur Volksvertreter aus den Palästinensergebieten versammeln sollte, teilzunehmen. Jedoch scheiterten diese Bemühungen, die sogar von israelischer Seite unterstützt wurden, daran, dass der Hamas-Unterhändler Mahmud al-Zahar, einer der Mitbegründer der Bewegung, eine dreißigprozentige Beteiligung der Hamas an der palästinensischen Delegation forderte, während die PLO nur zehn Prozent zuzugestehen bereit war.[37]

Der weitere innerpalästinensische Dialog zeichnete sich vor allem dadurch aus, dass die PLO den Islamisten immer mehr entgegenkam, was die Hamas damit quittierte, dass sie ihre Forderungen immer höher schraubte und Arafat damit unmissverständlich zu verstehen gab, ein ebenbürtiger, wenn nicht gar überlegener Herausforderer zu sein. So antwortete die Hamas im April 1990 auf das Angebot der PLO, sich ebenfalls dem Palästinensischen Nationalrat (PNC) anzuschließen – dieser sollte im September 1991 über den weiteren Verlauf der Friedensverhandlungen mit Israel entscheiden –, mit der Forderung, ihr mindestens vierzig bis fünfundvierzig Prozent der PNC-Sitze zu überlassen. Für Arafats Fatah, den Führungskern der PLO, hätte dies das Ende des von ihr eingeschlagenen Friedenskurses bedeutet. Denn angesichts des sich damals immer deutlicher abzeichnenden Schulterschlusses der Hamas mit dem PLO-Flügel der Oslo-Gegner wären die Islamisten so in die Lage versetzt worden, dem PNC ihren friedensfeindlichen Kurs aufzuzwingen.[38] Zudem verlangte die Hamas, die Palästinensische Nationalcharta dahingehend umzuändern, dass diese dem «islamischen Glauben des palästinensischen Volkes und seinem erhabenen historischen Erbe» Rechnung trage.[39] Die PLO-Führung lehnte diese Forderungen natürlich ab.[40]

Die zunehmende Rivalität zwischen den beiden Organisationen schlug jetzt auch in Gewalt um. Im April und Juni 1990 kam es in Tulkarem und Nablus zu gewalttätigen Auseinandersetzungen zwischen Aktivisten beider Bewegungen. Auch eine in der Zwischenzeit von den Konfliktparteien eilends verfasste Versöhnungserklärung, in der von gegenseitigem Respekt und vom Beginn einer neuen Ära der Beziehungen zwischen den Organisationen die Rede war, brachte keine Entspannung – umso weniger, als die Hamas gleichzeitig eine massive rhetorische Attacke gegen die PLO ritt. In einer von ihr herausgegebenen Broschüre mit dem Titel «Die Islamische Widerstandsbewegung Hamas zwischen Qual der Gegenwart und Hoffnung auf die Zukunft» forderte sie erneut den Führungsanspruch der PLO heraus, worauf diese mit bislang ungekannter Schärfe zum Gegenschlag ausholte. So konterte Anfang Juli das Fatah-Organ *Filastin al-Thawra* (Palästina der Revolution), dass die Hamas sich in der genannten Schrift als Alternative zur PLO präsentiere und ihre Absicht bekunde, die Säkularen als Führung des palästinensischen Volkes abzulösen. Eines aber dürfe indes nicht vergessen werden, dass es nämlich allein die Fatah gewesen sei, die, während alle anderen noch gezögert hätten, dem nationalen Widerstand den Weg geebnet habe. Nach einem Vierteljahrhundert des Kampfs, in dem Arafat und seine Weggefährten viel erreicht hätten, kämen nun die Islamisten daher und erdreisteten sich, die Hamas als Alternative zur Fatah zu präsentieren, wies *Filastin al-Thawra* die islamistischen Gegenspieler zurecht und warf ihnen vor, die Einigkeit des palästinensischen Volkes damit zu sprengen. Im selben Atemzug wurde die Rivalin nicht nur aufgefordert, ihre angeblichen Erfolge im bewaffneten Kampf gegen die israelischen Unterdrücker nachzuweisen, sondern auch streng dafür gerügt, dass sie die Opfer der säkularen und linksgerichteten Kampforganisationen nicht als islamische Märtyrer anerkenne.[41]

Der Streit zwischen den beiden Organisationen drohte nun immer weiter zu eskalieren. Angesichts der krisenhaften Zuspitzung der Situation traf sich Jassir Arafat Mitte Juli mit Hamas-Führern in der jordanischen Hauptstadt Amman, um gemeinsam Strategien der Versöhnung zu entwickeln. Doch auch diese Maßnahme fruchtete nur wenig. So wurden im Sommer 1990 Fatah-Aktivisten, die immer wieder versucht hatten, Veranstaltungen islamistischer Studenten an der Islamischen Universität von Gaza zu unterbrechen, mit Drohbriefen traktiert. Und als Anfang September Fatah-Mitglieder in dem Dorf Bala im Nordwesten der Westbank einen der Hamas nahe stehenden Imam daran hinderten, seine Predigt zu halten, kam es kurz darauf im benachbarten Flüchtlingslager Tulkarem zu einer Massenschlägerei, die in eine Schießerei mündete, bei der ein Hamas-Angehöriger ums Leben kam. Nach diesem Vorfall sahen sich die beiden rivalisierenden Parteien erneut zum Handeln gezwungen und veröffentlichten am 21. September 1990 eine gemeinsame Erklärung. Diese enthielt nicht nur sehr konkrete Vorschriften hinsichtlich des gegenseitigen Umgangs miteinander, sondern beide Seiten verpflichteten sich auch zur Nichteinmischung in die Aktivitäten der anderen. Ein weiterer Punkt waren die wachsenden Spannungen unter den palästinensischen Gefangenen in den israelischen Haftanstalten, denen entgegengewirkt werden sollte. Deren Eskalation resultierte daraus, dass die Rivalitäten zwischen den konkurrierenden Organisationen mittlerweile auch hinter den Gefängnismauern ausgetragen wurden, wo sie sich ebenfalls häufig in Gewalt entluden. Die Hamas hatte beklagt, dass die zahlenmäßig überlegenen Häftlinge aus den Reihen der PLO die Islamisten nicht nur systematisch aus allen Gefangenenkomitees ausgeschlossen und sie generell benachteiligt, sondern auch brutal zusammengeschlagen hätten, um sie so unter Druck zu setzen, ins andere politische Lager zu wechseln. Bereits im April des Jahres hatte die Hamas in einem Flugblatt an Jassir Arafat appelliert, der Misshandlung der Hamas-Gefangenen durch die PLO-Mitinsassen einen Riegel vorzuschieben.[42] Allein die Tatsache, dass sich noch Anfang Mai 1991 Hamas-Häftlinge in ihrer Not mit einem Brief persönlich an den PLO-Chef wandten, offenbarte, dass die Versöhnungserklärung der beiden Organisationen – zumindest was die innerpalästinensische Gewalt in den Gefängnissen anbelangte – kaum etwas bewirkt hatte.[43]

Die blutigen Zusammenstöße zwischen den rivalisierenden Bewegungen schienen indes kein Ende zu nehmen. Im April 1991, als sich immer deutlicher herauskristallisierte, dass die PLO in Friedensverhandlungen mit Israel eintreten wollte, kam es in Nablus zu regelrechten Straßenkämpfen, die über Wochen hinweg immer wieder aufflammten und in deren Verlauf auch Schusswaffen eingesetzt wurden. Die Gewaltausbrüche, bei denen auf beiden Seiten zahlreiche Personen verletzt wurden, griffen bald schon auf weitere palästinensische Städte über. Ende Mai sollte auch der rhetorische Schlagabtausch einen neuen Höhepunkt erreichen, als die Hamas die säkulare Rivalin in einem Flugblatt bezichtigte, mit dem israelischen Inlandsgeheimdienst zu kooperieren und sich unislamisch und unmoralisch zu verhalten. Auch der erneut unternommene Versöhnungsversuch vermochte nur wenig zur Entschärfung der Situation beizutragen. Denn als der Palästinensische Nationalrat Ende September auf seiner zwanzigsten Sitzung in Algier grünes Licht für Friedensgespräche mit Israel gab, erklärte die Hamas in einem nur wenige Tage später veröffentlichten Flugblatt seine Beschlüsse in gewohnter Weise für illegal und geißelte die vorgesehene Friedenskonferenz als einen Akt des «Ausverkaufs Palästinas» und der Kapitulation, die «ein Verrat an Allah, seinem Gesandten und den tausenden [palästinensischen] Märtyrern, Verletzten und Gefangenen» sei. Der Veröffentlichung des Flugblatts waren schwere Krawalle vorausgegangen, bei denen es auf beiden Seiten Tote und Verletzte gab.[44]

Auch auf internationaler Ebene war die Hamas nun bestrebt, den Friedensprozess zu torpedieren, wobei sie zunehmend auf die Unterstützung des Iran vertrauen konnte, der sich immer stärker als führende Instanz der Friedensgegner zu profilieren suchte. Als die Iraner vom 14. bis 22. Oktober 1991, kurz vor der für Ende des Monats anberaumten Madrider Friedenskonferenz, in Teheran die erste «Internationale Konferenz zur Unterstützung der islamischen Revolution in Palästina» veranstalteten, war dort auch die Hamas mit ihrem Sprecher Ibrahim Ghuscha vertreten. Einmütig bekundeten die Versammlungsteilnehmer ihre Ablehnung der bevorstehenden Madrider Konferenz, die zum Ziel habe, der «islamischen Revolution» in Palästina ein Ende zu setzen. Parallel dazu wurde dem «zionistischen Wesen», sprich Israel, das Existenzrecht abgesprochen und – ähnlich wie in der Hamas-Charta – Palästina offiziell zum geheiligten islamischen Boden erklärt, der allen Muslimen gehöre und unter keinen Umständen aufgegeben werden dürfe.[45]

Am ersten Tag der Madrider Friedenskonferenz, die am 30. Oktober 1991 begann und den Weg für weitere Friedensverhandlungen freimachte, rief die Hamas in den Palästinensergebieten einen Proteststreik aus. Diesen wiederum versuchten PLO-Aktivisten zu sabotieren, indem sie Händler mit Gewalt zum Öffnen ihrer Läden zwangen. In den darauf folgenden Monaten und über das ganze nächste Jahr hinweg herrschten bürgerkriegsähnliche Zustände. Die Wut der Konfliktparteien entlud sich in Straßenkrawallen, Drohbriefen und tätlichen Übergriffen bis hin zum Mord. Alle Schlichtungsversuche liefen ins Leere. Die Hamas hetzte jetzt in bisher noch nie da gewesener Schärfe gegen die Friedensbemühungen der PLO, woraufhin Jassir Arafat die Islamisten heftig angriff und ihnen offen mit Gewalt drohte. Die gewalttätigen Auseinandersetzungen gipfelten am 6. November 1992 in dem Attentatsversuch auf den Hamas-Mitbegründer Abdelaziz Rantisi in Gaza, bei dem zwei seiner Begleiter verletzt wurden. Bei einem erneuten Vermittlungsversuch im Dezember, der Arafat und eine Hamas-Delegation in der sudanesischen Hauptstadt Khartum zusammenbringen sollte, konnte wieder keine Einigung erzielt werden, weil die Islamisten darauf bestanden, dass Arafat sich für seine verbalen Angriffe entschuldige, wozu der PLO-Chef aber nicht bereit war.[46]

Den Frieden bekämpfen

Mit der Eskalation des innerpalästinensischen Konflikts während des Jahres 1992 ging eine Intensivierung der gegen israelische Ziele gerichteten Guerilla- und Terroraktionen der Hamas einher. In dieser Zeit töteten ihre Qassam-Brigaden zahlreiche Palästinenser, die im Verdacht standen, mit Israel zu kollaborieren. Damit suchten sich die Islamisten gegenüber der in dieser Hinsicht mittlerweile deutlich zurückhaltender gewordenen Fatah ebenfalls zu profilieren.[47] Im Juni 1992 brach sich der Radikalismus der Hamas einmal mehr Bahn, als sie dem Journalisten Tawfiq Abu Hussa, der zum führenden Kreis der Fatah gehörte, die Leichen zweier ermordeter Palästinenser mit der Drohbotschaft «Unser Geschenk an Abu Hussa»[48] vor die Haustür legte. Dieser hatte wenige Tage zuvor in Gaza die immer brutaleren Liquidierungen von «Kollaborateuren» öffentlich verurteilt, die schon seit Mai des Jahres Gegenstand einer in der palästinensischen Öffentlichkeit geführten Debatte waren.[49] Obgleich die damals im Gazastreifen operierenden Mitglieder der Qassam-Brigaden von israelischen Spezialeinheiten, deren Methoden schon bald auch auf israelischer Seite in die Kritik gerieten,[50] nach und nach gefasst beziehungsweise umgebracht wurden, gelang es den Islamisten nur kurze Zeit später, sich mit weiteren Morden in Szene zu setzen. Am 25. Juni 1992, einen Tag nach der offiziellen Verkündung des Wahlsiegs von Itzhak Rabin, der in Israel eine politische Wende herbeiführen und den Friedensprozess zügig vorantreiben sollte, erstachen vier ihrer Aktivisten zwei israelische Gemüsehändler in Gaza und schmierten am Tatort die mit «Hamas» unterzeichnete Botschaft «Das ist unsere Antwort auf Rabin» an die Wand.[51]

Entsprechend radikalisierte sich auch die Rhetorik der Hamas, die jetzt noch stärker die Dschihad-Dimension des Aufstands gegen Israel betonte, indem sie ihn als *intifada dschihadiya* (Dschihad-Intifada) apostrophierte.[52] Ihre Kämpfer würden, so wurde suggeriert, ihre Ziele ebenso erreichen wie die *Mudschahedin* in Afghanistan, denen es dank ihrer beispielhaften Selbstaufopferung gelungen sei, die Kommunisten zu besiegen.[53] Nach dem Erfolg ihres Messerangriffs begnügten sich die Hamas-Propagandisten nicht mehr nur mit allgemeinen Kampfparolen, sondern begannen, die von der Führung bevorzugten Angriffsmethoden zu präzisieren. Dies dokumentiert beispielsweise ein Hamas-Flugblatt vom Juli 1992, in dem Messerattacken ebenso genannt werden wie Angriffe mit Sprengstoff und Molotowcocktails oder Feuerüberfälle. Alle diese Kampfmethoden, gegen israelische Soldaten und Siedler gerichtet, seien der «erste Schritt auf dem Weg des Dschihad zum Sieg und zur Befreiung» – ein unmissverständlicher Aufruf zu einem umfassenden Guerillakrieg gegen die israelischen Besatzer, mit den Izz ad-Din al-Qassam-Brigaden als Vorhut.[54] Deren Mitglieder, die von den Hamas-Autoren ob ihrer Tapferkeit und ihres Heldenmuts gepriesen wurden,[55] sollten künftig offenbar noch mehr Aufopferungsbereitschaft an den Tag legen.

So war in einem am 27. Juli 1992 von der Hamas herausgegebenen Kommuniqué zum ersten Mal in der Geschichte der Organisation von einer «Märtyrertod-Operation» die Rede, die Angehörige der Qassam-Brigaden gegen einen israelischen Militärposten in Khan Yunis im Gazastreifen ausgeführt haben sollten. Bei dem hier benutzten arabischen Terminus *amaliya istischhadiya* handelte es sich um eine Wortschöpfung der proiranischen Hizbullah, die von der libanesischen Schiiten-Miliz im Mai 1985 als Bezeichnung für ihr erstes Selbstmordattentat vom November 1982 – Ziel war die Zentrale der israelischen Besatzung in der südlibanesischen Stadt Tyros – eingeführt worden war.[56] Mit der Übernahme dieses Begriffs bekundete die Hamas die Bereitschaft, ihre Kämpfer auf Selbstmordmissionen zu schicken. Im Fall der Operation in Khan Yunis scheint es dazu allerdings nicht gekommen zu sein, da besagter Verlautbarung zufolge das Einsatzkommando wohlbehalten von seiner Mission zurückkehrte.[57] Hier dürfte die Verwendung des Begriffs *amaliya istischhadiya* (Märtyrertod-Operation) wohl eher der psychologischen Vorbereitung auf die künftigen Selbstmordoperationen der Organisation gedient haben – eine Taktik, die die Islamisten bereits seit Ende 1990 verfolgten. Zu diesem Zeitpunkt nämlich hatte die Hamas in der Dezember-Ausgabe ihrer in London erscheinenden Hauszeitschrift *Filastin al-Muslima* zum ersten Mal – wenn auch vorsichtig – ihre grundsätzliche Befürwortung des Selbstmordanschlags als Kampfmittel gegen den verhassten israelischen Feind öffentlich artikuliert: «Wer, wohlwissend um das Schicksal, das ihn erwartet, ein Messer trägt, um einen Soldaten zu erstechen, würde ebenso, hätte er die Möglichkeit dazu, eine Autobombe in die Knesset steuern.»[58]

Die allmähliche mentale Einstimmung auf den Einsatz von Selbstmordattentätern war nur eines der Anzeichen für die Annäherung der Hamas an die vom Iran unterstützten Kampforganisationen, die sich, wie bereits erwähnt, als Reaktion auf die Madrider Friedenskonferenz zu einer Front zusammenschlossen, um den Osloer Friedensprozess zu zerstören. Unter diesen friedensfeindlichen Kräften befanden sich neben der radikalislamischen libanesischen Hizbullah, die den Terminus *amaliya istischhadiya* prägte, auch die säkulare «Volksfront für die Befreiung Palästinas – Generalkommando» (PFLP-GC). Letztere hatte sich unter der Führung des palästinensisch-syrischen Ex-Offiziers Ahmad Dschibril bereits in den siebziger Jahren durch die Einführung des Selbstmordattentats in die nahöstliche Terrorszene sowie die Systematisierung dieser Kampfmethode einen Namen gemacht. Auf das Konto der PFLP-GC ging nicht nur die weltweit erste, im April 1974 im israelischen Kirjat Schmona bei einem Terroranschlag gegen Zivilisten ausgeführte Selbstsprengung eines Selbstmordkommandos. Sie hatte auch das bis heute gültige Muster für die mediale Abschiedsinszenierung von Selbstmordattentätern geliefert.[59] Im Zuge der Annäherung zwischen Syrien und dem Iran in den achtziger Jahren kooperierte die prosyrische PFLP-GC auch immer enger mit Teheran, das die palästinensische Organisation finanziell unterstützte. Zu Beginn der neunziger Jahre stellte sie ihre terroristischen Aktivitäten offen in den Dienst iranischer Interessen, wobei ihr Chef Dschibril sich bereits im Juni 1990 gegenüber der arabischen Presse Khomeinis Meinung anschloss, dass Israel ein Krebsgeschwür sei, das ausgemerzt werden müsse.[60]

Um diese Zeit stieß auch die Hamas zu der syrisch-iranischen Allianz der radikalen Gegner Israels. Schon vor ihrer Teilnahme an der «Internationalen Konferenz zur Unterstützung der islamischen Revolution in Palästina» im Oktober 1991 in Teheran waren bereits im Juni 1990 und im Februar 1991 Delegationen der Hamas und der ihr nahe stehenden jordanischen Muslimbrüder gemeinsam in die iranische Hauptstadt gereist.[61] Kurze Zeit nach diesem Kongress eröffneten die palästinensischen Islamisten auf Einladung der Iraner ein Büro in Teheran. Dieses wurde von Imad al-Ilmi geleitet, einem ranghohen Hamas-Aktivisten, der Anfang 1991 von den Israelis des Landes verwiesen worden war.[62] Und im Oktober 1992 reiste der Leiter des Hamas-Politbüros Mussa Abu Marzuq mit einer Delegation in die iranische Hauptstadt, um die gegenseitigen Beziehungen zu vertiefen. Die palästinensischen Besucher wurden sowohl von Revolutionsführer Ayatollah Khamenei als auch von dessen damaligem Außenminister Velayati persönlich empfangen. Die Iraner sicherten den palästinensischen Islamisten nicht nur finanzielle und militärische Unterstützung zu, sondern man kam auch überein, von nun an Widerstandskämpfer der Hamas in iranischen militärischen Einrichtungen im Iran selbst oder im Libanon ausbilden zu lassen.[63]

In dieser Zeit dürfte auch mit der Ausbildung von Hamas-Kämpfern in den militärischen Trainingslagern der PFLP-GC begonnen worden sein, was von Dschibril allerdings erst 1994 zugegeben wurde.[64] Der Annäherungsprozess zwischen der PFLP-GC und der Hamas, Ausdruck der intensivierten Beziehungen zwischen den palästinensischen Islamisten und Syrien, dürfte bereits auf dem Teheraner Kongress im Oktober 1991, bei dem auch PFLP-GC-Chef Ahmad Dschibril anwesend war, eingeleitet worden sein. Gelegenheit zur Vertiefung der geknüpften Beziehungen bot eine der antiisraelischen Konferenz in Teheran ähnliche Veranstaltung, die im Januar 1992 in der syrischen Hauptstadt Damaskus stattfand und auf der zehn palästinensische Widerstandsorganisationen, darunter die PFLP-GC, der palästinensische Islamische Dschihad und die Hamas, die Friedensbemühungen der PLO für obsolet erklärten und ihre Absicht bekundeten, den bewaffneten Kampf gegen Israel fortzuführen.[65]

Am 13. Dezember 1992 fanden die Anschläge der Hamas in der Ermordung des israelischen Grenzschutzpolizisten Nissim Toledano einen vorläufigen Höhepunkt. Wie seinerzeit die Soldaten Avi Sasportas und Ilan Saadon wurde auch Toledano gekidnappt, jedoch erst einige Stunden nach seiner Entführung getötet. Als Vergeltung für diese Bluttat wurden von der seit Juni 1992 amtierenden Regierung Rabin 415 führende Mitglieder – hauptsächlich der Hamas, aber auch des Islamischen Dschihad – in den Libanon ausgewiesen und 1600 weitere Aktivisten der beiden islamistischen Kampforganisationen verhaftet.[66] Die Regierung Rabin, die die Friedensverhandlungen mit der PLO vorantreiben wollte, versprach sich von dieser drakonischen Strafmaßnahme eine Schwächung der beiden Islamisten-Organisationen.

Doch weit gefehlt, denn die Ausweisung, die die aus dem Untergrund agierenden Aktivisten des militärischen Arms der Hamas kaum getroffen hatte, wurde für Israel zum Bumerang. Denn nachdem die libanesische Regierung die Aufnahme der Deportierten verweigert hatte, richteten sie sich am Rand der von Israel beanspruchten sogenannten Sicherheitszone im Südlibanon in einem Zeltlager ein, das sie symbolisch «Lager der Rückkehr» nannten. Das Deportiertencamp wurde zum globalen Medienereignis, das den Exilierten internationale Solidarität einbrachte. Mit Stolz berichtete die Hauszeitschrift der Hamas *Filastin al-Muslima* über die geschickte mediale Inszenierung ihres Leids:

> Die von den Israelis als terroristische Fundamentalisten Bezeichneten wissen, wie sie in die Kameras der ausländischen Reporter zu lächeln und ihre Kampagne mit Geschick, Klugheit und großer Raffinesse zu inszenieren haben. (...) Sie verstehen es, ihre Tragödie medial zu nutzen, um bei der Weltöffentlichkeit Solidarität zu erzeugen.[67]

Die Hamas versuchte nun, die internationale Sympathiewelle mit den deportierten Organisationsmitgliedern zu nutzen, um auf die PLO politisch Druck auszuüben und sie so zu zwingen, von ihrem Friedenskurs abzurücken. Im Januar 1993 behauptete sie in ihrer Zeitschrift *Filastin al-Muslima*, die Deportation sei ein weiterer Beweis für die unabänderliche israelische Missachtung der palästinensischen Grundrechte und Teil eines größeren Transferplans. Vor dieser Kulisse – die Spannungen zwischen der PLO und der Hamas hatten in den Monaten zuvor einen Höhepunkt erreicht – wurde Arafat aufgerufen, die Friedensverhandlungen abzubrechen und gemeinsam mit der Hamas die Intifada zu intensivieren. Die Vormacht der PLO wurde von der Kontrahentin erneut in Frage gestellt, als die Hamas sie aufforderte, ihre Führungsstruktur den nach Ansicht der Islamisten veränderten Kräfteverhältnissen in der palästinensischen Gesellschaft anzupassen. Im Gegenzug wollte sich die Islamische Widerstandsbewegung mit dreißig Prozent der Sitze im Palästinensischen Nationalrat zufrieden geben – allerdings hätte dies ausgereicht, die Position der Fatah-Führung extrem zu gefährden. Arafat, der das politische Manöver der Gegenspielerin durchschaute, wies dieses Angebot nicht nur zurück, sondern kündigte an, die Friedensverhandlungen fortzusetzen und diese auch nicht von der Rückkehr der ausgewiesenen Islamisten abhängig zu machen. Gleichzeitig appellierte der PLO-Chef an Israel, die Vertriebenen zurückzuholen.[68] Als sich die PLO mit dem israelisch-amerikanischen Vorschlag einverstanden erklärte, die Exilierten nacheinander in mehreren Gruppen heimkehren zu lassen, bezog die Hamas demonstrativ Gegenposition und beharrte auf einer geschlossenen Rückkehr. Die Haltung der PLO diffamierte sie als Versuch, die

Einigkeit des palästinensischen Volkes zu untergraben. In dem Moment allerdings, in dem die Vertriebenenfrage international immer mehr an Interesse verlor, änderten die Islamisten ihre Meinung und stimmten dem Plan einer Rückholung in zwei Etappen – September und Dezember 1992 – zu.[69] Und während sie ihren Anhängern die Heimkehr der Ausgewiesenen als Sieg der Islamischen Widerstandsbewegung über die israelische Besatzungsmacht verkauften, warfen sie der PLO vor, mit ihrer Bereitschaft zu Friedensverhandlungen vor den Zionisten kapituliert zu haben.[70]

Im israelisch-libanesischen Niemandsland kam es derweil zur Verbrüderung zwischen den Hamas-Mitgliedern und den Angehörigen von Ahmad Dschibrils «Volksfront für die Befreiung Palästinas – Generalkommando» (PFLP-GC). Letztere war es, die sich um die Versorgung der Vertriebenen kümmerte und sie propagandistisch unterstützte, indem sie den Exilierten Dschibrils Rundfunksender *Radio Al-Quds* zur Verfügung stellte.[71] Israelische Sicherheitsexperten, denen die militärische Kooperation der beiden Organisationen schon damals bekannt gewesen sein dürfte, behaupteten später, dass die Terrorexperten der Hamas mit Hilfe der deportierten Aktivisten an zusätzliches militärisches Know-how gelangt seien.[72] Hamas-Aktivisten hatten im November 1992 die erste Autobombe der palästinensischen Islamisten – bei deren Bau ihnen die einschlägige Erfahrung der PFLP-GC mit dieser terroristischen Waffe[73] zugute gekommen sein dürfte – im Tel Aviver Ballungsraum zünden wollen. Der gegen Zivilisten geplante Anschlag konnte jedoch im letzten Moment von israelischen Polizisten verhindert werden, die auf das Tatfahrzeug aufmerksam wurden. Nach einer Verfolgungsjagd, bei der die Attentäter das Fahrzeug in Ramat Efal bei Tel Aviv zurückließen, wurde die Bombe von den Israelis schließlich kontrolliert gesprengt.[74]

Mit dem Scheitern des Anschlags fiel der Startschuss für die erste Selbstmordoperation der Hamas. Der jordanische Hamas-Zweig befahl dem Anführer der Qassam-Brigaden in der nördlichen Westbank, Abdel Hakim Hanini, nun zur Waffe des Selbstmordattentats zu greifen.[75]

Dass die jordanische Niederlassung der Organisation zu dieser Zeit stark an Bedeutung gewann, hing mit einer von den Israelis und den Amerikanern gemeinsam durchgeführten Aktion zusammen, die zur

Ausschaltung des von den USA aus operierenden Hamas-Zweigs geführt hatte. Diese markierte auch den Beginn der sich später zunehmend intensivierenden Beziehungen der Islamisten zu Syrien: Mussa Abu Marzuq, Leiter des Hamas-Politbüros, verlegte nämlich nach der Zerschlagung des amerikanischen Hamas-Ablegers seinen festen Wohnsitz nach Damaskus, wo im Übrigen seit Jahrzehnten auch Ahmad Dschibril, der Chef der PFLP-GC, ansässig ist.[76]

Der Selbstmordanschlag mit einer Autobombe war für den 16. April 1993 geplant und wurde als Vergeltung für die im Dezember des Vorjahres erfolgte Ausweisung der Hamas-Aktivisten in den Libanon ausgegeben. Der gewählte Zeitpunkt stand nicht nur im Zeichen der zunehmend eskalierenden rhetorischen Auseinandersetzungen zwischen Islamisten und Säkularen um die Vertriebenenfrage, sondern sollte auch maximale Medienwirksamkeit gewährleisten. Diese sollte dadurch erreicht werden, dass der Anschlag parallel zu einem auf den gleichen Tag festgesetzten Protestmarsch der Deportierten stattfand. Um die Mittagszeit an besagtem Tag war es dann soweit: Der erste Todesfahrer der Hamas, Saher al-Tamam, ein Mitglied der Qassam-Brigaden, sprengte sich mit seinem Fahrzeug zwischen zwei Bussen, die vor einem Imbisslokal in der Nähe der israelischen Siedlung Mechola im Jordantal parkten, in die Luft. Bei dem Anschlag kamen ein israelischer Araber, der in dem Lokal angestellt war, und der Täter ums Leben, sieben israelische Soldaten und ein Zivilist wurden verletzt. Der Attentäter, der aus einer wohlhabenden Familie in Nablus stammte und Absolvent der dortigen Al-Nadschach-Universität war, war bereits früher an Anschlägen gegen Israelis beteiligt gewesen.[77]

Auf ihrer Internetseite bekennt sich die Hamas offen zu diesem Anschlag, den sie als «heldenhafte Märtyrertod-Operation» zelebriert, und nennt auch den Namen des Täters. Nicht zum ersten Mal werden hier bei der Darstellung der Tat die Fakten verdreht, wenn es in der Hamas-Version heißt, al-Tamam habe die Bombe zwischen zwei militärischen Transportfahrzeugen gezündet.[78] In Wahrheit handelte es sich bei diesen Fahrzeugen, die beide ausbrannten, um zivile Busse der israelischen Busgesellschaft «Eged», von denen der eine in einer Sonderfahrt Soldaten beförderte und der andere ein ganz normaler Überlandbus der Linie 961 war, die zwischen Tiberias und Jerusalem verkehrt.[79] Auch die von den Qassam-Brigaden mit hundert angegebene Zahl der Verletzten war weit übertrieben.[80]

Dieser Selbstmordanschlag sollte nicht nur eine neue Ära in der Geschichte der Hamas einläuten, die neben ihren Guerillaaktionen gegen israelische Soldaten jetzt auch zunehmend terroristische Akte gegen Zivilisten ausführte. Von nun an sollte diese Waffe dazu dienen, basierend auf der Erfahrung der Selbstmordattentate der palästinensischen Fedayin in den siebziger Jahren, den Friedensprozess zu blockieren – so wie im Jahr 1974 eine Serie von Selbstmordanschlägen und die daraus resultierende Radikalisierung auf israelischer Seite Arafats Annäherung an Israel verhindert hatte. Es war kaum ein Zufall, dass im Hintergrund jetzt auch jener Mann mitmischte, dessen Kampforganisation das Selbstmordattentat schon 1974 auf der nahöstlichen Bühne als Waffe etabliert hatte: Ahmad Dschibril. Und dieser drohte am 9. November in Damaskus, vier Tage vor der Unterzeichnung der israelisch-palästinensischen Osloer Prinzipienerklärung, Jassir Arafat mit dem Tod und kündigte eine Welle blutiger Anschläge in ganz Israel an.

Sogleich schickte die Hamas zwei weitere Aktivisten auf Todesmission, die am Vorabend der Unterzeichnung des Friedensabkommens Selbstmordanschläge auf israelische Busse verüben sollten. Beide Anschläge schlugen jedoch fehl wegen technischer Fehler. In dem einen Fall versagte die Handgranate, mit der der Terrorist den Bus, den er unweit der im Süden gelegenen israelischen Stadt Aschdod bestiegen hatte, in die Luft jagen wollte. In dem anderen detonierte die Autobombe nicht, mit der der Todesfahrer bei Gaza in einen israelischen Bus raste. Die beiden Anschläge zeitigten unmittelbar Wirkung. Israels rechte Opposition versuchte, aus den Attentaten politisch Kapital zu schlagen, und forderte die Regierung Rabin auf, das Friedensabkommen mit der PLO nicht zu unterzeichnen. Ihre gegen das Osloer Friedensabkommen gerichtete Politik wurde in den nächsten Jahren, je brutaler und zahlreicher die Terroranschläge der Hamas wurden – allein im Jahr 1993 wurden neunundfünfzig Israelis bei meist von der Hamas verübten Anschlägen getötet[81] –, immer radikaler und stieß in der israelischen Bevölkerung zunehmend auf Rückhalt.[82]

Missglückten in der zweiten Jahreshälfte 1993 noch mehrere Selbstmordattentatsversuche der Hamas, so wurden im darauf folgenden Jahr die Einsätze ihrer Selbstmordterroristen immer effizienter. Die Anstifter, angespornt von der Durchschlagskraft der ersten Todesoperationen der Qassam-Brigaden, ließen nun immer mehr Selbstmordattentäter, deren bevorzugte Ziele nach wie vor Busse waren, ausschwärmen, was die Zahl der zivilen Todesopfer auf israelischer Seite immer höher trieb. Dabei dürfte den Drahtziehern dieser Selbstmordaktionen das Hebron-Massaker, bei dem am 25. Februar 1994 der jüdische Siedler Baruch Goldstein Dutzende betender Muslime erschossen hatte, gerade recht gekommen sein, da es ihnen mit dem Argument der Vergeltung einen zusätzlichen Rechtfertigungsgrund für die Selbstmordattentate an die Hand gab – die Islamisten wussten diesen Vorfall denn auch nur zu gut propagandistisch auszuschlachten. Parallel dazu bekräftigte die Hamas-Führung in Jordanien in der organisationseigenen Zeitschrift *Filastin al-Muslima* in aller Deutlichkeit, dass die Selbstmordattentate nicht nur die Fortsetzung, sondern auch die Intensivierung des bewaffneten Kampfes gegen Israel bedeuteten[83] – eine erneute Kriegserklärung an die PLO und ihre Friedensabsichten.

Arafats Machtlosigkeit

Im Machtgerangel mit der PLO waren die Terroranschläge der Hamas indirekt auch eine Antwort auf den 1994 begonnenen Aufbau der palästinensischen Autonomiebehörde. Dieser schien auch deshalb unaufhaltbar, weil die Mehrheit der Palästinenser ihre Hoffnung auf Freiheit und Unabhängigkeit damit verband. Den Islamisten blieb jetzt nur noch zu hoffen, dass diese Erwartungen sich nicht erfüllten und sie aus einem Fehlschlag des von Arafat verfolgten Friedenskurses politisches Kapital schlagen könnten. Um dem nachzuhelfen, verfolgte die Islamische Widerstandsbewegung von jetzt an eine Doppelstrategie: Zum einen sollte mit einer Serie blutiger Selbstmordattentate gegen Zivilisten im israelischen Kernland ein Meinungsumschwung in Israel bewirkt und damit der Osloer Friedensprozess behindert werden. Gleichzeitig hätte dies Arafats Friedenspolitik diskreditiert und sie bei den Palästinensern immer unpopulärer gemacht. Zum anderen mussten sich die Islamisten der entstehenden

Autonomiebehörde – zumindest vordergründig – schon allein deshalb unterwerfen, um nicht den Eindruck zu erwecken, die Hamas stelle ihre eigenen Interessen vor die des palästinensischen Volkes und beabsichtige, einen Bürgerkrieg anzuzetteln. Um derartigen Vorwürfen, die die Auseinandersetzungen zwischen PLO und Hamas von Anfang an begleiteten, zu entgehen, verfuhr die Autonomiebehörde innenpolitisch nach dem Prinzip Zuckerbrot und Peitsche. Arafat ließ die Islamisten, deren Einfluss er ganz und gar nicht unterschätzte, zunächst einmal gewähren. Der Autonomiechef musste aber, um es sich mit dem israelischen Friedenspartner nicht zu verderben und die eigene Herrschaft nicht zu gefährden, auch Stärke zeigen. So ließ er nur zwei Wochen nach seiner Ankunft in Gaza Ende Juli 1994 Massenverhaftungen gegen führende Hamas-Vertreter durchführen, die allerdings auch gemäßigte Organisationsmitglieder wie Mahmud al-Zahar trafen. Die Hamas reagierte darauf mit Massendemonstrationen und warf Arafats Behörde vor, in Gaza eine Diktatur zu errichten.[84]

Am 28. November 1994 kam es bei einer dieser Protestveranstaltungen vor der «Filastin»-Moschee in Gaza zu bewaffneten Auseinandersetzungen, bei denen palästinensische Polizisten auf die Demonstranten schossen und vierzehn Hamas-Anhänger töteten. Arafat setzte daraufhin eine Untersuchungskommission ein, die den Vorfall klären sollte. Gleichzeitig ließ er auf inhaftierte Hamas-Mitglieder Druck ausüben, ihre oppositionelle Haltung gegenüber der Autonomie aufzugeben, wofür ihnen Posten in seiner Behörde in Aussicht gestellt wurden. Der innerpalästinensische Konflikt eskalierte indessen weiter und loderte auch im Folgejahr immer wieder auf. Im Januar 1995 wurden fünfundsechzig Hamas-Mitglieder festgenommen,[85] und im April versuchte Arafat die islamistischen Widerständler mit einer groß angelegten Verhaftungsaktion in den Griff zu bekommen.[86] Allerdings setzte die Autonomiebehörde kurz darauf hundert Mitglieder der Hamas und des Islamischen Dschihad wieder auf freien Fuß und verzichtete auch auf die zuvor angekündigte vollständige Entwaffnung ihrer Milizen. Dem war ein Flugblatt der Islamisten vorausgegangen, in dem sie den Autonomiechef nicht nur eindringlich vor den Konsequenzen einer Entwaffnung warnten, sondern ihm auch vorwarfen, einen palästinensischen Bruderkrieg entfachen zu wollen.[87] Um die Situation nicht vollends eskalieren zu lassen und die beiden Lager einander näher zu bringen, lud die Autonomiebehörde die islamistische Widersacherin zu Versöhnungsgesprächen ein. Diese wurden jedoch wieder auf Eis gelegt, als eine jordanische Zeitung ein Geheimpapier der Hamas veröffentlichte, das deren wahre Absichten entlarvte: den Sturz der palästinensischen Autonomie und die Fortsetzung der Selbstmordattentate bis zum Zusammenbruch des Friedensprozesses.[88]

Trotz dieser Kampfansage hielt Arafat an seinem innenpolitischen Kurs fest, der darauf abzielte, den religiösen Kontrahenten zu bändigen. Die Hamas signalisierte inzwischen zwar Dialogbereitschaft, hielt aber vorerst an ihrer Strategie des Terrors fest. Im Laufe des Jahres 1995 verübten ihre Qassam-Brigaden mehrere blutige Anschläge und drei Selbstmordattentate, die die Islamisten als durchschlagenden Erfolg feiern konnten, da sie zu einer erheblichen Radikalisierung auf israelischer Seite führten und zusehends die rechte Opposition in ihrem Kampf gegen das Osloer Friedensabkommen stärkten. Dieser Radikalisierungsprozess gipfelte am 5. November 1995 in der Ermordung des israelischen Ministerpräsidenten Itzhak Rabin durch den jüdischen religiösen Fanatiker Igal Amir. Die Folgen dieses Attentats waren für das israelische Friedenslager verheerend. Denn Rabin, dessen Friedensbemühungen dank seiner Autorität und seiner Anerkennung als Kriegsheld von einem großen Teil der israelischen Bevölkerung mitgetragen wurden, konnte es sich selbst nach den sich nun häufenden Selbstmordanschlägen erlauben, die jedes Mal ausgesetzten Friedensverhandlungen mit der PLO relativ schnell wieder aufzunehmen, um den Aufbau der palästinensischen Autonomiebehörde voranzutreiben. Davon hatte vor allem Arafat profitiert. Nach dem Mord an Rabin war jedoch von einer veränderten Dynamik im Friedensprozess auszugehen, die auch Arafats Position in Gefahr brachte, betrachtete die erstarkende israelische Rechte den Palästinenserführer doch nach wie vor nicht als verlässlichen Friedenspartner, sondern als unverbesserlichen Terroristen. So kam es nicht von ungefähr, dass der PLO-Chef jetzt alles daran setzte, die Islamisten dazu zu bewegen, dem Terror abzuschwören. Und um sie zu mäßigen, bemühte er sich auch, die Hamas dafür zu gewinnen, sich an den bevorstehenden Wahlen zu beteiligen. Nach langem Tauziehen kam es im Dezember 1995 in Kairo schließlich zu einer Übereinkunft zwischen den zerstrittenen Parteien. Arafat versprach, islamistische Häftlinge freizulassen, wofür die Islamisten ihm im Gegenzug zusicherten, die bevorstehenden Wahlen in den Palästinensergebieten nicht zu stören und vorerst von den Autonomiegebieten aus keine Anschläge mehr zu verüben, um das Ansehen der palästinensischen Autonomie nicht zu beschädigen.[89]

Im Hinblick auf eine Wahlbeteiligung machte die Hamas vorerst keine eindeutigen Aussagen. Trotz gelegentlicher Andeutungen, eventuell doch zu kandidieren, verweigerten die Islamisten letztlich die Teilnahme an den ersten demokratischen Wahlen in den Palästinensergebieten am 20. Januar 1996. Jassir Arafat konnte zumindest einen kleinen Erfolg verzeichnen, nachdem es ihm gelungen war, den jungen Hamas-Führer Imad Faloudschi an sich zu binden. Der ehemalige Chefredakteur der Hamas-Zeitschrift *Al-Watan* (Das Vaterland) war bei deren Schließung im Sommer 1994 verhaftet worden und hatte anschließend die Seiten gewechselt. Er wurde ins Parlament gewählt und von Arafat nach den Wahlen zum Kommunikationsminister ernannt.[90] Die Nichtteilnahme der Hamas und anderer friedensfeindlicher Gruppen an den Parlamentswahlen hatte Arafats Fatah letztlich zu einem überragenden Sieg verholfen, mit dem, so zumindest schien es, wenigstens vorläufig klare Machtverhältnisse geschaffen waren. Auch der erreichte *Modus vivendi* zwischen PLO und Islamischer Widerstandsbewegung gab Anlass zur Hoffnung. Dies um so mehr, als letztere auf die Liquidierung ihres zur Symbolfigur gewordenen Bombenbauers Ihya Ayasch durch den israelischen Schabak zwei Wochen vor den Wahlen, am 5. Januar 1996, zunächst nicht mit Vergeltung reagierte.

Doch der Schein trog. Die auffallende Zurückhaltung der Islamisten, die nach der Tötung Ayaschs zum Wahlboykott aufriefen,[91] resultierte wohl in erster Linie aus der Überlegung, dass ihnen ein Vergeltungsschlag im Vorfeld der Wahlen mehr Schaden als Nutzen bringen würde. Es dauerte nicht lange, bis die Hamas wieder zur Waffe des Selbstmordattentats griff. Am 25. Februar 1996 rissen Selbstmordbomber der Qassam-Brigaden bei zwei Anschlägen auf Busse in Jerusalem und Aschkelon siebenundzwanzig Menschen mit sich in den Tod.[92] Zunächst wurden die Attentate zwar als Vergeltung für den Mord an Ihya Ayasch dargestellt. Aber nur wenige Tage später stellten die Qassam-Brigaden den Israelis ein als Waffenstillstandsangebot getarntes Ultimatum bis zum 8. März, die Repressionen gegen Mitglieder der Hamas einzustellen und ihre Gefangenen freizulassen. Die israelische Regierung, die diese Forderungen erwartungsgemäß ablehnte, gab dies bereits am 1. März bekannt.[93] Als Antwort darauf schlugen die Selbstmordterroristen der Hamas noch vor Ablauf des Ultimatums wieder zu. Einer bombte sich in Jerusalem in einem Bus in die Luft, der andere in Tel Aviv vor einem Einkaufszentrum. Über dreißig Israelis wurden bei diesen Anschlägen getötet, zahlreiche verletzt.[94]

Das eigentliche Ziel dieser Attentate jedoch war, einen Rechtsruck bei den in Israel bevorstehenden Wahlen zu bewirken und so den Fortgang des Friedensprozesses zu blockieren. Arafat, der die Gefahr erkannte, ergriff sofort Gegenmaßnahmen. Nur wenige Tage später durchkämmten seine Sicherheitskräfte eine Woche lang Moscheen und Einrichtungen der Hamas und nahmen Hunderte ihrer Aktivisten fest. Die Islamisten warfen dem Autonomiechef Despotismus vor und bezichtigten ihn, ein Handlanger der Israelis zu sein, unter dessen Herrschaft es den Palästinensern keinen Deut besser gehe als unter der früheren Besatzung.[95] Obgleich die palästinensische Polizei damals mit aller Härte gegen die Hamas-Aktivisten vorging und sogar Folter einsetzte, war der radikale Meinungsumschwung in Israel nicht mehr aufzuhalten. Als Ende Mai der populistische rechte Oppositionspolitiker Benjamin Netanjahu, Chef des rechten Likud-Blocks, mit dem Slogan «Sicherheit vor Frieden» in Israel die Wahlen gewann, geriet der Friedensprozess für längere Zeit ins Stocken. Die Islamisten hatten einen weiteren Sieg errungen und konnten mit dem Verweis auf die vermeintliche Nutzlosigkeit des Oslo-Abkommens ihre Popularität steigern. Ihr Ruf nach Eintracht des Volkes, um im Kampf gegen die Zionisten bestehen zu können, fand jetzt wieder zunehmend Gehör. Die Hamas spürte nun kräftigen Rückenwind und ging in die Offensive. Im Juli und August 1996 kam es trotz zahlreicher Freilassungen, die Arafat nach einem erneuten Dialogversuch veranlasst hatte, in den Gefängnissen zu Hungerstreiks von inhaftierten Hamas-Aktivisten. Sie waren begleitet von Solidaritätskundgebungen der Organisation, die häufig in gewalttätige Auseinandersetzungen mit der palästinensischen Polizei ausarteten und neue Verhaftungen zur Folge hatten.[96]

Arafats erneute Versöhnungsbemühungen wurden dadurch massiv erschwert, dass die Hamas mittlerweile mit mehreren Stimmen sprach – eine Folge tief greifender Verschiebungen in der Organisation. Während die unter der Besatzung lebende politische Spitze in den Palästinensergebieten begann, Kooperationsbereitschaft gegenüber der Autonomiebehörde zu signalisieren, wurde der Ton der Hamas-Auslandsführung immer schärfer. Die schwelenden innerpalästinensischen Kontroversen zeigten sich deutlich, als im Sommer 1995 Khalid Meschal die Nachfolge des bisherigen, zumindest rhetorisch relativ gemäßigten Politbüro-Chefs Mussa Abu Marzuq übernahm. Für Meschal, einen erbitterten Gegner des Friedensprozesses, der noch vor seinem Amtsantritt die palästinensische Autonomieführung als Verbrecher und Kollaborateure mit dem Feind bezeichnet hatte, gab es nur eine «richtige» Antwort auf Arafats Politik: die Fortsetzung der Selbstmordanschläge. Indes warf der in Gaza aktive Hamas-Mitbegründer Mahmud al-Zahar den Kadern im Ausland Ignoranz vor bezüglich der Situation, die in den Autonomiegebieten herrsche und die die dortige Hamas-Führung bei ihren Entscheidungen zu berücksichtigen habe. Der Konflikt zwischen den Hamas-Flügeln gelangte spätestens im Juli 1996 ans Licht der Öffentlichkeit, als auf Initiative der iranischen Regierung Vertreter der Hamas-Auslandsführung im Iran zusammenkamen, um über die Lage der von der Repressionspolitik sowohl der Autonomiebehörde als auch der israelischen Besatzungsmacht zunehmend betroffenen Hamas zu beraten. Eine der dabei erörterten Fragen war das in den Augen der Auslandsführer der Organisation inakzeptable Verhalten prominenter Hamas-Mitglieder aus den Palästinensergebieten – dazu zählte offenbar auch al-Zahar. Gemeinsam wurde auf dem Treffen beschlossen, die Aktivitäten der Organisation im Autonomiegebiet künftig noch strenger zu überwachen und Hamas-Mitglieder im Iran – wo Mitglieder der Islamischen Widerstandsbewegung schon seit geraumer Zeit militärisch trainiert wurden[97] – von der Revolutionsgarde zu Experten im Umgang mit Sprengstoff ausbilden zu lassen, um sie als Ausbilder in die Palästinensergebiete einzuschleusen. Des Weiteren übergab der Chef der Revolutionsgarde der Hamas-Delegation einen Scheck über sieben Millionen Dollar. Als diese Beschlüsse bekannt wurden, warf Mahmud al-Zahar der Auslandsführung vor, sich lediglich in Fünf-

Sterne-Hotels herumzutreiben und von der tatsächlichen Lage in den Palästinensergebieten und dem Leben unter der Besatzung keine Ahnung zu haben, die Kompromisse mit der Autonomiebehörde unausweichlich machten.[98]

Dass in den nächsten Jahren Fatah und Hamas einander tolerierten, verdankte sich dem Umstand, dass die beiden Rivalinnen sich mal mehr, mal weniger gegen einen gemeinsamen Feind verbünden konnten: den israelischen Ministerpräsidenten Benjamin Netanjahu, der nichts unversucht ließ, um den Friedensprozess zu verschleppen und den Bau jüdischer Siedlungen weiter zu forcieren. Die Annäherung der palästinensischen Fraktionen offenbarte sich beispielsweise darin, dass Arafat jetzt stärker für die Belange der in Israel inhaftierten Hamas-Mitglieder eintrat und sich etwa um die Freilassung von Scheich Jassin bemühte.[99] Die innerpalästinensische Solidarität wuchs aber nicht zuletzt auch deshalb, weil Netanjahu – vor allem nach dem Selbstmordattentat der Hamas auf ein Café in Tel Aviv am 21. März 1997 – begann, die palästinensische Autonomie und auch Arafat persönlich für die Terroranschläge der Islamisten verantwortlich zu machen.[100] In der Folge rief der Palästinenserführer zur Fortsetzung des Widerstands gegen Israel auf[101] und beschuldigte den israelischen Inlandsgeheimdienst Schabak, hinter den Selbstmordattentaten der Islamisten zu stecken.[102] Arafats Verhalten weckte in Israels Militärkreisen nun zunehmend den Verdacht, er nutze die Anschläge der Islamisten, um Israel unter Druck zu setzen. Mosche Yeelon, der damalige Chef der Militäraufklärung, behauptete, der Autonomiechef unterstütze die Islamisten beim Ausbau ihres Terrornetzes. Als Beweis dafür führte er die Freilassung des nur kurz zuvor von der palästinensischen Polizei verhafteten Ibrahim Maqadme an, der damals zur Führung des militärischen Arms der Hamas gehörte.[103]

Was Arafat mit der Duldung der Hamas auch immer beabsichtigt haben mag, am 30. Juli desselben Jahres jedenfalls schickte sie wieder zwei ihrer Terroristen auf Todesmission, die auf einem belebten Markt in Jerusalem ein Blutbad anrichteten. Die israelisch-palästinensischen Beziehungen waren erneut auf einem Tiefpunkt angelangt. In den Palästinensergebieten bestimmten Ausgangssperren und Abriegelungen den Alltag, Verhaftungen von Terrorverdächtigen durch die Besatzungsmacht häuften sich, nachdem die israelische Regierung bereits am Tag des Attentats dem Militär die Genehmigung erteilt hatte, auch innerhalb der Autonomiegebiete, der sogenannten A-Zone, zu operieren.[104] Im Gegenzug drohte Arafat Israel mit einer Fortsetzung der Intifada,[105] appellierte aber nur kurze Zeit später an die Hamas-Führung, die Anschläge einzustellen.[106] Die Islamisten jedoch weigerten sich nicht nur, die Waffen niederzulegen, sondern holten ganz gezielt zum Schlag aus. Nur wenige Tage vor der geplanten Vermittlungsreise der amerikanischen Außenministerin Madeleine Albright am 4. September 1997 kommandierte die Hamas gleich drei ihrer Selbstmordattentäter nach Jerusalem, wo am Nachmittag drei Explosionen die Fußgängerzone erschütterten, die auf israelischer Seite wieder Todesopfer und zahlreiche Verletzte forderten.[107] Die Regierung Netanjahu brach die Friedensverhandlungen erst einmal ab, verfolgte die palästinensischen Islamisten mit aller Härte[108] und erhöhte weiter den Druck auf die Hamas. Am 25. September 1997 verübten zwei Agenten des israelischen Geheimdienstes Mossad in Amman einen Mordanschlag auf Khalid Meschal, den Leiter des politischen Büros der Hamas. Doch die Aktion scheiterte. Die um die Auslieferung ihrer beiden in Jordanien verhafteten Agenten bemühte israelische Regierung erklärte sich bereit, im Austausch auch Scheich Jassin freizulassen, und musste den unmittelbar nach seiner Entlassung aus der israelischen Haft am 1. Oktober nach Jordanien ausgewiesenen Hamas-Gründer nur wenige Tage später von Amman nach Gaza einfliegen lassen. Dort wurde der mittlerweile einundsechzig Jahre alte Geistliche von seinen Anhängern jubelnd begrüßt und seine Heimkehr mit einer Massenveranstaltung im Yarmuk-Stadion in Gaza gefeiert.[109] So konnte die Hamas im Herbst 1997 zweifach triumphieren: über den Autonomiechef, bei dem die Rückkehr Jassins nach Gaza zu einem erheblichen Ansehensverlust führte, sowie über den israelischen Premier, der durch den gescheiterten Liquidierungsversuch politisch beschädigt wurde. Netanjahu und Arafat, die den Ernst der Lage erkannten, trafen sich nach acht Monaten wieder zu Gesprächen und verkündeten eine engere «Zusammenarbeit auf allen Ebenen», um sich im Kampf gegen den Terror abzustimmen und den Friedensprozess fortzuführen.[110]

Die Islamisten sahen sich jedoch weiter im Aufwind. Anfang Januar

1998 erklärte Muhammad Dschamal al-Natascha, einer der Hamas-Anführer in der Westbank, auf einer Gedenkveranstaltung für den zwei Jahre zuvor von den Israelis getöteten Bombenbauer Ihya Ayasch in Hebron, die Islamische Widerstandsbewegung werde immer stärker, und zwar auf Kosten der Autonomiebehörde.[111] Diese erneute Kampfansage an Arafats Fatah erfolgte nicht ohne Grund. Denn Israel und die palästinensische Autonomie hatten ihre Kooperation im Sicherheitsbereich zwar immer weiter intensiviert und konnten Mitte Januar auch in einer gemeinsamen Aktion mehrere Kampfzellen der Qassam-Brigaden in der Westbank ausheben.[112] Doch gelang es den Islamisten immer wieder, die verschärften Kontrollen zu umgehen, indem sie etwa auch E-Mails und das Internet als neue Kommunikationsmittel nutzten.[113] So konnte auch nicht verhindert werden, dass am 19. Juli – just an dem Tag, an dem der israelische Verteidigungsminister Itzhak Mordechai und Arafats Stellvertreter Mahmud Abbas über die Fortsetzung des Friedensprozesses und einen weiteren Teilrückzug der Israelis aus den besetzten Gebieten verhandelten – in Jerusalem wieder ein Selbstmordattentäter der Hamas zum Einsatz kam. Allerdings führte ein Defekt im Zündmechanismus seiner Autobombe dazu, dass der Attentatsversuch, bei dem der Attentäter schwere Brandverletzungen davontrug, misslang.[114]

Es war wohl dem Versagen des Zünders zu verdanken, dass die Friedensgespräche zwischen Israel und der Autonomieführung nicht wieder abrissen. Allerdings stieg in der israelischen Bevölkerung jetzt wieder die Angst vor weiteren Anschlägen. Diese wurde noch größer, als das israelische Militär im September 1998 bei einer Razzia unweit von Hebron zwei schon länger gesuchte ranghohe Mitglieder der Qassam-Brigaden tötete, denen die Mittäterschaft an mehreren blutigen Anschlägen angelastet wurde.[115] Die Hamas kündigte umgehend Vergeltung an, woraufhin Arafat den Israelis vorwarf, den Fortgang des Friedensprozesses vorsätzlich zu torpedieren.[116] Unterdessen schienen die Friedensverhandlungen Mitte Oktober auf dem vom amerikanischen Präsidenten Bill Clinton initiierten israelisch-palästinensischen Gipfeltreffen in Wye Plantation kurz vor dem Durchbruch zu stehen, als ein Hamas-Terrorist eine Bushaltestelle in Beersheva mit Handgranaten angriff und über sechzig Menschen verletzte.[117] Obgleich der Anschlag die Gespräche überschattete, unterzeichneten am

23. Oktober beide Seiten vor dem Weißen Haus das Wye-Memorandum, das im Wesentlichen einen weiteren Rückzug der Israelis aus den besetzten Gebieten innerhalb der nächsten zwölf Wochen sowie Verhandlungen über einen endgültigen Friedensvertrag zwischen Israel und den Palästinensern vorsah.[118] Nur wenige Tage nach der Unterzeichnung schlug die Hamas erwartungsgemäß wieder zu. Ende Oktober kam bei Khan Yunis im Gazastreifen ein israelischer Soldat ums Leben, als er einen Todesfahrer der Hamas, der einen israelischen Schulbus ansteuerte, mit seinem Begleitfahrzeug abdrängte, wobei die Autobombe vorzeitig explodierte.[119] Auf die unmittelbar darauf folgenden Verhaftungen von Hamas-Aktivisten durch die Autonomiebehörde antworteten die Qassam-Brigaden mit der Drohung, auf die palästinensischen Polizisten zu schießen. Letztere erhielten daraufhin den Befehl, auf jeden Hamas-Anhänger, der sich ihnen nähere, das Feuer zu eröffnen.[120]

Auf palästinensischer Seite sorgte inzwischen die Nachricht für Unruhe, dass Arafat zunehmend von palästinensischen Extremisten, insbesondere auch der Hamas, mit dem Tode bedroht würde und in den letzten Monaten sogar mehrere vom Iran aus gesteuerte Attentatsversuche der Hamas vereitelt worden seien.[121] Und als am 6. November zwei Terroristen des Islamischen Dschihad ein Selbstmordattentat auf demselben Jerusalemer Gemüsemarkt verübten, auf dem Ende Juli 1997 schon einmal zwei Selbstmordbomber der Hamas ein verheerendes Blutbad angerichtet hatten, heizte dies die innerpalästinensischen Spannungen zusätzlich an und löste eine erneute Verhaftungswelle gegen die Aktivisten der Islamistenorganisationen aus.[122] Doch die Hamas ließ sich nicht einschüchtern. Im Gegenteil. Ihre Qassam-Brigaden stellten am 12. Dezember der Autonomiebehörde ein Ultimatum: Sie sollte den Hausarrest gegen Scheich Jassin, der seit Ende Oktober, also seit dem Attentatsversuch auf den israelischen Schulbus bei Khan Yunis, bestand, bis zum 25. Dezember aufheben, andernfalls werde man weitere Anschläge auf israelische Ziele verüben. Die Hamas musste nicht lange warten, schon zwei Tage vor Ablauf der Frist konnte sich der Scheich wieder frei bewegen, was wiederum bei der israelischen Regierung auf heftige Kritik stieß.[123]

Derweil sorgte Israels Ministerpräsident Netanjahu dafür, dass die Verwirklichung des Wye-Friedensabkommens, die Ende Dezember unter anderem mit einem Teilrückzug der israelischen Truppen aus dem Gebiet um Dschenin in der nördlichen Westbank und der Freilassung von 250 palästinensischen Häftlingen begann, immer mehr stockte. Arafats flammende Reden, mit denen der Autonomiechef der radikal-patriotischen Rhetorik der Islamisten zu begegnen und die eigene Militanz zu demonstrieren versuchte, wurden von Netanjahu in geradezu haarspalterischer Weise beim Wort genommen und als Vorwand benutzt, um die weitere Umsetzung der Wye-Verträge auszusetzen. So hatte Arafat Mitte November 1998 öffentlich verkündet, die Rechte der Palästinenser mit Gewehren verteidigen zu wollen, wofür er sich jedoch wenige Tage später offiziell entschuldigte.[124] Auch kündigte der PLO-Führer wiederholt die Proklamation eines unabhängigen Palästinenserstaates mit Ostjerusalem als Hauptstadt für den 4. Mai 1999 an – den Tag, an dem die in den Oslo-Verträgen vorgesehene fünfjährige Übergangsfrist endete, innerhalb derer Israel und die PLO eine Einigung bezüglich des endgültigen Status der Palästinensergebiete erzielt haben sollten. Damit lieferte der Palästinenserführer Netanjahu den Anlass zu der Behauptung, die palästinensische Führung beabsichtige nicht, sich an das Wye-Abkommen zu halten.[125] Arafat wiederum warf dem israelischen Premier vor, er betreibe eine gezielte Verzögerungstaktik, und bezichtigte ihn ebenfalls, den Friedensvereinbarungen nicht nachkommen zu wollen.[126] Der Friedensprozess kam zum Stillstand.

Die israelische Regierung maß die Friedensbereitschaft der palästinensischen Führung jetzt vor allem daran, mit welcher Konsequenz sie die Islamisten, namentlich die Hamas-Aktivisten, verfolgte. Zwar wurden – zum Verdruss der Israelis – viele der bei den Massenverhaftungen im Oktober 1998 festgenommenen Hamas-Anhänger wieder freigelassen, doch befanden sich Anfang Februar 1999 noch immer 197 unter Terrorverdacht stehende Mitglieder der Bewegung in palästinensischer Haft.[127] Die Hamas, deren militärischer Arm durch Verhaftungsaktionen der Fatah sowie die Razzien des israelischen Militärs in den vergangenen Monaten empfindliche Rückschläge erlitten hatte, setzte jetzt verstärkt darauf, ihre Sympathisanten für medienwirksame öffentliche Massenproteste gegen die Inhaftierungen zu mobilisieren, an denen häufig auch Scheich Jassin teilnahm. Dabei kam es immer wieder vor, dass militante Demonstranten sich einer

Festnahme mit Waffengewalt widersetzten. So geschehen auch Anfang Februar 1999 in Rafah im südlichen Gazastreifen: Nachdem Protestteilnehmer einen palästinensischen Polizeioffizier erschossen hatten, wurden auf der anschließenden Verfolgungsjagd ein achtjähriges Mädchen und ein elfjähriger Junge überfahren.[128] Die Hamas dementierte daraufhin in einem Flugblatt nicht nur, dass ihre Aktivisten in den Zwischenfall verwickelt waren, sondern nutzte die Gelegenheit, um die Autonomiepolizei als brutal und rücksichtslos zu diffamieren. Die Autonomiebehörde, hieß es, habe ein weiteres Mal bei ihrer Aufgabe versagt, die Sicherheit der palästinensischen Bevölkerung zu gewährleisten. Die Islamische Widerstandsbewegung, so versicherten ihre Propagandisten, werde weder zulassen, dass der Dschihad gegen die Zionisten beendet werde, noch werde sie eine Einmischung Israels in die inneren Angelegenheiten der Palästinenser dulden, mit der die Israelis lediglich den innerpalästinensischen Konflikt zu schüren beabsichtigten.[129] Charakteristisch für die Propagandastrategie der Organisation war auch, dass Scheich Jassin selbst nach der Verhaftung der an dem Vorfall beteiligten Aktivisten durch die Autonomiebehörde ihre Zugehörigkeit zur Hamas bestritt. Er behauptete, es handele sich um ehemalige Hamas-Mitglieder, die mittlerweile dem palästinensischen Polizeiapparat angehörten, und ein interner Streit unter Arafats Sicherheitsleuten habe dieses Unglück verursacht.[130] Der Polizeichef von Gaza, Razi al-Dschabali, beschuldigte den Scheich daraufhin, als Mittelsmann zwischen dem Iran und der Hamas zu fungieren. Der iranische Geheimdienst habe dem militärischen Arm der Hamas vor kurzem fünfunddreißig Millionen Dollar überwiesen, damit dieser eine Reihe von Anschlägen in Israel verübe, um dafür zu sorgen, dass die friedensfeindliche Likud-Regierung weiter an der Macht bleibe. Pläne für ein Selbstmordattentat auf einen israelischen Bus, so al-Dschabali, seien von palästinensischen Sicherheitskräften im letzten Moment aufgedeckt worden.[131]

Meldungen wie diese kamen in Israel gut an. Jedoch hatte das Ausbleiben neuerlicher Terroranschläge für die Likud-Regierung, die gleichzeitig den Friedensprozess verschleppte und den Siedlungsbau vorantrieb,[132] einen unerwarteten Nebeneffekt: Die relative Ruhe in Israel stärkte das Friedenslager und führte bei den vorgezogenen Parlamentswahlen am 17. Mai 1999 zur Rückkehr der Arbeitspartei an die

Regierung unter der Führung Ehud Baraks. Arafat und seine Anhänger, die die Israelis aufgerufen hatten, für den «Frieden» – sprich für Baraks Arbeitspartei – zu stimmen, konnten aufatmen. Denn eine weitere Verzögerung des Friedensprozesses durch einen eventuellen Wahlsieg der israelischen Rechten, so wurde vor dem Urnengang in PLO-Kreisen befürchtet, hätte die Palästinenser noch weiter radikalisiert und der Hamas in die Arme getrieben, die dann versucht hätte, Arafat zu stürzen.[133] Scheich Jassin jedoch zeigte sich von dem Wahlausgang und dem neuen israelischen Ministerpräsidenten Barak nicht sonderlich beeindruckt. Die Arbeitspartei, so sein Kommentar, unterscheide sich in nichts vom Likud-Block, da beide es darauf angelegt hätten, den Palästinensern ihr Land zu rauben und sie um ihr Recht auf einen eigenen Staat zu bringen. Der militärische Arm der Hamas, so der Scheich, werde trotz aller Hindernisse die Anschläge gegen Israel fortsetzen[134] – kein einfaches Vorhaben angesichts der Tatsache, dass die palästinensische Polizei in der ersten Hälfte des Jahres 1999 die Rekordzahl von zweitausend Hamas-Anhängern in Gewahrsam genommen hatte.[135]

Ehud Barak enttäuschte allerdings zunächst die Hoffnungen der Palästinenser, denn auch er hatte Vorbehalte gegenüber dem Wye-Abkommen. Barak argumentierte, dass ein weiterer Abzug der israelischen Truppen aus der Westbank ein erhebliches Krisen- und Konfliktpotenzial berge, weil dadurch eine Reihe israelischer Siedlungen isoliert und damit stärker gefährdet würde. Dies wiederum könne sich auf die für die Zeit nach dem nächsten geplanten Teilrückzug der Israelis vorgesehenen Endstatus-Verhandlungen belastend auswirken.[136] Erst Anfang September 1999 kam wieder Bewegung in den Friedensprozess mit der Unterzeichnung des Scharm-al-Scheich-Memorandums, das das Wye-Abkommen bekräftigte und vorsah, die dort getroffenen und noch nicht umgesetzten Vereinbarungen binnen weniger Monate zu verwirklichen.[137] Die Hamas musste kurz darauf eine schmerzliche Niederlage einstecken, als Ende September bei einer groß angelegten Durchsuchungs- und Verhaftungsaktion gegen führende Mitglieder der Organisation in Jordanien auch der Chef des politischen Büros Khalid Meschal und der Sprecher Ibrahim Ghuscha festgenommen und vor Gericht gestellt wurden. Meschals Stellvertreter Mussa Abu Marzuq wurde des Landes verwiesen.[138] In den durchsuchten Hamas-Büros in Amman, die allesamt geschlossen wurden, fanden sich zahlreiche Beweise, dass von dort aus immer wieder Terroranschläge gegen israelische Ziele koordiniert worden waren. Die jordanische Polizei stellte gefälschte Reisepässe sicher, mit denen Hamas-Aktivisten aus den Palästinensergebieten zur militärischen Ausbildung in den Iran und nach Syrien gereist waren.[139] Im November konnte im jordanischen Zarqa auch noch der flüchtige Ezat al-Ruschuq, der ebenfalls dem Politbüro der Hamas angehörte, verhaftet werden.[140] Am 21. November wurden schließlich Meschal, Ghuscha, al-Ruschuq und ein erst kurz zuvor ebenfalls festgenommenes Mitglied der jordanischen Hamas-Auslandsführung, Sami Khater, in einer Nacht-und-Nebel-Aktion in Amman in ein Flugzeug gesetzt und nach Qatar gebracht.[141] Mit ihrer Ausweisung war das Ende der jordanischen Hamas-Ära besiegelt. Mitte Februar 2000 verlegte die Organisation ihre Aktivitäten in die syrische Hauptstadt Damaskus, wo sie zunächst ihr bestehendes Büro in dem dort befindlichen palästinensischen Flüchtlingslager Yarmuk ausbaute.[142]

Auch was Guerillaaktionen und Terroranschläge anbelangte, schien die jetzt von palästinensischen und israelischen Sicherheitskräften ständig überwachte Hamas kaum etwas ausrichten zu können. Anschlagsversuche der Qassam-Brigaden scheiterten im Laufe des Jahres 2000 immer wieder, weil die palästinensische Autonomie und Israel bei der Terrorbekämpfung immer enger zusammenarbeiteten, was zur Festnahme einiger Schlüsselfiguren des militärischen Hamas-Flügels führte.[143] Allerdings wurde diese Kooperation durch die erneute Stagnation des Osloer Friedensprozesses zunehmend gefährdet, die aus den Differenzen zwischen dem israelischen Ministerpräsidenten Barak und dem Autonomiechef Arafat insbesondere in der Jerusalem-Frage resultierte. Barak weigerte sich, die von Arafat beanspruchten arabischen Ortschaften im Großraum Jerusalem, wie im Wye-Abkommen vorgesehen, an die Palästinenser zu übergeben. Von der Krise konnten die Islamisten nur profitieren, die sich denn auch nach Kräften bemühten, diese weiter zu schüren. So hatte die Hamas offenbar geplant, das für den 9. März 2000 anberaumte israelisch-palästinensisch-ägyptische Gipfeltreffen im ägyptischen Scharm al-Scheich, das die Friedensverhandlungen wieder in Gang setzen sollte, durch mehrere Selbstmordanschläge auf israelische Ziele zu torpedieren.[144] Die Attentate wurden jedoch vereitelt, als die offensichtlich für diese Operation vorgesehenen Terroristen eine Woche zuvor in dem israelisch-arabischen Dorf Taibeh bei Tel Aviv vom israelischen Militär aufgespürt und bei dem anschließenden Schusswechsel getötet wurden.[145]

Nach diesem Treffen war der Weg frei für die Rückgabe der den Palästinensern in dieser Abzugsphase zustehenden 6,1 Prozent der Westbank an die Autonomiebehörde. Doch nachdem diese am 21. März 2000 erfolgt war, dümpelten die israelisch-palästinensischen Friedensgespräche erneut vor sich hin, und es hatte den Anschein, als konzentrierten sich die Israelis weit mehr auf die Friedensverhandlungen mit Syrien, die letztendlich ohne Ergebnis bleiben sollten. Auch als im Juli der amerikanische Präsident Bill Clinton in der Hoffnung auf eine Vereinbarung über ein Rahmenabkommen zum Endstatus den israelischen Regierungschef und den Vorsitzenden der palästinensischen Autonomiebehörde wieder an den Verhandlungstisch zwang und sie in Camp David zwei Wochen über die strittigen Punkte diskutieren ließ, wurde keine Einigung erzielt: Barak war nicht bereit, auf Arafats Forderung einzugehen, dem künftigen Palästinenserstaat die Souveränität über den arabischen Ostteil Jerusalems und den Haram al-Scharif, den heiligen Bezirk um Felsendom und die Al-Aqsa-Moschee, zu überlassen.

Dass diese Weigerung ausschließlich auf den Druck von Seiten Israels rechter Opposition zurückzuführen war, die Alarm schlug, Barak wolle die israelische Hauptstadt teilen, ist zu bezweifeln. Israels Herrschaft über den Tempelberg meinte jedenfalls Ariel Scharon, der Vorsitzende des rechten Likud-Blocks, noch einmal nachdrücklich demonstrieren zu müssen, als er am 28. September 2000, begleitet von mehreren Abgeordneten seiner Partei und über tausend Polizisten, auf den Tempelberg stieg, wo er von wütenden palästinensischen Demonstranten mit Hasstiraden und Steinen empfangen wurde. Der Zeitpunkt für die provokative Begehung des Haram al-Scharif durch den israelischen Oppositionsführer war wohlkalkuliert. In Washington bemühten sich zu der Zeit gerade israelische und palästinensische Unterhändler darum, den darniederliegenden Friedensprozess wieder zu beleben. Die durch den demonstrativen Besuch des Likud-Chefs Scharon ausgelösten Ausschreitungen auf dem Tempelberg waren der

Den Frieden bekämpfen 129

mallah/Al-Bireh – die dortige Konzentration von sozialen Einrichtungen der Hamas wurde in Kapitel 4 ausführlich behandelt –, verstärkt auf soziale Themen. Wohl an Analphabeten gerichtet war ein fast textfreies Plakat, das das überdimensionierte Konterfei des von den Israelis ermordeten Gründervaters Scheich Jassin, eingebettet in eine riesige grüne Mondsichel, zeigt.[96] Der überdimensionierte Halbmond begegnet auch auf einem weiteren, in dieser Region eingesetzten Wahlplakat, das nicht nur die Bekämpfung von Armut, Arbeitslosigkeit und Korruption verspricht. Es verheißt auch all denen, die ihre Stimme der Hamas geben, eine jenseitige Belohnung am Tag der Auferstehung, von der bereits im Zusammenhang mit der Wahlkampfzeitschrift *Minbar al-Islah* und der Rolle der Wahlaktivistinnen bei der Verbreitung dieser Botschaft die Rede war.[97] Auf einem weiteren Plakat ist eine große Hand abgebildet, aus der fünf Wahlsprüche wie Lichtstrahlen emanieren. Einer davon ist die bereits aus *Al-Quds* bekannte Losung «Die eine Hand baut, die andere kämpft im Widerstand», die in diesem Kontext nicht zuletzt deshalb militanter daherkommt, weil gleich daneben die Forderung nach der «Verteidigung des Programms des bewaffneten Widerstands» prangt.[98] Dies wiederum deutet darauf hin, dass die Islamisten in der Westbank in Bezug auf das Thema bewaffneter Widerstand gegen Israel weitaus zurückhaltender waren als im Gazastreifen. Offenbar hielt man sich hier an die von dem Rechtsgelehrten Scheich Khalid Suliman in *Minbar al-Islah* gegebene Empfehlung vom August 2005, der im Hinblick auf die Propagierung des bewaffneten Widerstands im Wahlkampf zur Vorsicht gemahnt hatte.

Die Hamas an der Macht

Das geschickte Taktieren der Hamas dürfte zu ihrem Erdrutschsieg bei den Autonomieratswahlen – sie zog mit 74 Sitzen ins Parlament ein, während die Fatah es lediglich auf 45 Mandate brachte[99] – beigetragen haben. Die These, dass die Parlamentswahl wegen der inneren Zerstrittenheit der Fatah, der Korruptheit ihrer Funktionäre und Sicherheitskräfte und der mittlerweile verheerenden Lebensumstände in den Autonomiegebieten zu einer Protestwahl gegen die Fatah geriet,[100] konnte bisher nicht belegt werden. Ein systematischer Vergleich der Wahlkampfstrategien von Hamas und Fatah ist bislang ebenso ausgeblieben wie eine eingehende Analyse der Frage, ob die Islamisten nicht dort besonders viele Stimmen gewannen, wo ihre Lokalpolitiker genügend Zeit hatten, sich auch den Wählern, die nicht zu ihrem Wählerstamm gehörten, als gute Demokraten zu präsentieren. Dafür spricht, dass sich die Hamas die absolute Mehrheit – 45 Mandate – bei den Distriktwahlen holte, über die die eine Hälfte der Abgeordneten bestimmt wurde, während die Fatah hier lediglich 17 Sitze errang; bei der Wahl der zweiten Hälfte der Parlamentsabgeordneten, einer reinen Listenwahl, erzielten Hamas und Fatah hingegen fast gleiche Ergebnisse: erstere 29, letztere 28 Sitze.[101]

Bereits vor der Regierungsbildung boten die Hamas-Anführer der Fatah-Spitze die Beteiligung an einer breiten nationalen Koalition an. Damit lösten sie ihr seit dem Frühjahr 2005 mehrmals erneuertes Versprechen ein, im Falle eines Wahlsiegs auch die anderen palästinensischen Parteien an der Macht zu beteiligen. Allerdings dürfte von vornherein klar gewesen sein, dass die geschlagene Fatah, deren Führung ob ihrer Wahlschlappe noch unter Schock stand, dieses Angebot zurückweisen würde – hätte dies doch die internen Konflikte nur noch verschärft und die Fatah womöglich endgültig auseinanderbrechen lassen. Stattdessen ging Präsident Abbas auf Konfrontationskurs, indem er erklärte, dass er auch im Falle der Bildung einer Hamas-Regierung die Befehlsgewalt über die verschiedenen Sicherheitsdienste der Autonomiebehörde unter keinen Umständen abgeben werde; eine Position, der die Mitglieder des Sicherheitsapparats mit gewalttätigen Demonstrationen und Angriffen auf Hamas-Aktivisten Nachdruck verliehen.[102]

Auch in Israel, wo kurz vor dem palästinensischen Urnengang der Wahlkampf für die bevorstehenden Parlamentswahlen begonnen hatte, schlug die Nachricht vom Wahlsieg der Hamas wie ein Blitz ein. Und auch hier setzte man von Anfang an auf Konfrontation. Der stellvertretende Ministerpräsident Ehud Olmert – Premier Scharon lag nach einem Schlaganfall seit Anfang Januar im Koma – machte für eine politische Kontaktaufnahme mit der Hamas zur Voraussetzung, dass sie erstens ihre Milizen entwaffne, zweitens die Passagen aus ihrer Charta streiche, die zur Vernichtung Israels aufrufen, was die

Anerkennung des israelischen Staates bedeutet hätte, und drittens sämtliche von der Autonomieführung eingegangenen Verpflichtungen gegenüber Israel einhalte. Die israelische Regierung, die offenbar von vornherein davon ausging, dass die Islamisten diese Forderungen nicht erfüllen würden, setzte bereits wenige Tage nach den palästinensischen Autonomieratswahlen auf diplomatischer Ebene alle Hebel in Bewegung, um einen internationalen Boykott der erwarteten Hamas-Regierung zu erreichen.[103] Bereits einen Tag nach der ersten Sitzung des neuen palästinensischen Parlaments am 18. Februar 2006 verhängte Israel eine Reihe von Sanktionen gegen die Autonomiebehörde, die der stellvertretende israelische Regierungschef Olmert nun als «terroristisch» bezeichnete.[104] Abbas versuchte zwar, den drohenden Boykott durch Israel und den Westen abzuwenden, indem er gegenüber der Hamas Bereitschaft signalisierte, seine Fatah-Bewegung doch an der Bildung einer sogenannten Regierung der nationalen Einheit zu beteiligen.[105] Jedoch konnte bei den Koalitionsgesprächen keine Einigung erzielt werden, weil die Hamas sich weiterhin weigerte, Israel und die mit der israelischen Regierung vereinbarten Friedensverträge anzuerkennen – Forderungen, die Abbas bereits in der konstituierenden Sitzung des palästinensischen Parlaments zur Bedingung für eine Regierungskoalition gemacht hatte. Um die palästinensische Politik nicht endgültig in die Sackgasse geraten zu lassen, entschloss sich der Autonomievorsitzende in der letzten Februarwoche schließlich, Hamas-Führer Ismail Hanija mit der Regierungsbildung zu beauftragen.

Hanija, 1962 im Flüchtlingslager Schati in Gaza geboren, schloss sich schon als junger Mann den Muslimbrüdern an. Bereits in seiner Studentenzeit Anfang der achtziger Jahre gehörte er zu den engsten Vertrauten von Scheich Jassin, der aus dem gleichen Dorf stammte wie Hanijas Eltern. Mitte der achtziger Jahre leitete er die studentischen Aktivitäten der Hamas an der Islamischen Universität in Gaza, wo er arabische Literatur studierte. Hanija wurde nach dem Ausbruch der ersten Intifada von den Israelis mehrmals festgenommen und 1989 für drei Jahre inhaftiert. 1992 befand er sich unter den zahlreichen Hamas-Kadern, die Israel in den Südlibanon vertrieb. Nach seiner Rückkehr ein Jahr später wurde Hanija Mitglied des Kuratoriums und später Dekan der Islamischen Universität in Gaza. Als Jassin

1997 aus der Haft entlassen wurde, avancierte er zunächst zu dessen Sekretär und 2003 zu einem der Sprecher der Organisation. Nach der Ermordung Abdelaziz al-Rantisis im April 2004 rückte Hanija als einer der Stellvertreter von al-Rantisis Nachfolger Mahmud al-Zahar in die oberste Führungsriege der Islamischen Widerstandsbewegung. Da die Hamas im Wahlkampf um ein moderates Image bemüht war, wurde der populäre und als eher liberal geltende Hanija – er hatte immer wieder den Dialog mit der Fatah und anderen Gruppen geführt – Ende 2005 als Spitzenkandidat für die Parlamentswahl aufgestellt.[106]

Nachdem es Hanija auch in der letzten Runde der Koalitionsverhandlungen nicht gelungen war, die «Volksfront für die Befreiung Palästinas» (PFLP) zu einer Regierungsbeteiligung zu überreden, legte er Palästinenserpräsident Abbas am 19. März die Kabinettsliste und das Regierungsprogramm zur Billigung vor.[107] Das Kabinett sollten neben Hanija als designiertem palästinensischen Ministerpräsidenten vierzehn Minister aus der Westbank und zehn aus dem Gazastreifen bilden.[108] Obgleich die Regierungspläne der Hamas im PLO-Exekutivkomitee, dem Abbas selbst vorstand, nicht nur auf heftige Kritik stießen, sondern man dort auch darauf bestand, dass die Islamisten die PLO als führende nationale Institution anerkannten – was diesen fern lag –, willigte Palästinenserpräsident Abbas ein, das Parlament über die Kabinettsliste und das Regierungsprogramm der Hamas abstimmen zu lassen.[109] Am 28. März fand die Vertrauensabstimmung statt, die die Hamas-Regierung, wie erwartet, mit großer Mehrheit gewann: 71 Abgeordnete stimmten für, nur 36 gegen sie.[110] Einen Tag später wurde die neue Regierung auch per Videokonferenz – den Hamas-Ministern aus der Westbank verweigerten die Israelis die Einreise in den Gazastreifen – von Abbas in Gaza vereidigt. Der Amtsantritt erfolgte am 30. März.[111]

Die Hamas hatte nun ihre politischen Ambitionen verwirklicht. Trotz der unversöhnlichen Haltung gegen Israel und des herausfordernden Auftretens gegenüber der PLO war es ihr gelungen, an die Regierung zu kommen. Allerdings verhieß der Triumph der Islamisten wenig Gutes für die Palästinenser. Außenpolitisch führte die Bildung der Hamas-Regierung dazu, dass die Autonomiebehörde bald nicht nur von Israel und den USA, sondern auch von der Europäischen Union und den Staaten der Arabischen Liga boykottiert wurde – ein

Zustand, der, abgesehen von der im November erfolgten teilweisen Aufhebung des arabischen Boykotts,[112] zumindest bis Ende des Jahres 2006 anhielt. Innenpolitisch erwies sich das Zusammenspiel zwischen dem in eine Art palästinensische Kohabitation gezwungenen Präsidenten Abbas und der Hamas-Regierung als äußerst problematisch und führte zu einem Stillstand in der palästinensischen Politik. Abbas weigerte sich entschieden, den regierenden Islamisten die Kontrolle über die verschiedenen Sicherheitsdienste der Autonomiebehörde zu überlassen, und begann, seine Präsidentengarde zu einem eigenständigen Sicherheitsapparat auszubauen. Als Antwort darauf kündigte die Hamas Anfang April den sukzessiven Ausbau der ihr unterstellten Autonomiepolizei an.[113]

Schon bald zeitigten die außenpolitischen Folgen der Regierungsbildung auch innenpolitische Konsequenzen. Immer wieder kam es zu Schießereien zwischen Hamas-Polizisten und aufgebrachten Fatah-Sicherheitskräften, die keine Gehälter mehr erhielten, da die ausländischen Hilfsgelder ausblieben. Infolge der sich zusehends verschlechternden Wirtschaftslage in den Palästinensergebieten wuchs der innenpolitische Druck auf die Hamas immer mehr. Der Bildung einer Nationalen Koalition konnte sie sich unter diesen Umständen nicht offen verweigern. Mit vagen Absichtserklärungen, etwa das Regierungskabinett umzubilden und Ministerposten durch unabhängige Experten neu zu besetzen, versuchte sie, zumindest nach außen hin den Eindruck zu erwecken, sich um eine Aufhebung oder wenigstens Lockerung des internationalen Boykotts zu bemühen. Zum Kalkül der Islamisten gehörte auch, Präsident Abbas mit den Israelis – letztlich vergeblich – weiterhin über Friedenslösungen verhandeln zu lassen. Gleichzeitig suchte die Hamas-Spitze nach alternativen Geldquellen, die sich vor allem im Iran fanden, was allerdings die Inlandsführung der Hamas von der zunehmend proiranisch orientierten Auslandsführung abhängiger denn je zu machen schien.[114]

Mit diesem Kurs blieben die Islamisten ihrem Wahlprogramm treu, in dem sie einen Paradigmenwechsel in der palästinensischen Außenpolitik angekündigt hatten. Dort ist in Thema 3 (Außenbeziehungen/ internationale Beziehungen) unter Punkt 2 der «Aufbau eines Wirtschaftssystems mit den arabischen und islamischen Staaten» festgeschrieben, während gegenüber «anderen Staaten der Welt» lediglich von einer «Öffnung» die Rede ist. Trotz der internationalen Isolierung der Hamas-Regierung und des massiven Vorgehens der Israelis gegen sie, das im Juni 2006 in der Festnahme von über zwanzig ihrer politischen Kader aus der Westbank, darunter acht Ministern, gipfelte, rückten die Islamisten von ihrer kompromisslosen Haltung in Grundsatzfragen wie der Anerkennung Israels oder der israelisch-palästinensischen Friedensverträge bislang – so der Stand Anfang 2007 – nicht ab.

Auch die Vermittlungsversuche Ägyptens konnten daran nichts ändern. Nach wie vor lag es im Bestreben der Hamas, den militanten Charakter der Bewegung beizubehalten. Zwar hatte sie sich seit der Regierungsbildung aus dem bewaffneten Kampf – allerdings lediglich dem offensiven, nicht dem defensiven – weitgehend herausgehalten. Dennoch ließen die Islamisten keine Gelegenheit aus, daran zu erinnern, dass die Einführung jener Waffe, gegen die die Israelis auch mit ihren Luft- und Bodenoffensiven im Gazastreifen bis dahin nicht viel hatten ausrichten können, ihr Verdienst sei. Gemeint sind die Kurzstreckenraketen, die – wenn mittlerweile auch von anderen Kampforganisationen im Gazastreifen unter verschiedenen Bezeichnungen eingesetzt – als «Qassam-Raketen» weltweit Aufmerksamkeit erlangten. Mit diesen, so zumindest wurde auf der Website der Qassam-Brigaden Ende November 2006 behauptet, sei Kämpfern der Islamischen Widerstandsbewegung eine wirksame Angriffswaffe in die Hand gegeben, um Israel zu Fall zu bringen. Auch hätte man die Israelis damit schließlich zu einem gegenseitigen Waffenstillstand zwingen können.[115]

Während zwischenzeitlich fast alle Selbstmordattentatsversuche im israelischen Kernland vom Militär vereitelt werden konnten, stellten die Raketen mit ihrer langsam, aber stetig wachsenden Reichweite und Zerstörungskraft eine immer größere Gefahr für die Israelis dar und waren somit zur wichtigsten strategischen Offensivwaffe der militanten Palästinensergruppen geworden. Auch nahm sich die Hamas, die kontinuierlich weiter aufrüstete, nun den höchst effizienten Panzerabwehrkampf der libanesischen Schiitenmiliz, wie diese ihn im Libanonkrieg im Sommer 2006 gegen die israelischen Bodentruppen geführt hatte, zum Vorbild. Davon zeugte nicht zuletzt das Titelbild der August-Ausgabe – also noch während des Libanonkriegs –

ihrer Zeitschrift *Filastin al-Muslima*, auf dem rechts Hizbullah-Kämpfer und links Mitglieder der Qassam-Brigaden der Hamas aufmarschierten; letztere trugen bezeichnenderweise Panzerfäuste. In der Bildunterschrift wurde der gemeinsame Kampf beider Gruppen beschworen: «Das zionistische Wesen im Zangengriff von Hamas und Hizbullah.»[116]

Dass sich die Hamas von der Hizbullah verstärkt inspirieren ließ, offenbarte nicht zuletzt ihr Gang in die Lokal- und Parlamentspolitik, den die proiranische Organisation schon vor Jahren erfolgreich unternommen hatte. Dazu wuchs zunehmend der Einfluss des Iran auf die islamistische Palästinenserorganisation, deren Auslandsführung ohnehin schon seit langem dem iranischen Verbündeten Syrien nahestand. Vor allem auch der Festigung dieses Beziehungsgeflechts dienten die mehrtägigen Besuche des palästinensischen Ministerpräsidenten Ismail Hanija in Damaskus und Teheran Ende November und Anfang Dezember 2006. Die Hamas war jetzt nicht nur sichtlich um militärische Professionalität bemüht, sondern ging nun auch – wieder ähnlich wie die Hizbullah bereits in ihren Anfängen – zu einer sparsameren, dafür aber um so medienwirksameren Anwendung von Gewalt über. Ein prägnantes Beispiel dafür war das bei Beit Lahiya im nördlichen Gazastreifen am 23. November 2006 von einer vierzigfachen Großmutter verübte Selbstmordattentat.[117] Die 57-Jährige wurde nicht nur in verschiedenen Abschiedsposen auf der Internetseite der Qassam-Brigaden präsentiert,[118] sondern auch in dem kurz zuvor in Betrieb genommenen eigenen Fernsehsender der Hamas als Märtyrerin gefeiert.[119] Mit der Einrichtung eines eigenen Satellitensenders waren die palästinensischen Islamisten auch in ihrer Medienpolitik dem Vorbild der Hizbullah gefolgt.[120]

Dass die Islamische Widerstandsbewegung den bewaffneten Kampf gegen Israel nicht aufgab, konnte sie auch damit rechtfertigen, dass die Israelis nach wie vor militärisch massiv gegen ihre Kämpfer und seit der zweiten Jahreshälfte 2006 auch gezielt gegen ihre Einrichtungen vorgingen. Die gleichzeitige Verhaftung eines großen Teils ihrer militärischen wie politischen Kader zielte ebenso auf die Behinderung ihrer Aktivitäten wie der internationale Boykott ihrer Regierung. Dies lieferte den Islamisten den Vorwand, sich, wenngleich sie selbst an der Macht waren, als Widerständler und Unterdrückte zu stilisieren, die dem Druck des Westens heroisch standhalten.[121] Und auch wenn ihre Wortführer sich nach außen als Patrioten gaben, so hatten sie doch seit der Regierungsbildung im Frühjahr 2006 in ihren eigenen Publikationen und im Internet eine systematische Hetz- und Verleumdungskampagne gegen die Fatah-Spitze betrieben. So etwa hatte die Islamistenorganisation damals monatelang auf ihrem arabischsprachigen Internetportal Unterlagen der Autonomiebehörde wie Zahlungsanweisungen und Überweisungsscheine, die noch aus der Zeit der Fatah-Regierung stammten, präsentiert, um deren korrupte Vetternwirtschaft zu entlarven. Eine Fotomontage auf der Website, die zu diesen Enthüllungsberichten weiterleitete, zeigte Muhammad Dahlan, den früheren Sicherheitsminister der Fatah, inmitten eines riesigen Stapels von Dollarscheinen.[122] Die nationale Revolution der Säkularen wurde hier schlichtweg als «Revolution der Korrupten» diskreditiert.[123]

Die Legitimation, Palästina zu regieren, wurde der Fatah von den Wortführern der Hamas nicht nur in moralischer, sondern auch in politisch-nationaler Hinsicht abgesprochen. Im Sprachgebrauch der Hamas hatte sich mittlerweile für diejenigen Mitglieder der Fatah-Bewegung, die sich der Islamisten-Regierung nicht unterordnen wollten, die Bezeichnung «Umstürzler» etabliert.[124] Die Fatah-Führung wurde nicht nur als unpatriotisch, überaltert und volksfern verunglimpft, sondern gar als verlängerter Arm der USA diffamiert – schon längst nicht mehr imstande, das palästinensische Volk zu führen. Auf solche Art beschimpfte Atef Adwan, Hamas-Minister für Flüchtlingsangelegenheiten, das PLO-Exekutivekomitee, als es nach wochenlangen Querelen und dem Scheitern der Koalitionsgespräche Anfang Dezember 2006 Präsident Abbas empfahl, die Hamas-Regierung aufzulösen und Neuwahlen anzukündigen.[125] Und der Abgeordnete und Hamas-Fraktionschef Khalil al-Haya offenbarte mit der Bemerkung, Abbas habe gerade noch genügend Macht, um sein eigenes Amt aufzugeben,[126] wie wenig Respekt die Hamas-Führung der säkularen Rivalin Fatah inzwischen entgegenbrachte.

Wie der innerpalästinensische Machtkampf ausgehen würde, war zu diesem Zeitpunkt noch in keiner Weise abzusehen. Ein Paradigmenwechsel in der palästinensischen Politik war der Hamas aber offenbar gelungen: Die jahrzehntelange Dominanz der säkularen Rivalin PLO schien ein für alle Mal gebrochen – mit der gewaltsamen Machtübernahme der Islamisten im Gazastreifen im Juni 2007 sollte sie dort kurzerhand von der Bildfläche gefegt werden.

6. Alleinherrschaft im Gazastreifen

Die Einheitsregierung scheitert

Dem Putsch der Hamas in Gaza im Juni 2007 gingen immer gewalttätiger werdende Auseinandersetzungen mit der Fatah voraus. Seit April 2006 kam es dort regelmäßig zu Feuergefechten zwischen Milizen der beiden Organisationen.[1] Dabei wurde das Vorgehen der Hamas immer brutaler. Angesichts der eskalierenden Gewalt drohte Palästinenserpräsident Abbas den Islamisten Mitte Dezember 2006, das Parlament aufzulösen, sollte es nicht bald zu einer Einigung über die Bildung einer Einheitsregierung kommen.[2] Wohl als Antwort darauf überfielen bewaffnete Hamas-Aktivisten am nächsten Tag ein Trainingslager der Präsidentengarde im Süden der Stadt Gaza, töteten einen Offizier und verletzten vier weitere Gardeangehörde.[3] Obgleich am selben Tag in der palästinensischen Presse von einer Waffenruhe die Rede war,[4] flammten die Kämpfe zum Jahresende wieder auf. Trotz einer erneuten Waffenstillstandsvereinbarung hielten sie bis Ende Januar 2007 an – allein in diesen Wochen kamen mehr als sechzig Menschen ums Leben.[5] Nachdem mehrere Vermittlungsversuche vor allem Ägyptens und Jordaniens gescheitert waren, gelangten die Konfliktparteien zu der Einsicht, dass sie nicht in der Lage sind, ihre Differenzen in friedlicher Weise beizulegen, und nahmen die Einladung des saudi-arabischen Königs Abdullah zu einem Versöhnungstreffen in Mekka an.[6] Nach dreitägigen Verhandlungen verständigten sie sich schließlich am 8. Februar 2007 auf eine gemeinsame Regierung und unterzeichneten die sogenannte «Erklärung von Mekka».

Sozusagen als Motto war dem Text der Vereinbarung ein Koranzitat (Sure 17, Vers 1) vorangestellt, das einen der Kernpunkte des innerpalästinensischen Konflikts berührt. Mit dieser Koranstelle nämlich, die die nächtliche Reise des Propheten Muhammad von Mekka nach Jerusalem beschreibt, wird der Anspruch auf die islamischen Heiligtümer auf dem Tempelberg religiös untermauert.[7] Dass die Übereinkunft im Zeichen dieser religiösen Verpflichtung der Palästinenser gegenüber Jerusalem unterzeichnet wurde, und dazu noch in Mekka, der heiligen Stadt des Islam, war eine eindeutige Machtdemonstration der Islamisten. Und dies war der Fatah-nahen palästinensischen Presse auch keineswegs entgangen: In zwei der drei großen palästinensischen Tageszeitungen wurde wohl deshalb beim Abdruck des Abkommenstextes besagter Koranvers unterschlagen.[8] Das internationale saudische Blatt *Al-Sharq Al-Awsat* hingegen druckte sie selbstverständlich ab.[9] Die schleichende Islamisierung der politischen Agenda Palästinas offenbarte sich nicht zuletzt auch darin, dass in der Schlusserklärung der Versöhnungskonferenz auch die Al-Aqsa-Moschee Erwähnung fand: ihr Schutz wurde im letzten Absatz des Dokuments zu einem der nationalen Ziele erhoben – gleich nach der Jerusalem- und der Flüchtlingsfrage.

In dem von Palästinenserpräsident und PLO-Vorsitzendem Mahmud Abbas und dem Chef des Hamas-Politbüros Khalid Meschal unterzeichneten Abkommen verpflichteten sich beide Seiten, das Blutvergießen zu beenden, künftig Konflikte friedlich durch Dialog zu lösen und die Bildung einer Regierung der nationalen Einheit als oberste Priorität zu betrachten. Die zerstrittenen Palästinensergruppen vereinbarten ferner, gemeinsam auf eine Beendigung der israelischen Besatzung hinzuarbeiten, und einigten sich auf eine «Reform der PLO», die – wie früher bereits beschlossen – zur Integration der Hamas führen sollte. Nach der Unterzeichnung verlas Abbas' Sprecher Nabil Amru in dessen Namen eine Erklärung, in der der amtierende Ministerpräsident Ismail Hanija erneut mit der Regierungsbildung beauftragt und gleichzeitig aufgerufen wurde, die «Verträge, die die PLO unterzeichnet» habe, «zu respektieren».[10] Ein von Abbas bestimmter Fatah-Politiker sollte Hanijas Stellvertreter werden und die Regierung insgesamt 24 Ministerressorts umfassen – acht davon sollte die Hamas und sechs die Fatah übernehmen, die übrigen sollten von parteiunabhängigen Fachleuten und Vertretern anderer Parteien besetzt werden.[11]

Da es über die Besetzung der Posten erneut zu Streit kam, verzögerte sich der Amtsantritt der neuen Einheitsregierung bis zum 17. März 2007. Anders als ursprünglich vorgesehen, umfasste das mittlerweile 25-köpfige Kabinett zwölf Hamas- beziehungsweise den Islamisten nahestehende Mitglieder, während sich die Fatah mit nur sechs Ministerposten zufriedengeben musste. Dieses Missverhältnis trug nicht gerade zur gegenseitigen Verständigung bei. Auch erfüllte das

Programm der neuen Einheitsregierung nicht die Bedingungen des Nahost-Quartetts für die Beendigung des internationalen Boykotts – Anerkennung Israels, Verpflichtung zum Gewaltverzicht und Akzeptanz der bisherigen PLO-Verträge mit Israel einschließlich der *roadmap*. In den genannten Punkten war der Unterschied zu den Administrationsplänen der vorangegangenen Hamas-Regierung lediglich semantischer Art.[12] Israel appellierte denn auch gleich am Tag nach der Vereidigung des neuen Parlaments an die Internationale Staatengemeinschaft, den Boykott der palästinensischen Autonomiebehörde fortzusetzen.[13] Nur wenige Tage später schloss sich auch das Nahost-Quartett diesem Kurs an.[14]

Der Hamas war, was im Westen eher übersehen wurde, diese Entwicklung durchaus willkommen, denn sie zementierte ihre damals schon seit fast zwei Jahrzehnten konsequent betriebene Politik, wann immer möglich den Friedensprozess zu blockieren. In dieser Hinsicht erwies sich die neue nationale Einheitsregierung als direkte Fortsetzung ihrer Vorgängerin: Auch jetzt oblag es Präsident Abbas, mit Israel Friedensgespräche zu führen, die jedoch aufgrund der Verweigerungshaltung der Hamas-Fraktion von vornherein zum Scheitern verurteilt waren, zumal die Islamisten Kabinett und Parlament dominierten. Die Fatah war nunmehr in eine für sie äußerst heikle politische Situation geraten, gehörten ihre Minister doch jetzt – fast eineinhalb Jahrzehnte nach Abschluss des bahnbrechenden Osloer Friedensabkommens – einer Regierung an, deren Programm die Anerkennung Israels nicht enthielt. Ihre Versuche, die Hamas dazu zu bewegen, das Existenzrecht des israelischen Staates anzuerkennen, scheiterten. Um zu verhindern, dass sich eine solche Konstellation nicht auch noch innerhalb der PLO – der seit 1993 auch von Israel anerkannten Vertreterin des palästinensischen Volkes – ergibt, blockierte die Fatah den von beiden Fraktionen beschlossenen Plan, die Aufnahme der Hamas in die Palästinensische Befreiungsorganisation auf den Weg zu bringen.[15]

Auch in der Frage der Kontrolle über die Sicherheitsdienste hatte sich seit Bildung der Einheitsregierung kaum etwas bewegt. Zwar hatten sich beide Seiten prinzipiell auf eine Umgestaltung des von Jassir Arafat ins Leben gerufenen Nationalen Sicherheitsrats, der die Sicherheitsorgane der Autonomiebehörde direkt kontrollierte, geeinigt.

Aber keine der beiden rivalisierenden Organisationen war bereit, die Kontrolle über die eigenen Sicherheitskräfte aus der Hand zu geben. So geißelten die Islamisten Abbas' Entscheidung als «Gesetzesbruch», Muhammad Dahlan, einen ihrer erbittertsten Gegner, zum nationalen Sicherheitsberater zu ernennen.[16] Damit werde die nationale Sicherheit lediglich sabotiert, kommentierte die Hamas-Zeitschrift *Filastin al-Muslima* im April 2007 die Berufung des ehemaligen Sicherheitschefs der palästinensischen Autonomie in Gaza.[17] Dahlan nutzte indessen seine Position, um den Aufbau eines militärischen Gegengewichts zu der von der Hamas-Regierung im Gazastreifen errichteten Miliz (*al-quwa al-tanfidhiya*, operative force) voranzutreiben. Dieser wurde von den USA unterstützt und von deren Sicherheitskoodinator Generalleutnant Keith Dayton persönlich überwacht.[18] Die Miliz der Islamisten wiederum, die bis zur Bildung der nationalen Einheitsregierung dem Hamas-geführten Innenministerium unterstanden hatte, verweigerte die Zusammenarbeit mit dem neuen Amtsinhaber, dem unabhängigen Hani al-Qawasmi. Ebenso unkooperativ zeigten sich auch Abbas' Zivilpolizei und Nachrichten- und Terrorabwehrdienst. Als alle Bemühungen, die Sicherheitskräfte unter ein Kommando zu stellen, scheiterten, da weder Fatah noch Hamas den neuen Innenminister unterstützten, warf al-Qawasmi das Handtuch. Nach langem Zögern und einem bereits im April von Hanija abgelehnten ersten Rücktrittsgesuch, trat er am 14. Mai 2007 zurück – inmitten einer neuerlichen Welle der Gewalt.[19]

Hintergrund der erneuten Auseinandersetzungen war wieder der Machtkampf um die Kontrolle der Sicherheitsdienste. Einige Tage vor dem Rücktritt des Innenministers waren an zentralen Verkehrsadern in Gaza-Stadt und im nördlichen Gazastreifen Polizeikräfte der Fatah aufgestellt worden, um für mehr Sicherheit zu sorgen. Palästinensischen Presseberichten zufolge hatte Präsident Abbas diese Maßnahme im Alleingang durchgeführt, ohne vorher die politische Führung der Islamisten zu konsultieren.[20] Auch den zu diesem Zeitpunkt noch amtierenden al-Qawasmi schien Abbas vor vollendete Tatsachen gestellt zu haben. Die Hamas betrachtete dieses Vorgehen als Missachtung ihrer Autorität und antwortete mit Gewalt: Ihre Milizionäre verübten Feuerüberfälle auf die Fatah-Polizisten, entwendeten mehrere ihrer Fahrzeuge und postierten sich an wichtigen Verkehrsknotenpunkten. Die Übergriffe auf Abbas' Sicherheitskräfte wurden indes als Akt der Selbstverteidigung dargestellt. Der Version der Islamisten zufolge hätten sich unter die Polizisten Geheimdienstler der Fatah gemischt, die Hamas-Kämpfer willkürlich verhaftet und ihre Waffen konfisziert hätten.[21]

Um ein weiteres Ausufern der Gewalt zu verhindern, kündigten die Führungen beider Seiten an, ihre bewaffneten Kräfte wieder von den Straßen zurückzuziehen, und versprachen, auch die gegenseitigen rhetorischen Angriffe einzustellen.[22] Doch auch dieser Versuch, dem Blutvergießen ein Ende zu bereiten, scheiterte. Bereits am Tag nach der Waffenstillstandserklärung kam es erneut zu blutigen Zusammenstößen zwischen Hamas- und Fatah-Anhängern, bei denen fünf Menschen ihr Leben ließen. Unter den Opfern befanden sich zwei Mitarbeiter der seit Anfang Mai 2007 erscheinenden Hamas-nahen Tageszeitung *Felesteen* wie auch einer der Anführer der Al-Aqsa-Brigaden der Fatah aus Beit Lahiya und einer seiner Kameraden. Die Fatah-Fraktion im Parlament forderte daraufhin eine sofortige Untersuchung des Vorfalls und drohte, al-Qawasmis Rücktritt zu verlangen, falls er diese nicht umgehend veranlasse.[23]

Für al-Qawasmi war das der Tropfen, der das Fass zum Überlaufen brachte. Er legte sein Amt nieder und Ministerpräsident Hanija übernahm an seiner Stelle die Leitung des Innenressorts. Alle Aufrufe, die Kampfhandlungen einzustellen, waren vergebens. Am 15. Mai – einen Tag nach al-Qawasmis Rücktritt – wurden bei bewaffneten Auseinandersetzungen zwischen den verfeindeten Palästinensergruppen siebzehn Menschen getötet. Wie im Dezember 2006 schon einmal geschehen, griffen Hamas-Kämpfer wieder ein Ausbildungslager der Präsidentengarde an, diesmal am Grenzübergang Karni, dem wichtigsten Einfuhrweg für Waren nach Gaza. Die Attacke, die am frühen Morgen mit Raketen- und Mörsergranatenbeschuss begann, gipfelte in der kaltblütigen Erschießung von acht Gardisten. Auch Gaza-Stadt, die mittlerweile erneut in Hamas- und Fatah-kontrollierte Gebiete aufgeteilt war, wurde an diesem Tag wieder zum Schauplatz blutiger Scharmützel. Diese forderten ebenfalls mehrere Tote, diesmal auf Seiten der Islamisten.[24]

Die Gewaltspirale dreht sich

Angesichts der massiven Angriffe wie dem am Karni-Übergang, die inzwischen militärischen Operationen ähnelten, wurde aus Fatah-Kreisen nun die Sorge laut, dass die Islamisten eine gewaltsame Machtübernahme planen.[25] Und tatsächlich wurde diese Befürchtung schon tags darauf durch das rigorose Vorgehen ihrer bewaffneten Kräfte erhärtet. In den frühen Morgenstunden des 16. Mai griffen Hamas-Milizionäre das Haus von Fatah-Sicherheitschef Raschid Abu Schbak mit Raketen und Granaten an, stürmten es und erschossen sechs seiner Leibwächter. Weitere Wachleute wurden verletzt und das Gebäude, in dem sich allerdings Abu Schbak und seine Familie zum Zeitpunkt des Angriffs nicht aufhielten, ging in Flammen auf.

Am gleichen Morgen feuerten bewaffnete Mitglieder der Hamas Mörsergranaten auf das Gelände der Präsidentenresidenz in Gaza ab und lieferten sich eine Schießerei mit der Präsidentengarde – Abbas befand sich zu diesem Zeitpunkt noch in Ramallah, sollte aber tags darauf dort eintreffen.[26] Angesichts der dramatischen Zuspitzung der Lage sagte der Präsident seinen Besuch in Gaza ab, zumal man ihn vor der Gefahr eines Anschlags gewarnt hatte. Am Tag darauf berichtete die Presse, auf der Route, die Abbas gewöhnlich nach Gaza fahre, sei ein Sprengsatz deponiert gewesen.[27] Kurz darauf wurde die Nachricht von dem Attentatsversuch dementiert und als Gerücht dargestellt; Abbas' Büro wollte dazu ebenso wenig Stellung nehmen wie zu der Behauptung, der Präsident habe seine Gaza-Reise aus Sicherheitsgründen verschoben.[28] Trotz immer wieder neu verhandelter Waffenruhen tobten die Kämpfe zwischen den verfeindeten Palästinensergruppen auch am 17. und 18. Mai weiter und forderten allein in diesen beiden Tagen 25 Todesopfer; hinzu kam noch ein Dutzend Hamas-Kämpfer, die im gleichen Zeitraum bei gezielten Luftangriffen der Israelis auf Stützpunkte der Islamistenorganisation im Norden des Gazastreifens getötet wurden – es war die Antwort auf den anhaltenden Raketenbeschuss der israelischen Grenzstadt Sderot.[29]

Zu einer vorübergehenden Deeskalation der Gewalt führte ein von ägyptischer Seite vermitteltes Treffen ranghoher Vertreter beider Organisationen. Es fand am 19. Mai 2007 in der ägyptischen Botschaft in Gaza statt und war der Auftakt zu einer Reihe von Vermittlungsgesprächen in Kairo. Diese Verhandlungen wie auch indirekt die anhaltenden israelischen Luftangriffe auf Ziele der Hamas und des Islamischen Dschihad trugen zu einer kurzzeitigen Entspannung der innerpalästinensischen Konfliktlage bei. Während in den nächsten Wochen in Kairo weiter verhandelt wurde, ruhten in Gaza mit Ausnahme einiger weniger Zwischenfälle zunächst einmal die Waffen. Trotz wiederholter Bekundungen führender Politiker beider Seiten, man werde an der Waffenruhe festhalten und sei der Bewahrung der nationalen Einheit verpflichtet, kam es am 7. Juni erneut zu einem Gewaltausbruch. Es war wieder eine gewaltsame Machtdemonstration der Islamisten, als sich im an der Grenze zu Ägypten gelegenen Rafah bewaffnete Mitglieder ihrer Qassam-Brigaden im Morgengrauen vor dem Haus des Fatah-Funktionärs Schadil Wahil Wahba postierten. Im Verlauf der Provokation kam es zu einem Schusswechsel, bei dem Wahbas Bruder durch einen gezielten Kopfschuss getötet wurde. Bei anschließenden Auseinandersetzungen in Rafah wurden fünfzehn Personen verletzt. Die Eskalation fand ihre Fortsetzung noch am gleichen Abend in Gaza-Stadt, als Vermummte Schüsse auf Besucher einer Moschee abfeuerten und zwei von ihnen verletzten – so jedenfalls die Version der Hamas.[30] Alle Bemühungen, in Rafah die Ruhe wiederherzustellen – die ägyptische Seite hatte sich sogar vor Ort eingeschaltet – blieben erfolglos. Am 9. Juni kochte die Gewalt erneut so hoch, dass es zwischen den verfeindeten Lagern zu einer regelrechten Schlacht kam, bei der zahlreiche Fahrzeuge und Gebäude durch Sprengsätze und den Beschuss mit Panzerfäusten beschädigt wurden. Bei dieser Gelegenheit demonstrierte die Fatah, dass auch ihre Leute imstande sind, ranghohe Funktionäre des Gegners tödlich zu treffen, nämlich den für den südlichen Gazastreifen zuständigen Artillerie-Kommandanten der Qassam-Brigaden Ahmad Fuad Abu Harb.[31]

Die Krawalle in Rafah heizten auch wieder die Spannungen in Gaza an. Tags darauf wurde in Gaza-Stadt nicht nur ein Mitglied der Präsidentengarde entführt, misshandelt und aus dem fünfzehnten Stock eines Wohnblocks geworfen, sondern auch der Imam einer Hamas-Moschee, Muhammad al-Rifati, verschleppt und brutal hingerichtet. Die Gewaltspirale schraubte sich immer weiter in die Höhe. Am 11. Juni verstärkten beide Seiten ihre Straßenkontrollen und ihre

Milizionäre bezogen nun auch Stellung in Hochhäusern. Wie schon einen Monat zuvor wurde auch jetzt wieder die im nördlichen Gazastreifen gelegene Stadt Beit Lahiya Schauplatz blutiger Gemetzel. Die Hamas, die ihre Kampfkraft zwischenzeitlich deutlich verstärkt hatte, überfiel mit einem großen Aufgebot an Kämpfern[32] das Wohnhaus von Dschamal Abu al-Dschadyan, einem für den dortigen Bezirk zuständigen Fatah-Funktionär und ranghohen Kommandanten der Al-Aqsa-Brigaden. Das Opfer wurde mit über vierzig Schüssen exekutiert, sein Bruder ebenfalls ermordet. An diesem Tag forderten die Gewalttätigkeiten zwischen den verfeindeten Palästinensergruppen fünfzehn Menschenleben – neben vier Hamas- und fünf Fatah-Kämpfern sechs unbeteiligte Zivilisten. Zwei verhängnisvolle Zwischenfälle spitzten die Lage weiter zu: Der Regierungssitz in Gaza wurde unter Beschuss genommen und auf Bassem Naeem, den Hamas-Minister für Sport und Jugend, ein Anschlag verübt, bei dem die Zielperson allerdings unversehrt blieb.[33]

Die Islamisten ergreifen gewaltsam die Macht

Den Attentatsversuch auf eines ihrer Regierungsmitglieder und die Ermordung eines ihrer Imame am Tag zuvor nahmen die Islamisten zum Anlass, ihre Rhetorik gegenüber den säkularen Rivalen jetzt radikal zu verschärfen und ihre Milizen in höchste Alarmbereitschaft zu versetzen, was sie auch öffentlich ankündigten. Hamas-Sprecher Fawzi Barhum machte gegenüber der Presse eine «tyrannische Rebellengruppe» für die jüngste Eskalation verantwortlich, die, wie er betonte, nicht davor zurückschrecke, Regierungsmitglieder und islamische Rechtsgelehrte ins Visier zu nehmen.[34] Dass er sich dabei des aus der islamischen Rechtstradition stammenden Begriffs *al-fi'a al-baghiya* bediente, verhieß nichts Gutes. Wer mit diesem Terminus belegt wird, zumal vor dem Hintergrund eines Mordes an einem islamischen Geistlichen, hat aus islamrechtlicher Sicht den Tod verdient.[35] Und genau diesen forderte für die verbrecherischen «tyrannischen Rebellen» noch am gleichen Tag lautstark eine Gruppe Hamas-naher Rechtsgelehrter auf einem Protestmarsch durch Gaza.[36]

Was in den nächsten beiden Tagen, dem 12. und 13. Juni 2007, geschah, schien in dem dramatisch zugespitzten Konflikt die Konsequenz der jüngsten Ereignisse und auch des Appells der radikalen Geistlichen zu sein. In Wirklichkeit aber dürfte den Islamisten der religiöse Freibrief ihrer Rechtsgelehrten für ein rigoroses Vorgehen gegen den säkularen Gegner lediglich als Vorwand gedient haben für einen längst geplanten Generalangriff auf die Einrichtungen der Fatah. Davon zeugte auch der Anschlag auf das regionale Hauptquartier des Terrorabwehrdienstes der Fatah in Khan Junis im Süden des Gazastreifens, der ganz offensichtlich von langer Hand vorbereitet war. Dort wurde der in einem Tunnel unter dem Gebäude, in dem sich die Islamisten bis zu der feindlichen Kommandantur vorgegraben hatten, deponierte Sprengsatz zur Explosion gebracht. Auch deuteten Umfang und Härte der bestens koordinierten weiteren Offensiven gegen Fatah-Ziele in ganz Gaza auf einen systematischen Angriffsplan. Auf eine Operation dieses Ausmaßes war die Fatah im Gazastreifen, deren Sicherheitschef Mahmud Dahlan sich obendrein schon seit Wochen zu einer medizinischen Behandlung in Ägypten aufhielt, in keiner Weise vorbereitet. Sie hatte bereits am ersten Tag des blutigen Putsches nicht nur über zwanzig Opfer zu beklagen, sondern auch jegliche Kontrolle über den nördlichen Gazastreifen verloren sowie die meisten ihrer Stützpunkte im Süden und vor allem auch in Gaza-Stadt.[37]

Gleichwohl gab sich die Fatah nicht geschlagen und meldete, diverse Überfälle der Putschisten erfolgreich abgewehrt und mehrere Hauptquartiere der eigenen Sicherheitsdienste noch unter Kontrolle zu haben. Der Kampfsprache nach zu urteilen, betrachteten sich beide Seiten jetzt als Kriegsgegner. Die Fatah warf den Islamisten vor, einen Staatsstreich zu verüben, während die Hamas Abbas' Sicherheitskräfte, die sie schon seit Monaten des «Umstürzlertums» bezichtigte, nun auch noch als Kollaborateure der Zionisten verunglimpfte. Die Fatah-Sicherheitsleute wurden als schändliche «palästinensische Lahad-Milizen» oder schlicht «Lahadiyin» bezeichnet[38] – eine Anspielung auf die von den Israelis im Südlibanon mitaufgebaute und unterstützte, von dem Libanesen Antoine Lahad geführte Südlibanesische Armee (SLA). Diese hatte zusammen mit der israelischen Besatzungsarmee den sogenannten Sicherheitsstreifen im Südlibanon kontrolliert und war mit dem Rückzug der Israelis im Jahr 2000 aufgelöst worden. Wie damals zahlreiche SLA-Söldner, versuchten nun auch nicht wenige Fatah-Leute sich vor der brutalen Gewalt der Islamisten nach Israel und nach Ägypten zu retten.

Angesichts der spektakulären Bilder dieser verzweifelten Fluchtversuche in den Medien wirkten die trotzigen Durchhalteparolen der Fatah-Kommandanten im Gazastreifen wenig überzeugend. In der Gewissheit ihrer militärischen Überlegenheit rief die Islamistenorganisation nun nicht nur die bewaffneten Kräfte der Fatah öffentlich dazu auf, sich zu ergeben und gar nicht erst ihre Kampfstellungen zu beziehen,[39] sondern setzte ihre Offensive auch in der Nacht in aller Härte fort. Am zweiten Putschtag nahmen die Islamisten die restlichen Kommandozentralen der Fatah und die Präsidentenresidenz in Gaza ein. Ihr Eroberungszug wurde auch medial inszeniert: Der Hamas-eigene Fernsehsender «Al-Aqsa»-TV zeigte, wie gefangengenommene Fatah-Angehörige gedemütigt und misshandelt wurden; bisweilen wurde sogar ein Gefangener vor laufender Kamera hingerichtet, wie etwa im Fall von Samih al-Madhun, einem der Kommandanten der Al-Aqsa-Brigaden der Fatah.[40] Auch Zivilisten wurden nicht verschont: Bei einer Protestveranstaltung gegen das Blutvergießen wurden in Gaza zwei Demonstranten offenbar von Hamas-Aktivisten erschossen. Indessen forderten die Qassam-Brigaden die von ihnen als Kollaborateure der USA diffamierten Fatah-treuen Milizen und Sicherheitsdienste in einem Ultimatum auf, ihre «von den Amerikanern erhaltenen» Waffen innerhalb von vierundzwanzig Stunden freiwillig abzugeben.[41] Tatsächlich ergaben sich viele der Fatah-Kämpfer, andere wurden bei Razzien verhaftet.[42]

Während die Islamisten nach ihrer Machtübernahme im Gazastreifen, bei der allein an den beiden Putschtagen über neunzig Menschen getötet und mehrere Hundert verletzt worden waren,[43] die «Befreiung von Gaza» verkündeten, löste Palästinenserpräsident Abbas per Dekret die Koalition mit der Hamas auf und setzte Hanija ab. Gleichzeitig rief Abbas den Notstand aus, den er mit dem «Militärputsch» der Hamas begründete – eine Maßnahme, die im Übrigen nicht zuletzt darauf abzielte, die Festnahme bewaffneter Hamas-Aktivisten in der Westbank durch die Polizei der Fatah zu legalisieren.[44] Diesem Zweck diente auch der Präsidialerlass vom 17. Juni, der alle bewaffneten Kräfte der Hamas – den militärischen Flügel wie die im Gazastreifen aktive Polizeimiliz – verbot. Am selben Tag wurde auch die vom Chef der Autonomiebehörde installierte neue Notstandsregierung mit dem Wirtschaftsfachmann Salam Fayyad an der Spitze vereidigt. Sie wurde von der von Abbas für abgesetzt erklärten, in Gaza jedoch weiterhin amtierenden Hamas-Regierung umgehend für illegal erklärt.[45] Von nun an herrschten im Westjordanland und im Gazastreifen zwei parallel agierende Regierungen, die sich gegenseitig nicht anerkannten.

Damit erreichte die Rivalität zwischen Islamisten und Säkularen, die seit 1988 die palästinensische Gesellschaft zunehmend gespalten hatte, einen neuen Höhepunkt. Sowohl die Hamas als auch die Fatah waren nun bemüht, jeglichen Versuch des Kontrahenten, die eigene Herrschaft zu destabilisieren, zu verhindern. Den Verhaftungsaktionen auf beiden Seiten folgte schon bald die Ausschaltung von Presseorganen und Fernseh- und Radiostationen des Gegenspielers im eigenen Herrschaftsgebiet. Bereits während der Kämpfe im Gazastreifen stürmten Bewaffnete der Hamas die Studios des nationalen TV-Senders der Autonomiebehörde in Gaza und setzten sie in Brand.[46] Im Gegenzug ließ Abbas in Ramallah die Fernsehstudios des Hamas-Senders «Al-Aqsa» schließen und die technische Ausrüstung beschlagnahmen. Ein Versuch, in Gaza den Betrieb des nationalen Fernsehsenders der Autonomie in neuen Räumen wieder aufzunehmen, endete Anfang August mit dessen endgültiger Schließung durch die Hamas-Regierung. Ein ähnliches Schicksal ereilte die von der Fatah betriebenen oder ihr nahestehenden Radiostationen. Bereits Anfang September konstatierte ein Bericht des Informationszentrums der israelischen Militäraufklärung, dass beide Seiten die Berichterstattung gegenseitig behinderten und die Hamas darüber hinaus auch noch die Arbeit unabhängiger palästinensischer Nachrichtenagenturen sowie ausländischer Reporter zunehmend blockierte.[47]

Auf dem Weg zum Gottesstaat

Im Gazastreifen diente die Zensur der Medien nicht nur der politischen Indoktrinierung. Sie ist bis heute zugleich auch ein wichtiges Instrument bei der Islamisierung der Bevölkerung entlang der ideologischen Koordinaten der palästinensischen Fundamentalisten. Dass der Islamisierungsdruck dort bald steigen würde, signalisierten schon während des Putsches die emphatischen Äußerungen der Hamas-Funktionäre über den Sieg des Islam. Ein deutliches Zeichen für den bevorstehenden Paradigmenwechsel war dann auch die mutwillige Zerstörung eines der wichtigsten säkularen Symbole in Gaza-Stadt am Tag der Vereidigung der palästinensischen Notstandsregierung in der Westbank: des Denkmals für den unbekannten Soldaten. Der Platz, auf dem es sich befand, war ein beliebter Treffpunkt junger Leute und häufig Sammelpunkt politischer Demonstrationen. Die von säkularen Meinungsführern als «barbarisch» verurteilte Tat löste in den gesamten Palästinensergebieten zunächst Entsetzen aus,[48] zeigte aber schon bald Wirkung: Einige Wochen später traf man an diesem Ort – anders als vor der gewaltsamen Machtergreifung der Islamisten – keine Mädchen mehr in Jeans oder ohne Kopftuch an.[49] Dies hing auch damit zusammen, dass die Polizei der Hamas damals bereits die Funktion von islamischen Sittenwächtern übernommen hatte. Zu ihren Aufgaben gehörte nun auch, auf gesittetes Verhalten, Geschlechtertrennung und die Einhaltung des Alkoholverbots zu achten sowie dafür zu sorgen, dass Frauen islamgerecht gekleidet waren und sich nicht ohne Kopftuch in der Öffentlichkeit zeigten. Speziell zu letzterem Zweck wurde bereits im Sommer 2007 eine Frauenpolizei gegründet, die mittlerweile[50] rund hundert Sittenwächterinnen umfasst.[51] Auch in den Gefängnissen wurde religiöse Umerziehung betrieben. Den Häftlingen wurde, wenn sie sich im Koranunterricht bewährten und Teile der heiligen Schrift – jeder Gefangene erhielt einen Koran – auswendig rezitieren könnten, Haftverkürzung bis zu einem Jahr in Aussicht gestellt. Stolz gab ein Gefängnisdirektor in Gaza der islamistischen Zeitung *Felesteen* zu Protokoll, die Gefängnisinsassen würden jetzt nicht mehr wie früher als «Verbrecher» behandelt, sondern als Menschen, die der «Verbesserung» bedürften – im islamischen Sinne, versteht sich.[52]

Die erzwungene Islamisierung des öffentlichen Lebens und der Gesellschaft ist in den letzten Jahren immer weiter vorangeschritten. Nachdem die Hamas die Kontrolle über den Gazastreifen gewaltsam übernommen hatte, konnte sie dort nun ihre politischen und religiösen Institutionen mit ihrem sozialen Netz, einem eigenen Erziehungssystem sowie ihrer Polizeimiliz und dem militärischen Flügel ungestört weiter verzahnen. Die in ihrer Charta von 1988 entworfene Vision einer palästinensischen Gesellschaft, die auf dem Islam gründet und nach dessen Wertekanon lebt, wird im Herrschaftsgebiet der Islamisten, wo eine islamisch-fundamentalistische Gesinnungsdiktatur im Entstehen ist, allmählich Realität. Allem Anschein nach soll Gaza nun schrittweise in einen islamischen Gottesstaat umgewandelt werden – Hamas-Kader jedenfalls sprechen immer wieder von *dem* «islamischen Projekt» (*al-maschru al-islami*) oder auch von dem «großen islamischen Projekt».[53] Eines ihrer vorrangigen Ziele scheint die Etablierung eines islamischen Rechtssystems zu sein. Dass man allem voran das Strafrecht zu islamisieren beabsichtige, hatte Parlamentsmitglied Ahmad Abu Halbiya schon im Frühjahr 2006 verkündet.[54]

Tatsächlich wurde im November 2008 ein entscheidender Schritt in diese Richtung unternommen, auch wenn noch nicht vollständig vollzogenen. Die Hanija-Regierung ließ damals ein neues, auf der Scharia basierendes Strafgesetz ausarbeiten, das körperliche Züchtigung von Schlägen bis hin zu Verstümmelung vorsieht. Dass, wie zunächst im arabischen Ausland und in Israel gemeldet,[55] der Gesetzentwurf im Dezember 2008 vom palästinensischen Legislativrat in Gaza,[56] den die Islamisten dominieren, gebilligt worden sei, wurde von der Hamas als Falschmeldung dementiert. Gleichwohl berichtete die Fatah-nahe Zeitung *Al-Ayyam*, die das Dementi abdruckte, dass die Rechtskommission des Legislativrats in Gaza eine Arbeitsgruppe einrichten wolle, die die Einzelheiten des künftigen, auf dem Koran basierenden Strafrechts mit einschlägigen Experten erörtern soll.[57]

Ob dies tatsächlich geschah, blieb indes unklar. Dass die vollständige Einführung der Scharia in Gaza immer weiter hinausgeschoben wird, hängt wohl auch damit zusammen, dass die dort regierenden Islamisten durch die Verhängung und Vollstreckung drakonischer körperlicher Strafen keinesfalls in den Ruf kommen wollen, eine palästinensische Version der Taliban zu sein. So jedenfalls argumentierte einer ihrer Wortführer, der Rechtsgelehrte Yunis al-Astal, Mitte Dezember 2009, als er zum Thema Anwendung des islamischen Rechts in Gaza befragt wurde. Seinen Angaben zufolge würde das islamische Religionsgesetz dort ohnehin schon größtenteils angewandt, seine vollständige Umsetzung sei nur langfristig angestrebt.[58] Eine der dafür erforderlichen gesetzgeberischen Maßnahmen wurde schon im September 2008 mit der Verabschiedung des Zakat-Gesetzes, das die religiös begründete Pflichtabgabe für soziale Zwecke vorsieht, auf den Weg gebracht.[59] Anfang Januar 2010 hat das Gaza-Parlament die «Beschleunigung» seiner Implementierung angekündigt.[60]

Auch die Islamisierung des Gerichtswesens treibt das Hamas-Regime zügig voran. Die Rede ist von einer weiteren «Verankerung des islamischen Rechts» innerhalb der palästinensischen Justiz, womit man gar ein Vorbild für die ganze Welt schaffen will.[61] So formulierte es Ahmed Bahar – Hamas-Abgeordneter und stellvertretender Parlamentsvorsitzender in Gaza –, als er Anfang Dezember 2009 mit einer parlamentarischen Delegation den von der Hanija-Regierung nach dem Putsch ins Leben gerufenen Obersten Rechtsrat besuchte. Das Treffen sollte die Kooperation der beiden Institutionen, vor allem bei der Islamisierung des Rechtswesens, weiter stärken.[62] In diesem Zusammenhang sei noch einmal auf die behördliche Parallelwelt hingewiesen, die die Hamas nach ihrer gewaltsamen Machtübernahme im Gazastreifen geschaffen hat und die auch eigene juristische Institutionen umfasst. So auch den Obersten Rechtsrat, der heute den Aufbau des islamischen Rechtsapparats im Gazastreifen mit überwacht. Er wurde von den Islamisten ursprünglich unter dem Namen «Oberster Justizrat» gegründet, um sich von der konkurrierenden Parallelinstanz der Autonomiebehörde in der Westbank auch semantisch abzusetzen. Letztere hatte daraufhin im Dezember 2007 sämtliche Gerichte im Gazastreifen für illegal erklärt. Es war ihr auch keine andere Wahl geblieben, da Hamas-Polizisten ihre ranghohen Juristen im Gazastreifen nach dem Umsturz vertrieben oder verhaftet hatten.[63] Dass die Islamisten ihren «Obersten Justizrat» im Oktober 2009 wiederum in «Obersten Rechtsrat» umbenannten[64] – diese Bezeichnung weicht jetzt im Arabischen nur geringfügig von jener der Konkurrenzinstanz in der Westbank ab[65] – sollte offenbar den nationalen Anspruch dieser Hamas-Justizbehörde noch einmal unterstreichen.

Ebendiese war es, die noch unter ihrem ursprünglichen Namen im Juli 2009 eine neue Kleiderordnung für Rechtsanwälte erlassen hatte, die zwei Monate später in Kraft treten und Anwältinnen zwingen sollte, mit Kopftuch und in einer Bekleidung, die Arme und Beine vollständig bedeckt, zu Gerichtsterminen zu erscheinen.[66] Die Verfügung, die auch im Westen Aufsehen erregte, stieß in der palästinensischen Gesellschaft auf breite Kritik. Sie bestätigte die Befürchtung, dass die Hamas-Regierung schon bald damit beginnen würde, den von ihr bereits im Juni 2009 angesprochenen Plan zur Einführung eines islamischen Sittenkatalogs umzusetzen. Vor allem in der Westbank gab diese Entwicklung Anlass zu einer Reihe Hamas-kritischer Presseberichte, in denen die Sorge vor einer Zwangsislamisierung des Gazastreifens durch die dort regierenden Islamisten artikuliert wurde.[67] Der Vorsitzende ihres «Obersten Rechtsrats», Abdel Ruuf al-Halbi, sah indessen keinen Grund zur Aufregung. Schließlich trügen, erklärte er gegenüber der Presse, ohnehin schon 95 Prozent der Anwältinnen das Kopftuch. Als die Proteste dennoch nicht nachließen und der palästinensische Rechtsanwaltsverband auch noch mit Proteststreiks drohte, ruderten die Islamisten zurück. Al-Halbi legte die Umsetzung der Kleidervorschrift für Rechtsanwältinnen erst einmal auf Eis – allerdings nur in mündlicher, nicht in schriftlicher Form.[68]

Dieses Vorgehen als Abkehr von ihrer Islamisierungspolitik zu deuten,[69] wäre allerdings verfehlt. Denn die Hamas verfolgt bei der Islamisierung ihres Stammgebiets, wo die Bevölkerung ohnehin seit jeher traditioneller ausgerichtet ist als in der Westbank, schon seit Jahrzehnten eine ausgeklügelte und sehr erfolgreiche Strategie, die auf eine wohldosierte Mischung aus Einschüchterung und subtilem Druck setzt. Eine Folge davon ist auch der Umstand, dass die überwiegende Mehrheit der Frauen in Gaza längst das Kopftuch trägt, Rechtsanwältinnen nicht ausgenommen. Insofern dürfte der «Rückzieher» der Islamisten kaum Auswirkungen auf das dort ohnehin schon ausgeprägte «islamische» Erscheinungsbild der Anwältinnen haben. Vielmehr ist davon auszugehen, dass sich dieses künftig nur noch weiter verfestigt. Denn einem Bericht der Frauenrechtsorganisation «Palestinian Women's Information and Media Center» aus Gaza vom November 2009 zufolge sind besonders Frauen Opfer des dortigen Islamisierungsprozesses und ein Großteil von ihnen zunehmend «politischer Gewalt» ausgesetzt[70] – aber nicht nur sie. Menschenrechtsorganisationen registrieren im Gazastreifen schon seit mehreren Jahren zahlreiche Vorfälle, bei denen den Islamisten suspekte Lokalitäten das Ziel von Bombenanschlägen sind – einmal trifft es einen Coffee-Shop, an anderes Mal eine Spielhalle.[71] Wer die Täter sind, bleibt im Dunkeln, auch wenn die Fälle, zumindest vordergründig, polizeilich untersucht werden. Die Hamas-Führung verurteilt immer wieder derartige Anschläge und betont tagein, tagaus, niemandem die islamische Lebensweise aufzwingen, wohl aber die Menschen durch Überzeugungsarbeit für den Islam gewinnen zu wollen.[72]

In diesem Sinne hatte das Hamas-Justizministerium im Juli 2009 auch verlauten lassen, der von ihr erarbeitete islamische Sittenkatalog würde nur schrittweise eingeführt und die Bevölkerung mit Informations- und Motivierungskampagnen darauf vorbereitet.[73] Tatsächlich war die erste dieser Kampagnen zu diesem Zeitpunkt schon im Gange. Veranstaltet wurde sie von der Abteilung für Religiöse Ermahnung und Belehrung des Ministeriums für Waqf und Religiöse Angelegenheiten in Zusammenarbeit mit der Polizei. Unter dem Slogan «Ja zur Tugend» wurde in Moscheepredigten, Radio- und Fernsehsendungen und im Internet ebenso für die wahre islamische Lebensweise geworben, wie mit der Verteilung von Audiokassetten und Plakaten, die an zentralen öffentlichen Orten angebracht wurden. Als lasterhaft bekämpft wurden nicht nur westliche Satellitensender und Internet-Cafés, sondern auch Kaugummikauen, was als Zeichen westlicher Dekadenz gilt. Unverheiratete Paare und Frauen ohne angemessene Begleitung in der Öffentlichkeit wurden als sittenlos und unmoralisch diffamiert, Rauchen, unzüchtige Kleidung und unangemessene Bekleidung am Strand als ruchlos verfemt. In den Straßen patrouillierende Sittenwächter wiesen Passanten zurecht, die sich nicht an die propagierten Verhaltensregeln hielten. Auch die Inhaber von Bekleidungsgeschäften waren angewiesen, ihre Schaufensterpuppen züchtig zu bedecken.[74]

Die virtuelle Welt – die Islamisten verstanden das globale Netz von Anfang an für sich zu nutzen – diente ebenfalls als Umerziehungsplattform. Auf dem im Rahmen dieser Aktion eingerichteten Internetportal *Masajedna* (unsere Moscheen) wurde eine Auswahl der unters Volk gebrachten Propaganda-Plakate zum Herunterladen bereitgestellt.[75] In einem wurde die Gewohnheit palästinensischer Mädchen, Kopftuch zu Hosen zu tragen als absolutes Teufelswerk verdammt, Produkt einer, so wörtlich, «Satanic industrie» – als islamgerechter *hidschab* wurde hingegen ein Kopf, Haar und Hals bedeckender Schleier fundamentalistischer Provenienz gepriesen.[76] Die

Botschaft wurde durch ein weiteres Plakat noch einmal nachdrücklich unterstrichen, das demonstrierte, wie nicht verschleierte Mädchen dem verderblichen Einfluss des sündhaften westlichen Lebensstils schutzlos ausgeliefert sind: Gleich einem, so wird hier versinnbildlicht, in Stanniolpapier eingewickelten Honigbonbon, dessen Schutzhülle aufgerissen ist und über das sich nun die Schmeißfliegen hermachen.[77] Das *Masajedna*-Portal wurde seit Sommer 2009 immer weiter ausgebaut und dient der Hamas als wichtiges Instrument islamistischer Indoktrinierung. Ende des Jahres ging man bereits dazu über, die Besucher der Website auch über ihre Pflicht, am Dschihad teilzunehmen, zu belehren – etwa mit der über neunzig Seiten umfassenden Schrift *Mudhakirat al-Mudschahid* (Denkschrift für den Dschihad-Kämpfer).[78]

Dem wachsenden Islamisierungsdruck ausgesetzt, werden nun die Bewohner des Gazastreifens sukzessive in die Rolle jener der Islamischen Widerstandsbewegung dienenden «Soldaten» gedrängt, die sich – wie ihre Charta propagiert[79] – dem von der Hamas geführten Heiligen Krieg gegen das «zionistische Wesen» (Israel) verschrieben haben. Sie müssen wohl oder übel die verhängnisvollen Konsequenzen tragen, die dieser verursacht. Besonders verheerend waren die Folgen der dreiwöchigen israelischen Militäroffensive gegen die Islamisten im Gazastreifen, die Ende Dezember 2008 begann. Aus Sicht der Hamas waren die durch die israelischen Vergeltungsschläge getöteten, verletzten oder anderweitig betroffenen Palästinenser ein gerechtfertigtes Opfer – auch wenn es trotz der erfolgreichen Terrorisierung der israelischen Bevölkerung für einen militärisch letztlich wenig sinnvollen Raketenkrieg erbracht wurde. Die Islamisten scheinen auch keinerlei Widerspruch darin zu sehen, sich bei Militäraktionen der Israelis das eine Mal zu Opfern eines zionistischen «Holocaust» (*mahraka*)[80], das andere Mal zu Siegern[81] zu stilisieren, um auf geradezu zynische Weise die enormen Verluste an Menschen, Privatbesitz und Infrastruktur zu rechtfertigen. Dass die Palästinenser im Gazastreifen wegen des internationalen Boykotts der Hamas-Regierung und der israelischen Blockade noch stärker, und daran ändert auch der florierende Tunnelschmuggel nur wenig, auf die sozialen Hilfsleistungen der Hamas angewiesen sind, macht sie von den religiösen Fundamentalisten noch abhängiger – ein Teufelskreis, der unter der gegebenen Konstellation kaum zu durchbrechen ist. Denn auch der Teil der Bevölkerung, der sich der Hamas heute noch widersetzt – zumeist durch passiven Ungehorsam, da aktiver Widerstand rigoros sanktioniert wird[82] – und ihre sozialen Angebote ignoriert, dürfte auf längere Sicht, und die Islamisten denken bekanntlich langfristig, aus rein wirtschaftlichen Gründen gezwungen sein, ihre gemeinnützigen Einrichtungen doch irgendwann in Anspruch zu nehmen. Als besonders folgenreich erweist sich das im Hinblick auf die nachwachsende Generation, zumal die islamistische Indoktrinierung schon in den von der Hamas unterhaltenen und meist besser ausgestatteten Kindergärten beginnt, wo schon die Kleinsten, als bis an die Zähne «bewaffnete» Kämpfer der Qassam-Brigaden verkleidet, Hamas- und Dschihad-Lieder[83] singen. Und als Ergänzung der offensiven Indoktrinationsmaßnahmen dürfte die Lektüre der früher Selbstmordattentäter, heute die eigenen «Mudschahidin» verherrlichenden Hamas-Kinderzeitschrift *Al-Fateh* (der Eroberer)[84] die jungen Leser freilich noch zusätzlich ermuntern, eine Karriere als «Hamsawi» und «Mudschahid» anzustreben.

Fixiert auf den Heiligen Krieg

Der von der Islamischen Widerstandsbewegung erklärte Heilige Krieg, Motor der Islamisierung Gazas, liefert der Hamas-Armee bis heute unvermindert das ideologische Rüstzeug.[85] Aus ihren Gotteskriegern rekrutiert sich auch die Polizei im Gazastreifen, deren Angehörige im Bedarfsfall ebenso zu Qassam-Kämpfern mutieren wie die von der Islamistenorganisation unterhaltenen Moscheen zu Waffenlagern.[86] Auch die politische Führung der palästinensischen Islamisten beharrt auf dem Dschihad, wenngleich sie ihn, wohl aus taktischen Gründen, nicht explizit beim Namen nennt – diesen aber sehr wohl meint, wenn sie von *muqawama*, (bewaffnetem) Widerstand, spricht. Und dies ist weit mehr als nur Rhetorik. So wurde im Juli 2008 vom Gaza-Parlament das «Gesetz zum Schutz des palästinensischen Widerstands [*muqawama*]» verabschiedet, das die Vertreibung der zionistischen Besatzung aus Palästina als heilige Pflicht festschreibt. Danach haben die Kräfte des Widerstands das unverbrüchliche Recht, gegen die noch bestehende Besetzung Palästinas zu kämpfen, ein Recht, das «nie erlischt» und auch nicht durch eine Gesetzeserneuerung beziehungsweise -auslegung oder eine «Volksabstimmung» aufgehoben werden kann. Gleichzeitig werden hier jegliche gesetzgeberische Maßnahme und jegliches Abkommen, die das Recht auf Widerstand antasten, für ungültig und die «Waffen des palästinensischen Widerstands» – damit sind die Hamas-Milizen gemeint – für unantastbar erklärt.[87]

Dieses Recht dürfte künftig, umso mehr nach seiner – einseitigen – gesetzlichen Verankerung, Kern jeglicher Vereinbarung mit der Fatah sein. Entsprechend fand der Begriff *muqawama* denn auch Eingang in den Entwurf des jüngsten Verständigungsdokuments, der im Oktober 2009 aus den von Ägypten vermittelten und sich über viele Monate hinziehenden Versöhnungsgesprächen zwischen den tief zerstrittenen Palästinensergruppen in Kairo hervorging. Das Abkommen sollte die politische Spaltung zwischen der Westbank und Gaza beenden und den Weg für neue Präsidenten- und Parlamentswahlen am 28. Juni 2010 freimachen – die Ägypter hatten dieses Datum als Kompromiss vorgeschlagen. So hieß es in Punkt 3 des Übereinkommensentwurfs, der am 14. Oktober von der Fatah-nahen Zeitung *Al-Ayyam* veröffentlicht wurde, unter dem Stichpunkt Sicherheit: «Die Sicherheitsorgane achten das Recht des palästinensischen Volkes auf Widerstand [*muqawama*] und Verteidigung [*difa*] des Vaterlands und der Bürger.»[88] Mit der Verwendung der beiden Begriffe *muqawama* und *difa* wird hier noch einmal unterstrichen, dass es bei ersterem nicht nur – das ist eine seiner Wortbedeutungen – um eine reine Defensivverteidigung geht; diese wird nämlich mit dem Ausdruck *difa* explizit umschrieben. Mag die Fatah unter dem Begriff *muqawama* hier lediglich die Auflehnung gegen die israelische Besatzung in den Palästinensergebieten verstehen, so impliziert er nach Lesart der Islamisten vor allem die Rückeroberung ganz Palästinas, das von ihnen bekanntlich als Waqf-Land, also als geheiligter islamischer Boden, betrachtet wird. Anders übrigens als oft behauptet, ist der Terminus *muqawama* nicht rein säkularer Natur, sondern findet sich auch in traditionellen islamrechtlichen Texten zur Dschihad-Lehre;[89] und dem Wortsinn nach bedeutet er nicht nur «Widerstand leisten», sondern eben auch «bekämpfen».

Doch auch diese Formulierung ging den Islamisten nicht weit genug. In einem mit «Ehren-Charta» überschriebenen Anhang zu dem Dokument sollte sich jede der beiden Seiten noch einmal ausdrücklich verpflichten, den Widerstand [muqawama] gegen die israelische Besatzungsmacht aufrechtzuerhalten und die dafür notwendigen Waffen bereitzuhalten[90] Damit wollte die Hamas offenbar auch einer Entwaffnung ihrer Milizen durch die palästinensische Autonomiebehörde vorbeugen und handelte hier ganz im Sinne des erwähnten Hamas-Gesetzes zum Schutz des palästinensischen Widerstands. Trotz des deutlichen Entgegenkommens der Fatah, vor allem in der heiklen Frage des bewaffneten Widerstands, lehnten es die Islamisten ab, den unter ägyptischer Verhandlungsführung erarbeiteten und von Abbas' Fatah-Partei bereits unterzeichneten Vertrag wie vorgesehen am 15. Oktober zu unterschreiben. Stattdessen baten sie um weitere Bedenkzeit und kündigten an, noch einige Ergänzungen nachverhandeln zu wollen.[91] Eine Modifikation des vorliegenden Abkommens kam jedoch weder für Abbas noch für die über den Rückzieher der Hamas erbosten Ägypter in Frage, die den Islamisten vorwarfen, den innerpalästinensischen Dialog zu sabotieren. Aus der ägyptischen Hauptstadt hieß es, die geplante Unterzeichnung sei bis auf Weiteres auf Eis gelegt.[92]

Am 19. Oktober reiste Abbas nach Kairo, um die Lage mit seinem ägyptischen Amtskollegen Hosni Mubarak zu erörtern, und legte in einem Gespräch mit ägyptischen Journalisten seine Position noch einmal dar. Der Hamas warf er vor, die Versöhnungsbemühungen mit haltlosen Behauptungen und Verleumdungen zu torpedieren, und erklärte die in dem Abkommen vorgesehene Verschiebung des regulären Wahltermins von Januar auf Juni 2010 für obsolet: Er sei nun nur noch an die Verfassung gebunden, die Wahlen bis spätestens Ende Januar, zum Ende der Legislaturperiode, vorschreibe.[93] Abbas kündigte bei dieser Gelegenheit an, er werde den 24. Januar 2010 als Termin für die anstehenden Präsidentschafts- und Parlamentswahlen in der Westbank und im Gazastreifen spätestens am 25. Oktober per Dekret festsetzen.[94]

Die palästinensische Spaltung wird zementiert

Als Abbas drei Tage später, am 23. Oktober, die Wahlen wie vorgesehen anberaumte,[95] wurde der Graben zwischen den uneinigen Parteien noch tiefer. Hamas-Sprecher Fawzi Barhum wies die Entscheidung umgehend als «illegalen und verfassungswidrigen Schritt» zurück, und zwar mit der Begründung, dass Abbas' Amtszeit längst beendet und er daher nicht ermächtigt sei, irgendein Dekret zu erlassen.[96] Tatsächlich wäre die vierjährige Amtsperiode des zu Beginn des Jahres 2005 zum Präsidenten gewählten Abbas' am 9. Januar 2009 formal abgelaufen. Indes schrieb das im August 2005, acht Monate nach seinem Amtsantritt, verabschiedete palästinensische Wahlgesetz fest, dass die nächste Präsidentschaftswahl zum Ablauf der Legislaturperiode des nach Inkrafttreten dieses Gesetzes gewählten ersten palästinensischen Parlaments anzusetzen ist[97] – dieses wurde bekanntlich im Januar 2006 gewählt. In den von Palästinenserpräsident Abbas im September 2007 erlassenen Zusatzbestimmungen zu diesem Gesetz wurde unter anderem weiter präzisiert, dass zwecks Parallelisierung der Amtszeiten «die kommende Präsidentschaftswahl *gleichzeitig* mit der nächst stattfindenden Parlamentswahl» durchzuführen ist.[98] In der Praxis bedeutete dies, dass Präsident und Parlament im Januar 2010 in einem Wahlgang gewählt werden sollten, wodurch sich auch die Amtszeit von Abbas automatisch um ein Jahr verlängerte. Die Hamas erklärte diese Verlängerung für ungesetzlich und verweigerte Abbas die Anerkennung.[99] Die Islamisten argumentierten haarspalterisch: Sie beriefen sich beharrlich auf jenen Paragraphen im Wahlgesetz von 2005, der die Amtsperiode des Präsidenten auf vier Jahre festsetzt und auch keine Verlängerungsmöglichkeit vorsieht[100], ignorierten aber die bereits in diesem Gesetz beschlossene Parallelisierung der Parlaments- und Präsidentschaftswahlen.

Aber genau durch letztere sah sich Abbas, den die gegnerische Fraktion seit Januar 2009 in ihren Publikationen konsequent als «Präsident der Autonomiebehörde, dessen Amtszeit zu Ende ist» desavouierte,[101] gestützt. Gleichwohl schienen die Islamisten im Rahmen des Versöhnungsabkommens ihre Haltung gegenüber Abbas vorübergehend doch gemäßigt zu haben, als sie der Durchführung von Wahlen im Juni 2010 zustimmten. Zumindest indirekt hatten sie damit seine Legitimität anerkannt, ist doch nach dem palästinensischen Grundgesetz der Präsident derjenige, der den Wahltermin offiziell festsetzt. Als jedoch auch diese Versöhnungsrunde an ihren immer höher geschraubten Forderungen scheiterte, kehrte die Hamas zu ihrer ursprünglichen Linie zurück. Entsprechend gab sie bekannt, sie werde die von Abbas ausgerufenen Neuwahlen, die angeblich die politische Spaltung der Palästinenser nur weiter vertieften, im Gazastreifen verhindern.[102]

Damit war der innerpalästinensische Dialog erneut in die Sackgasse geraten, und in einer solchen steckte auch der Nahost-Friedensprozess. Auf israelischer Seite stand Palästinenserpräsident Abbas seit April 2009 ein nicht minder erbitterter Gegner gegenüber – Benjamin Netanjahu, Chef des Likud und einer rechtsgerichteten Regierung, die an einem Kompromiss nicht sonderlich interessiert war. Der neue amerikanische Präsident, der den zum Stillstand gekommenen Friedensprozess um jeden Preis wiederbeleben wollte, hatte zwar in seiner historischen Rede in Kairo vom Juni 2009 nachdrücklich die Einstellung des israelischen Siedlungsbaus gefordert.[103] Aber Abbas' daran anknüpfende Forderung nach einem völligen Siedlungsbaustopp in Ostjerusalem und der Westbank noch vor der Aufnahme neuer Verhandlungen vermochten die Amerikaner in Jerusalem nicht durchzusetzen.[104] Auch US-Außenministerin Hillary Clinton, die sich Ende Oktober mit Palästinenserpräsident Abbas in Abu Dhabi traf und anschließend nach Jerusalem weiterreiste, konnte an Netanjahus Weigerung, die Bauaktivitäten in den Siedlungen komplett einzustellen, nichts ändern.

Im Gegenteil: Ihr Nahostbesuch ließ die Fronten noch weiter verhärten. Denn nicht nur, dass die amerikanische Außenministerin die vagen Äußerungen des israelischen Premiers zur Einschränkung des Siedlungsbaus bei ihrer gemeinsamen Pressekonferenz in Jerusalem äußerst positiv bewertete. Auch war von ihr kein Wort der Kritik an Netanjahus kategorischer Ablehnung jeglicher palästinensischer Vorbedingungen zur Wiederaufnahme der Friedensverhandlungen mit Israel zu vernehmen.[105] Mit dieser Stellungnahme zur israelischen Siedlungspolitik waren die in die neue US-Regierung gesetzten Hoffnungen der Palästinenser schwer enttäuscht worden. Die palästinensische Führung reagierte empört und Abbas bezeichnete Hillary Clintons Äußerungen als unverständlich.[106] «Wir sind von den amerikanischen Sympathien für die israelische Position überrascht worden», sagte Abbas am 5. November in einer Fernsehansprache, in der ankündigte, dass er für das Amt des Präsidenten nicht mehr kandidieren werde. Ferner war in seiner Ansprache von weiteren Schritten die Rede, die er zu gegebener Zeit unternehmen werde, die der Palästinenserpräsident aber nicht weiter präzisierte.[107]

Spekulationen darüber, Abbas könnte mit dieser Erklärung seinen Rücktritt gemeint haben, bewahrheiteten sich, als sein Chefunterhändler Saeb Erekat fünf Tage später bekannt gab, der Präsident habe die Absicht zurückzutreten, sollten die amerikanischen Vermittlungsbemühungen scheitern.[108] Dass er dies letztlich nicht tat, lag nicht nur an den eindringlichen Appellen seiner Anhänger im Zentralrat der PLO und den zahlreichen palästinensischen wie internationalen Sympathiebekundungen, die ihn in seiner Haltung gegenüber Israel bestärkten.[109] Abbas Rücktritt hätte nämlich auch erhebliche innenpolitische Folgen gehabt und vor allem für die Fatah die Lage noch weiter verkompliziert. Denn nach dem palästinensischen Grundgesetz hätte in diesem Fall der von der Hamas gestellte Parlamentsvorsitzende Aziz Dweik das Präsidentenamt interimsmäßig übernommen[110] – und dass er sich an diese Regelung auf jeden Fall halten würde, ließ der Hamas-Politiker die palästinensische Öffentlichkeit auch postwendend wissen.[111]

Mit dem Wahlboykott der Islamisten ergab sich für die Fatah ferner das Problem, dass mit dem Ende der Legislaturperiode am 25. Januar 2010 auch Abbas' Mandat abgelaufen wäre und ihm damit die demokratische Legitimität als Präsident gefehlt hätte. Um dem zuvorzukommen, verlängerte der Zentralrat der PLO, dem die Autonomiebehörde untersteht, am 16. Dezember sowohl die Amtszeit des Präsidenten als auch die des Parlaments bis zum 28. Juni 2010– dem im gescheiterten Versöhnungsabkommen von Kairo festgesetzten Termin für Neuwahlen. Damit sollte unterstrichen werden, dass die Fatah weiterhin an einem Kompromiss mit der Hamas interessiert ist. Die Verlängerung der Amtszeit von Präsident und Parlament erkannte die Hamas erwartungsgemäß nicht an.[112] Da Abbas dennoch hoffte, dass die Hamas ihre Verweigerungshaltung doch noch aufgeben würde,

Die palästinensische Spaltung wird zementiert 225

zögerte er die offizielle Annullierung des bevorstehenden Wahltermins so lange wie möglich hinaus. Am 22. Januar verschob er dann die Wahlen per Dekret auf unbestimmte Zeit.[113] Damit ließ er der Hamas die Möglichkeit offen, Neuwahlen noch vor Juni 2010 zuzustimmen.

Seit Ablauf der Legislaturperiode am 25. Januar 2010 stehen sich in der Westbank und im Gazastreifen zwei verfeindete palästinensische Regierungen gegenüber, die der nötigen Legitimierung durch demokratische Wahlen entbehren. Mehr denn je sind deshalb jetzt beide Seiten gezwungen, zu einem Kompromiss zu finden, der sich im Februar 2010 jedoch noch keineswegs abzeichnet. Die Zeit arbeitet vor allem für die Hamas, die mit ihrer voranschreitenden Zwangsislamisierung des Gazastreifens vollendete Tatsachen schafft – nicht nur in der Politik, sondern auch in den Köpfen der Menschen, die der islamistischen Gehirnwäsche ausgeliefert sind.

Anmerkungen

1. Ursprünge: Die ägyptischen Muslimbrüder und der Kampf um Palästina

1 *Mithaq harakat al-muqawama al-islamiya filastin (*HAMAS), Gaza, August 1988, Abschnitt 1, Artikel 2. Dieser ist unmissverständlich mit «Die Verbindung der Islamischen Widerstandsbewegung mit der Gemeinschaft der Muslimbrüder» überschrieben. Die Hamas-Charta, die mittlerweile in mehrere Sprachen übersetzt worden ist, liegt neuerdings auch in vollständiger deutscher Übersetzung von Lutz Rogler vor in: Helga Baumgarten, *Hamas. Der politische Islam in Palästina*, München 2006 (Anhang; hier: S. 209), aus der hier zitiert wird; eine vollständige englische Übersetzung findet sich bei Khaled Hroub, *Hamas. Political Thought and Practice*, Institute for Palestine Studies, Washington 2000, S. 267–291 (hier: S. 269). Im Folgenden werden aus Stilgründen für den arabischen Terminus «*al-ikhwan al-muslimun*», der wörtlich «die islamischen Brüder» bedeutet, abwechselnd die Begriffe Muslimbrüder und Muslimbruderschaft verwendet, auch wenn letzterer dem Arabischen «*dschamiyat al-ikhwan al-muslimin*» entspricht und seltener gebraucht wird.

2 In der Orientalistik-Forschung blieb die nationalistische Komponente bei den Muslimbrüdern lange Zeit unterbelichtet. So trägt Christina Phelps Harris' Buch aus dem Jahr 1964 zwar den Titel *Nationalism and Revolution in Egypt. The Role of the Muslim Brotherhood*, untersucht jedoch, anders als der Titel vermuten lässt, die Rhetorik der Muslimbrüder nicht explizit auf ihren nationalistischen Gehalt. Auch Richard P. Mitchell geht in seiner bis heute maßgebenden Studie *The Society of the Muslim Brothers*, London 1969, auf diesen Aspekt nicht gesondert ein. Erst in den neunziger Jahren begann sich die Forschung intensiv mit dieser Thematik zu befassen. Siehe dazu etwa das Kapitel «Egyptian Islamic Nationalism» in: Israel Gershoni; James P. Jankowski, *Redefining the Egyptian Nation, 1930–1945*, Cambrigde 1995, S. 79–96; und neueren Datums speziell zur Haltung des Gründungsvaters der Muslimbruderschaft zum Nationalismus Ivesa Lübben «Nationalstaat und islamische *umma* bei Hasan al-Banna. Gründungsmythos und Annäherung an gesellschaftliche Realität», in: Angelika Hartmann (Hg.), *Geschichte und Erinnerung im Islam*, Göttingen 2004, S. 117–144.

3 So Mitchell in seinem Buch *The Society of the Muslim Brothers*, S. 1. An dieser Sachlage hat sich bis heute kaum etwas geändert.
4 Harris, *Nationalism and Revolution in Egypt*, S. 145.
5 Ebd., S. 146.
6 Mitchell, *The Society of the Muslim Brothers*, S. 8.
7 Lübben, «Nationalstaat und islamische *umma* bei Hasan al-Banna», S. 142.
8 Ebd., S. 118.
9 Ebd., S. 141–142.
10 Harris, *Nationalism and Revolution in Egypt*, S. 162–163; Lübben, «Nationalstaat und islamische *umma* bei Hasan al-Banna», S. 124.
11 Harris, *Nationalism and Revolution in Egypt*, S. 166–168.
12 Ebd., S. 166–167.
13 Lübben, «Nationalstaat und islamische *umma* bei Hasan al-Banna», S. 124–126.
14 Zitiert in ebd., S. 127.
15 Brynjar Lia, *The Society of the Muslim Brothers in Egypt. The Rise of an Islamic Mass Movement 1928–1942*, Reading 1998, S. 295.
16 Mitchell, *The Society of the Muslim Brothers*, S. 58–67.
17 Abd al-Fattah Muhammad el-Awaisi, *The Muslim Brothers and the Palestine Question 1928–1947*, London 1998, S. 8.
18 *Der Koran*, Sure 17,1 (Die nächtliche Reise); wenn nicht anders angegeben, sind die hier angeführten Koranzitate der Übersetzung von Rudi Paret entnommen: *Der Koran, Übersetzung von Rudi Paret*, 5. Auflage, Stuttgart [u. a.] 1989, S. 196.
19 El-Awaisi, *The Muslim Brothers and the Palestine Question*, S. 9.
20 Ebd., S. 10.
21 Ebd., S. 11.
22 Ebd., S. 11–12.
23 Ebd., S. 13.
24 Joseph Croitoru, *Der Märtyrer als Waffe. Die historischen Wurzeln des Selbstmordattentats*, München 2003 (2006), S. 108.
25 El-Awaisi, *The Muslim Brothers and the Palestine Question*, S. 14–15, übersetzt den arabischen Begriff «*sinaat al-maut*» ins Englische mit «industry of death», ein Terminus, der meines Erachtens im Deutschen durch seinen technischen Charakter der religiösen Leidenschaft, um die es hier in erster Linie geht, kaum Rechnung trägt. Al-Banna sprach übrigens an anderer Stelle in einem ähnlichen Zusammenhang auch von «*fan al-maut*», was wörtlich «Kunst des Todes» bedeutet; siehe dazu auf der Internetseite der ägyptischen Muslimbrüder den Bei-

trag «*Al-Banna – schahid yatamana asch-schahada*» (Al-Banna – ein Märtyrer sucht das Martyrium) vom 18. 2. 2004, Punkt 4, unter *http://www.ikhwanonline.com/Article.asp?ID=4860&SectionID=342*.
26 El-Awaisi, *The Muslim Brothers and the Palestine Question*, S. 15.
27 Ebd., S. 15, zitiert wird hier eine Stelle aus der Hadith-Sammlung *Musnad al-Imam Ahmad*, 5:269.
28 Fettpflanze, nitraria retusa.
29 Ebd., S. 15, zitiert hier aus der Hadith-Sammlung *Sahih Muslim*, 4: 2239 (5203). Diese Vision scheint in der arabisch-islamischen Welt, vor allem aber unter den Palästinensern, weit verbreitet zu sein. Betrachtungen über den «Baum der Juden» finden sich auch in zahlreichen arabischen Chatforen im Internet. So etwa in *schabakat filastin li-l-hiwar* (Palästina Chat-Netz), wo unter der Rubrik «Politik» das Thema sogar einen eigenen Eintrag erhalten hat, siehe unter *http://195.42 18.35/forum/showthread.php?mode=hybrid&t=16235* (Stand: Mai 2006). Einige der Diskutanten wollten auch genau wissen, wie dieser «Baum der Juden» aussehe; in der Tat sind im arabischen Internet auch zahlreiche Abbildungen dieser Pflanze zu finden – offenbar will man sich hier rechtzeitig für den Endzeitkampf rüsten. Diese Endzeitvision hat auch der Gründungsvater der Hamas, Scheich Ahmad Jassin, immer wieder zwecks Moralstärkung erwähnt, etwa im Gespräch mit der islamistischen Internet-Zeitschrift *Afaq arabiya* (Arabische Horizonte), Nr. 557 vom 16. 5. 2002.
30 In Anlehnung an die bereits erwähnte islamische Überlieferung zur Himmelfahrt Muhammads glauben die Muslime, dass dieser sein geflügeltes Fabelwesen an der Stelle angebunden habe, an der heute die Klagemauer steht und die im Arabischen nach dem Namen des Fabeltieres als al-Buraq bezeichnet wird.
31 El-Awaisi, *The Muslim Brothers and the Palestine Question*, S. 35–41.
32 Ebd., S. 42 f.; 45–48.
33 Ebd., S. 50.
34 Ebd., S. 52–53.
35 Ebd., S. 64–66.
36 Ebd., S. 79.
37 Ebd., S. 64.
38 Ebd., S. 63.
39 Lia, *The Society of the Muslim Brothers in Egypt*, S. 250–252.
40 Ebd., S. 179 f.
41 El-Awaisi, *The Muslim Brothers and the Palestine Question*, S. 116 f.
42 Siehe Anm. 21.

43 Khaled Hroub, *Hamas. Political Thought and Practice*, S. 15.
44 Ebd., S. 152 f.; siehe auch Thomas Mayer «The Military Force of Islam. The Society of the Muslim Brethren and the Palestine Question 1945–48», in: Elie Kedourie, Sylvia G. Haim (Hgg.), *Zionism and Arabism in Palestine and Israel*, London 1982, S. 102 f., 113, Anm. 25. Mayer studierte auch die palästinensische Presse von damals und stellte fest, dass über die Eröffnungen zumindest der größeren Filialen der Muslimbrüder in Tageszeitungen wie *Al-Difa* oder *Filastin* ausführlich berichtet worden war.
45 Hroub, *Hamas. Political Thought and Practice*, S. 17.
46 Mayer, «The Military Force of Islam», S. 104.
47 Ebd., S. 103–104; el-Awaisi, *The Muslim Brothers and the Palestine Question*, S. 162 f., ist allerdings etwas anderer Auffassung bezüglich al-Husseinis Rolle, ohne aber Mayer widerlegen zu können.
48 Mayer, «The Military Force of Islam», S. 105, 114, Anm. 40.
49 Ebd., S. 108–111.
50 Hroub, *Hamas*, S. 19.
51 El-Awaisi, *The Muslim Brothers and the Palestine Question*, S. 207–208.
52 Ebd., S. 209–210.
53 Diese Operation der israelischen Armee trug die Bezeichnung «Horev». Die Israelis stießen auf die Halbinsel Sinai vor, standen kurz vor der ägyptischen Stadt El-Arisch und umzingelten so die im Gazastreifen befindlichen ägyptischen Einheiten. Aufgrund dieser für die Ägypter verheerenden Kriegslage erklärten sie sich bald darauf bereit, über einen Waffenstillstand zu verhandeln.

2. Die Muslimbrüder in Palästina

1 Der ursprüngliche arabische Name der Stadt in der islamischen Phase der Geschichte Palästinas war Asklan.
2 Die englische Schreibweise ist Al-Jora. Aus diesem Ort stammt übrigens auch die Familie sowohl des heutigen palästinensischen Ministerpräsidenten Ismail Hanija als auch die des Innenministers Said Siyam; siehe dazu *http://www.jmcc.org/politics/pna/pagovmaro6.htm*.
3 Atef Adwan, *Asch-scheich Ahmad Jassin hayatahu wa-dschihaduhu* (Scheich Ahmad Jassin – sein Leben und sein Dschihad, in arabischer Sprache), Gaza 1991. Adwans Jassin-Biographie wurde von der Hamas auf ihre Internetseite in die Sektion «Bücher» gestellt; siehe *http://*

www.palestine-info. info/arabic/books/yaseen/yaseen.htm. Adwan wurde im gleichen Jahr wie Jassin (1936) geboren. Teile seines Werks über Jassin sind von den israelischen Journalisten Roni Shaked und Aviva Shabi in ihrem 1994 in Jerusalem erschienenen Buch Hamas. Me-emuna be-allah le-derech ha-terror (Hamas. Vom Glauben an Gott zum Weg des Terrors, in hebräischer Sprache) zusammengefasst worden; siehe dazu vor allem Kapitel 2.

4 Auch Ziad Abu Amrs Aufsatz «Shaykh Ahmad Yasin and the Origins of Hamas», in: R. Scott Appleby (Hg.), *Spokesmen For the Despised. Fundamentalist Leaders of the Middle East*, University of Chicago Press, Chicago [u. a.] 1997, S. 225–254, basiert zum großen Teil auf vom Autor selbst geführten Gesprächen mit Scheich Jassin. In den folgenden Ausführungen stütze ich mich, wenn nicht anders angegeben, vor allem auf die genannten Quellen wie auch auf andere mit Jassin geführte Interviews.

5 Ahmad Jassin im Gespräch mit dem Fernsehsender *Al-Jazeera* vom 17.4.1999. Der Sender führte in den darauf folgenden Wochen weitere sieben Gespräche mit Jassin, von denen das letzte am 5.6.1999 ausgestrahlt wurde. Für die erste Folge siehe http://www.aljazeera.net/NR/exeres/3FFE7011-6735-40DB-968A-8FBF2B78C4BE.-htm.

6 Ebd.

7 Vgl. Yezid Sayigh, *Armed Struggle and the Search for State. The Palestinian National Movement 1949–1993*, Oxford 1997, S. 81–83.

8 In Ziad Abu Amr, *Usul al-harakat as-siyasiya fi quta ghaza 1948–1967* (Die Wurzeln der politischen Bewegungen im Gazastreifen 1948–1967, in arabischer Sprache), Akka 1987, S. 77, findet sich der Hinweis, dass die Muslimbrüder sich während der israelischen Besetzung zusammen mit anderen Gruppierungen Gedanken über ein Engagement im bewaffneten Kampf gegen die Israelis gemacht hätten. In Abu Amrs sieben Jahre später veröffentlichter Studie *Islamic Fundamentalism in the West Bank and Gaza. Muslim Brotherhood and Islamic Jihad*, Bloomington 1994, S. 9, ist indes nurmehr die Rede davon, dass sich die Muslimbrüder an der «Opposition gegen die israelische Besetzung» beteiligt hätten. Der Hamas-nahe Historiker Khaled Hroub zitiert Abu Amrs diesbezügliche Aussage von 1987; und neuerdings – ohne Quellenangabe – bei Helga Baumgarten, *Hamas*, S. 29, heißt es ganz allgemein: «1956/57 kämpften Muslimbrüder gemeinsam mit anderen Aktivisten in Gaza gegen die israelische Besetzung.» Dem palästinensischen Historiker Yezid Sayigh zufolge fanden jedoch weder Kampfhandlungen der Palästinenser gegen die Israelis statt, noch konnte sich

anderweitig Widerstand entfalten, da die Israelis schon im Januar 1957 Massenverhaftungen durchgeführt hatten; siehe dazu Sayigh, *Armed Struggle*, S. 65. Und Haidar Abdel Schafi – ein Kommunist allerdings – bemerkte 1989 in einem Interview, dass die Muslimbrüder Agitation durch die Verteilung von Flugblättern betrieben hätten, es damals aber keinen bewaffneten Widerstand gegeben hätte; siehe dazu Beverly Milton-Edwards, *Islamic Politics in Palestine*, London 1996, S. 52.

9 Sayigh, *Armed Struggle*, S. 84.
10 Ziad Abu Amr, «Shaykh Ahmad Yasin and the Origins of Hamas», S. 228.
11 Jassin im Gespräch mit *Al-Jazeera*, Teil 2, 24. 4. 1999. Nach eigenem Bekunden wurde er am 18. 12. 1965 verhaftet und im zentralen Gefängnis in Gaza festgehalten. Jassin bestritt jede Verbindung zu führenden Muslimbrüdern und wurde wahrscheinlich deshalb relativ schnell wieder auf freien Fuß gesetzt. Siehe dazu http://www.aljazeera.net/NR/exeres/CDCE5A11-A8F4-4911-B996-59F598ACA189.htm.
12 Dieses Thema wäre sicherlich eine eigene Untersuchung wert. In Bezug auf das Aussehen palästinensischer Frauen um die Wende vom 19. zum 20. Jahrhundert siehe etwa die Fotos in Gustaf Dalman, *Arbeit und Sitte in Palästina*, Band VIII, Berlin 2001, S. 150–185. Hier, wie auch aus den anderen Bänden dieses einzigartigen achtbändigen Werks, wird ersichtlich, dass die palästinensischen Männer ebenso wenig einheitliche Kopfbedeckungen trugen wie die Frauen.
13 Siehe hierzu die Internetseite des Islamischen Zentrums http://www.mujamaa.org (in arabischer Sprache); eine englische Version, die allerdings nur summarisch über die Aktivitäten des Zentrums informiert, findet sich unter http://www.mujamaa.org/one.php?id=13&tid=13. Jassin brachte nach eigenem Bekunden 1979 seine Beziehungen zu Haschem al-Khazandar ins Spiel, der aufgrund seiner guten Kontakte zur israelischen Besatzungsbehörde dort die Ausstellung einer Genehmigung für Jassins *Mudschama* erwirken konnte. Al-Khazandar gehörte zu den wichtigsten religiösen Persönlichkeiten im Gazastreifen und war ein bekannter Muslimbruder; siehe dazu *At-tiyar al-islami wa-l-qadhaya al-filastiniya dschadal al-ghiyab wa-l-mubadara* («Die islamische Strömung und das Palästina-Problem. Der Streit zwischen Abwesenheit und Aktion», ohne Autor, in arabischer Sprache), eine Schrift, die die Sicht des palästinensischen Islamischen Dschihad auf diese Thematik widerspiegelt; siehe unter http://www.qudsway.com/Links/Jehad/4/Html_Jehad4/jihadbolkhtml/4hje1-2.htm, Anm. 157. Für die Nähe von al-Khazandar zu den Muslimbrüdern

spricht auch, dass Jussuf al-Qaradawi, ein einflussreicher ägyptischer Muslimbruder, der heute in Qatar lebt und von dort über Satellitenfernsehen predigt, diesen 1957 in Gaza besucht hatte; siehe dazu einen Auszug aus Qaradawis Memoiren unter *http://www.islamonline.net/Arabic/karadawy/2002/11/article12.SHTML*.

14 So ist denn auch Kapitel 2 Abschnitt 8 (S. 84–97) ihres Buches *Hamas* betitelt, dem diese Aussage entstammt.

15 Amira Segev, «Ma laasot neged irgun ha-mechalek delek le-chimum misgadim» («Was soll man gegen eine Organisation tun, die lediglich Heizöl für das Heizen von Moscheen verteilt?», in hebräischer Sprache), in: *Haaretz* vom 27. Dezember 1994.

16 Shaked/Shabi, *Hamas*, S. 86.

17 *Haaretz* vom 27. Dezember 1994.

18 Shaked/Shabi, *Hamas*, S. 84.

19 Ebd., *Hamas*, S. 66–67.

20 Ebd., S. 84.

21 Ebd., S. 85.

22 Ebd., S. 84–86.

23 Ebd., S. 87.

24 *Haaretz* vom 27. Dezember 1994.

25 Etwa Khaled Hroub, *Hamas. Political Thought and Practice*, S. 33 f., der diese Phase nur kurz streift, oder Khaled Abu Nimr al-Amrein, *Hamas. Harakat al-muqawama al-islamiya fi filastin. Dschuzurha – nischaatha – fikriha as-siyasi* (Hamas. Die Islamische Widerstandsbewegung in Palästina. Ihre Wurzeln, Entstehung und Ideologie, in arabischer Sprache), Kairo 2000, der hier das offizielle Geschichtsbild der Hamas und die damit einhergehende übliche Hamas-Periodisierung kritiklos übernimmt.

26 Die folgende Darstellung basiert auf der bereits erwähnten Schilderung von Shaked und Shabi sowie auf entsprechenden Ausführungen bei Shaul Mishal und Avraham Sela, *Zman Hamas. Alimut u-pshara* (Hamas-Zeit. Gewalt und Kompromiss, in hebräischer Sprache), Tel Aviv 1999, Kapitel 2 (entspricht in etwa Kapitel 1 der englischen Ausgabe dieses Buches *The Palestinian Hamas. Vision, Violence and Coexistence*, New York 2000). Mishal und Sela nennen als Quelle einen 1987 gefertigten internen Bericht des israelischen Militärs – Abteilung Zivilverwaltung der Besatzungsbehörde im Gazastreifen – über die dortigen Aktivitäten der Islamisten. Vermutlich diente dieser Bericht auch den Autoren Shaked und Shabi als Quelle, sie erwähnen ihn jedoch nicht ausdrücklich. In beiden Fällen dürfte die Militärzensur am Werk gewe-

sen sein, denn obwohl besagter Bericht über 70 Seiten lang gewesen zu sein scheint, wurde sein Inhalt nur sehr selektiv referiert, ohne direkte Zitate.
27 Shaked/Shabi, *Hamas*, S. 67. Bei dem angesprochenen Lehrpersonal dürfte es sich damals weitgehend noch um säkulare Palästinenser gehandelt haben, denen hier, fast schon automatisch, eine Nähe zu den linken säkularen Kampforganisationen der PLO zugeschrieben wird – nur so ist in diesem Zusammenhang die Bezeichnung «Feinde unseres Volkes» zu verstehen.
28 Ebd., S. 68.
29 UNRWA ist das Akronym für «United Nations Relief and Works Agency for Palestine Refugees in the Near East», eine UN-Hilfsorganisation, die sich um die Belange der palästinensischen Flüchtlinge im Nahen Osten kümmert.
30 Shaked/Shabi, *Hamas*, S. 72.
31 Ebd., S. 70–72.
32 Ein Vorfall an der Birzeit-Universität – damals eine Hochburg der linken säkularen Organisationen, an der auch der mit Gewalt aus Gaza vertriebene Riad al-Agha anschließend eine Stelle fand – mag den Charakter der israelischen Besatzungspolitik illustrieren. Auf dem dortigen Campus kam es Anfang der achtziger Jahre immer wieder zu gewalttätigen Ausschreitungen zwischen säkularen und islamistischen Studenten. Die palästinensische Botanikerin und Schriftstellerin Sumaya Farhat-Nasser war, wie sie im Gespräch mit dem Autor Anfang Juni 2006 berichtete, Zeuge einer solchen Konfrontation, der von israelischen Soldaten schließlich ein Ende gesetzt wurde, indem die von den Militärs in einer Reihe an der Wand aufgestellten Säkularen vor den Augen der Israelis von den Islamisten zusammengeschlagen und von den israelischen Sicherheitskräften anschließend abgeführt wurden.
33 Al-Amrein, *Hamas. Harakat al-muqawama al-islamiya fi filastin* (Hamas. Die Islamische Widerstandsbewegung in Palästina), S. 185.
34 Die Hamas-Abgeordnete und Pädagogik-Dozentin an dieser Hochschule, Dschamila al-Schanti, brachte dies auf den Punkt, als sie gegenüber einem amerikanischen Journalisten äußerte: «Die Universität vertritt die Philosophie der Hamas. Wenn Sie wissen wollen, was Hamas ist, können Sie es anhand dieser Universität erfahren»; siehe John Murphy, «Palestinian university owes much to Hamas», in: *Baltimore Sun* vom 12. 2. 2006.
35 Shaked/Shabi, *Hamas*, S. 74.
36 Ebd., S. 95.

37 Ebd., S. 69.
38 Ebd., S. 64.
39 Shaked/Shabi, *Hamas*, S. 98.
40 Meir Hatina, *Radikalizm falastini: tnuat ha-dschihad ha-islami* (Palästinensischer Radikalismus: Die Bewegung des Islamischen Dschihad, in hebräischer Sprache), Tel Aviv 1994, Kapitel 1.
41 Baschir Musa Nafi, *Al-Islamiyun al-filastiniyun wa-l-qadhiya al-filastiniya 1950–1980* (Die palästinensischen Islamisten und die Palästina-Frage 1950–1980, in arabischer Sprache), Gaza 1999; und zwar wird hier auf diejenige Ausgabe Bezug genommen, die im Sommer 2006 auf einer der Seiten des Islamischen Dschihad zu finden war: *http:// www.qudsway.com/Links/derasat/Html_Makalat/hma6.htm*.
42 Thomas Mayer, «Pro-Iranian Fundamentalism in Gaza», in: Emmanuel Sivan, Menachem Friedman, *Religious Radicalism and Politics in the Middle East*, New York 1990, S. 144–145; Abu Amr, *Islamic Fundamentalism*, S. 102, Anm. 39.
43 Hatina, *Radikalizm falastini* (Palästinensischer Radikalismus), S. 17–18.
44 Ebd., S. 18–19.
45 Ebd., S. 21; etwa in der Schrift mit dem Titel «Die Palästinensische Frage – weshalb die zentrale Frage?»
46 Hatina, *Radikalizm falastini* (Palästinensischer Radikalismus), S. 24–25.
47 Abu Amr, *Islamic Fundamentalism*, S. 110–114.
48 Hatina, *Radikalizm falastini* (Palästinensischer Radikalismus), S. 25.
49 Dieser als «Dschibril-Deal» bekannte Austausch ist nach dem Chef der PFLP-GC Ahmad Dschibril benannt. Für die sukzessive Annäherung dieser ursprünglich links-marxistisch orientierten Organisation an die Islamisten (und gleichzeitig an die Islamische Republik Iran) war bezeichnend, dass sie bei diesem Gefangenenaustausch die islamistischen palästinensischen Häftlinge ganz oben auf ihre Liste gesetzt hatte. Die Kontakte der Islamisten zur PFLP-GC sollten sich in den nächsten Jahren weiter intensivieren.
50 Shaked/Shabi, *Hamas*, S. 76–80.
51 Ebd., S. 81–83.

3. Die Geburt der Hamas aus dem Geist der Intifada

1 Zeev Schiff; Ehud Yaari, *Intifada. The Palestinian Uprising – Israel's Third Front*, New York [u. a.] 1989, S. 18.
2 Ebd., S. 17.
3 Sayigh, *Armed Struggle*, S. 607.
4 Don Peretz, *Intifada. The Palestinian Uprising*, Boulder 1990, S. 39.
5 Schiff/Yaari, *Intifada*, S. 18.
6 Ebd., S. 19.
7 Peretz, *Intifada*, S. 39.
8 Schiff/Yaari, *Intifada*, S. 21.
9 Ebd.
10 Jamal R. Nassar; Roger Heacock (Hgg.), *Intifada. Palestine at the Crossroads*, New York 1990; Gad Gilber; Asher Susser, *Beein ha-sich-such: ha-intifada* (Im Auge des Konflikts: Die Intifada, in hebräischer Sprache), Tel Aviv 1992. Eine Ausnahme bildet im ersten Sammelband der Beitrag des palästinensischen Israeli Azmi Bishara, im zweiten der des amerikanisch-jüdischen Nahost-Forschers Barry Rubin.
11 Gad Gilber, «*Hitpatchuiot demografiot we-chalkaliot ke-gormim la-intifada*» (Demographische und wirtschaftliche Entwicklungen als Ursachen für die Intifada, in hebräischer Sprache), in: Gilber/Susser, *Beein ha-sichsuch* (Im Auge des Konflikts), S. 20–39.
12 Samih K. Farsoun; Jean M. Landis, «The Sociology of an Uprising. The Roots of the Intifada», in: Jamal R. Nassar; Roger Heacock (Hgg.), *Intifada. Palestine at the Crossroads*, New York [u. a.] 1990, S. 17.
13 Ebd., S. 21.
14 Ebd., S. 24.
15 Ebd., S. 27.
16 Ebd., S. 15–31.
17 Schiff/Yaari, *Intifada*, S. 29–30.
18 Ebd., S. 30.
19 Ebd., S. 101.
20 Yaacov Havakook; Shakib Saleh, *Terror be-schem ha-islam. Profil schel tenuat ha-hamas* (Terror im Namen des Islam. Ein Profil der Hamas-Bewegung, in hebräischer Sprache), Jerusalem 1999, S. 65.
21 Ebd.
22 Jean-François Legrain, *Les voix du soulèvement palestinien 1987–1988* (*aswat al-intifada al-filastiniya 1987–1988*) (in französischer und arabischer Sprache), Kairo 1991, S. 5–6 im französischen, S. 10–11 im arabi-

schen Teil. Legrains Buch ist die gründlichste und umfangreichste Dokumentation zu den Flugblättern der Intifada.
23 *Der Koran*, Sure 3,200 (Die Sippe Imrans).
24 Legrain, *Les voix (aswat)*, S. 7 bzw. S. 12. In Khaled Hroub, *Hamas*, S. 265–266, findet sich eine vollständige englische Übersetzung des Flugblatts, in der allerdings die im arabischen Original verwendeten Termini wie *murabita* oder *murabit* samt ihrer Dschihad-Konnotation verloren gegangen sind; Legrain hingegen hat sie bewusst nicht übersetzt, sondern nur französisch transkribiert.
25 Shaul Mishal; Reuben Aharoni, *Speaking Stones. Communiqués from the Intifada Underground*, New York 1994, S. 201–203. Dieses Flugblatt findet sich nicht in der von Jean-François Legrain zusammengestellten Dokumentation.
26 *Der Koran*, Sure 8,60 (Die Beute).
27 Ebd., Sure 9,111 (Die Buße).
28 Legrain, *Les voix (aswat)*, S. 23 bzw. S. 14–15; Mishal/Aharoni, *Speaking Stones*, S. 205–207.
29 Adil Yahya, «The Role of the Refugee Camps», in: Nassar/Heacock, *Intifada*, S. 95, 97.
30 Ebd., S. 97.
31 Schiff/Yaari, *Intifada*, S. 102–104. Die Autoren zitieren auf Seite 104 ein Flugblatt, das von der Hamas in Rafah verteilt wurde. Dieses taucht in den erwähnten Flugblätter-Sammlungen von Legrain bzw. Mishal/Aharoni, die längst nicht alle Flugblätter der Intifada enthalten, nicht auf.
32 Shaked/Shabi, *Hamas*, S. 102.
33 Sayigh, *Armed Struggle*, S. 614.
34 Mishal/Aharoni, *Speaking Stones*, S. 28.
35 Legrain, *Les voix (aswat)*, S. 22, 28, 38 bzw. S. 13, 18, 27.
36 Ebd., S. 39 bzw. S. 28.
37 Havakuuk/Saleh, *Terror be-schem ha-islam* (Terror im Namen des Islam), S. 68.
38 Shaked/Shabi, *Hamas*, S. 103–106.
39 Ebd., S. 104.
40 Sayigh, *Armed Struggle*, S. 619.
41 Mishal/Aharoni, *Speaking Stones*, S. 53.
42 Ebd.
43 Ebd., S. 58 und, um nur einige Beispiele zu nennen, S. 63, 66, 75, jeweils mit fast identischem Wortlaut.
44 Ebd., S. 55.
45 Ebd., S. 58.

46 Ebd., S. 56.
47 Croitoru, *Der Märtyrer als Waffe*, S. 86.
48 Mishal/Aharoni, *Speaking Stones*, S. 56. Im Arabischen lautet die Formel: «*bi-l-ruh bi-l-dam nafdik ya schahid, bi-l-ruh bi-l-dam nafdik ya filastin*».
49 Ebd., S. 60.
50 Ebd., S. 209.
51 Ebd., S. 210.
52 Ebd., S. 212–213.
53 Ebd., S. 66.
54 Siehe etwa ebd., S. 58.
55 Ebd., S. 58.
56 Ebd., S. 59; für die arabische Version siehe Legrain, *Les voix (aswat)*, S. 30.
57 Ebd., S. 58.
58 Ebd., S. 61–62.
59 Ebd., S. 64.
60 Ebd., S. 214–215.
61 Ebd., S. 69.
62 Ebd., S. 217–218.
63 Ebd., S. 71. Die historische Wahrheit sah doch etwas anders aus als von Arafat dargestellt: Im März 1968 mussten sich israelische Soldaten, die Stellungen der palästinensischen Fedayin angegriffen hatten, in das jordanische Städtchen Karameh zurückziehen, weil sie unter schweres jordanisches Artilleriefeuer geraten waren. Dass die Palästinenser bei diesem Gefecht weit größere Verluste als die Israelis erlitten hatten, spielte für Arafat bei der Konstruktion des Siegesmythos von Karameh keine Rolle; siehe dazu Joseph Croitoru, «Unter der Keffija. Das lange politische Leben eines Palästinenserführers: Jassir Arafat betreibt Mystifikation als Mittel der Realpolitik», *Frankfurter Allgemeine Zeitung* vom 25. August 2001.
64 Mishal/Aharoni, *Speaking Stones*, S. 86.
65 Ebd., S. 225; siehe auch Kapitel 1.
66 Ebd., S. 228.
67 Ebd., S. 95.
68 Ebd.
69 Schon ab dem 13. März 1988 in den Flugblättern der Hamas zu beobachten; siehe Legrain, *Les voix (aswat)*, S. 85–86 bzw. S. 56–58.
70 So geschehen beispielsweise am 28. Juni 1988, dem Jahrestag der israelischen Annexion von Ostjerusalem. Sowohl die PLO als auch die

Hamas hatten einen Generalstreik ausgerufen; siehe Legrain, *Les voix (aswat)*, im französischen Teil S. 127 (UNC) und S. 129 (Hamas).
71 Ebd., S. 137 bzw. 190.
72 Auszug aus der Rede König Husseins, der sich in deutscher Übersetzung auf der Internetseite der palästinensischen Generaldelegation in Deutschland findet; siehe unter *http://www.palaestina.org/dokumente/plo/fakk_al_irtibad_1988.pdf*.
73 Mishal/Aharoni, *Speaking Stones*, S. 113 f.
74 Legrain, *Les voix (aswat)*, S. 141.
75 Ebd. unter «Chronologie du soulèvement 1987–1988», S. 266. Diese nützliche Chronologie von Legrain findet sich auch im Internet unter *http://www.gremmo.mom.fr/legrain/voix16.htm*.
76 Mishal/Aharoni, *Speaking Stones*, S. 237.
77 Ebd., S. 238–239.
78 Ebd., S. 239.
79 Baumgarten, *Hamas*, S. 220–221.
80 Ebd., S. 222.
81 Ebd., S. 221.
82 Ebd.
83 Ebd., S. 207.
84 Ebd., S. 209.
85 Auf die schon angedeutete lange Tradition des islamischen Kampfes um Palästina, in die sich die Hamas selbst einreiht, verweist auch der vierte Absatz der Präambel, in dem es heißt: «(...) der Geist ihrer Kämpfer trifft sich mit dem Geist aller Kämpfer, die sich auf dem Boden Palästinas, seitdem er von den Gefährten des Gesandten Gottes, Gott segne ihn und schenke ihm Heil, erobert wurde, bis heute geopfert haben»; ebd., S. 208.
86 Eine summarische Darstellung in arabischer Sprache zu al-Zahawis Rolle als Gründungsvater der Muslimbrüder im Irak und zum Engagement der irakischen Muslimbrüder im Dschihad um Palästina findet sich im Internet unter *http://www.islamonline.net/Arabic/history/1422/07/article04a.shtml*.
87 Baumgarten, *Hamas*, S. 207.
88 Ebd., S. 208.
89 Ebd., S. 209.
90 Ebd., S. 210.
91 Ebd., S. 211. Izz ad-Din al-Qassam war Mitglied des palästinensischen Zweigs der «Gesellschaft Junger Muslimischer Männer» (YMMA) und nicht der Muslimbrüder, deren ägyptische Mutterorganisation erst im

Sommer 1935 Kontakte nach Palästina zu knüpfen begann (siehe Kapitel 1), also erst kurz vor al-Qassams Tod. Demzufolge konnten auch seine Anhänger keine Mitglieder der Muslimbrüder gewesen sein. Zu al-Qassams Werdegang siehe Shai Lachman, «Arab Rebellion and Terrorism in Palestine 1929–1939. The Case of Sheikh Izz al-Din al-Qassam and his Movement», in: Kedourie/Haim, *Zionism and Arabism*, S. 59–61.
92 Baumgarten, *Hamas*, S. 211.
93 Ebd.
94 Ebd., S. 211 f.
95 Ebd., S. 212.
96 Siehe Kapitel 1, erster Abschnitt.
97 Baumgarten, *Hamas*, S. 213.
98 Ebd., S. 214.
99 Ebd., S. 213.
100 Ebd.
101 Ebd., S. 214.
102 Im Hinblick auf den Heiligen Krieg wird im Islam zwischen *fardh kifaya* (kollektive Pflicht) und *fardh ayn* (individuelle Pflicht) unterschieden. Erstere bezieht sich auf Situationen, in denen ausreichend muslimische Kämpfer (Mudschahidun) für den Dschihad zur Verfügung stehen, die die Gefahr, die vom Feind ausgeht, bannen können. Wenn eine islamische Gemeinschaft sich jedoch in einer Extremsituation wie etwa die Besatzung durch Nichtmuslime befindet, wird die kollektive in eine individuelle Pflicht umgewandelt mit der Folge, dass jeder Einzelne aufgerufen ist, sich seinen Möglichkeiten entsprechend am Heiligen Krieg zu beteiligen.
103 Baumgarten, *Hamas*, S. 214.
104 Ebd., S. 215.
105 Ebd., S. 216 f.
106 Ebd., S. 216.
107 Ebd.
108 Ebd., S. 217.
109 Ebd., S. 218.
110 Dies geschieht in Artikel 32 der Charta, der an späterer Stelle separat besprochen wird. Die «Protokolle der Weisen von Zion» kursierten in arabischer Übersetzung bereits Ende der dreißiger Jahre in islamistischen Kreisen in Kairo, dürften also auch von den ägyptischen Muslimbrüdern rezipiert worden sein; siehe dazu Gudrun Krämer, *The Jews in Modern Egypt, 1914–1952*, London 1989, S. 146 f.

111 Baumgarten, *Hamas*, S. 219.
112 Ebd.
113 Ebd., S. 219.
114 Ebd., S. 220.
115 Ebd., S. 222.
116 Ebd.
117 Ebd., S. 223.
118 Ebd.
119 Ebd.
120 Klaus Kreiser u. a. (Hgg.), *Lexikon der islamischen Welt*, Stuttgart 1974, Band 2, S. 70 f. Das häufig bemühte Geschichtsbild von der besonderen und immerwährenden Toleranz des Islam gegenüber nichtislamischen Minderheiten ist ein Mythos, eine Geschichtsklitterung, von der besonders islamistische Bewegungen zur Legitimierung ihrer Herrschaftsansprüche Gebrauch machen.
121 Baumgarten, *Hamas*, S. 223–224.
122 Ebd., S. 224.
123 Ebd.
124 Ebd.
125 Ebd., S. 225.
126 Ebd., S. 225–226.
127 Ebd., S. 226.
128 Bei den folgenden Querverweisen auf beide Chartas wurde aus Gründen der besseren Lesbarkeit auf umfangreiche Anmerkungen verzichtet. Als Quelle der palästinensischen Nationalcharta siehe Yehoshafat Harkabi, *Das palästinensische Manifest und seine Bedeutung*, Stuttgart 1980, S. 138–145. Die Quelle für die Hamas-Charta ist auch hier die Übersetzung von Lutz Rogler, abgedruckt in: Baumgarten, *Hamas*, S. 207–226.
129 Shaked/Shabi, *Hamas*, S. 106.
130 Mishal/Aharoni, *Speaking Stones*, S. 126.
131 Ebd.
132 Legrain, *Les voix (aswat)*, S. 175 bzw. S. 244.
133 Mishal/Aharoni, *Speaking Stones*, S. 131 f.
134 Ebd., S. 241.
135 Legrain, *Les voix (aswat)*, S. 211–212 bzw. S. 286–287.
136 Dieser Ausdruck (arabisch: *al-kiyan al-sahyuni*), mit dem der Staat Israel gemeint ist, wird häufig von arabischen islamistischen Organisationen verwendet.
137 So äußerte etwa der ägyptische Religionsgelehrte und Leiter der für die

sunnitische Welt maßgebenden Kairoer Al-Azhar-Universität Scheich Sayyid Muhammad Tantawi im April 2003 im Hinblick auf den Dschihad im Irak und in Palästina – in beiden Fälle handelt es sich um islamisches Gebiet, das von Nichtmuslimen besetzt wurde – Folgendes: «Die Tore des Dschihad sind offen bis zum Tage der Auferstehung, und wer dies bestreitet, ist ein Ungläubiger oder ein Abtrünniger. Das [der Dschihad] ist eine Pflicht, die die *umma* heute als Reaktion auf die Aggression [gegen sie] betrifft.» Siehe *Al-Sharq Al-Awsat* (Der Mittlere Osten, internationale arabische Zeitung aus London, in arabischer Sprache) vom 5. April 2003.

138 Legrain, *Les voix (aswat)*, S. 211 bzw. S. 286.
139 Ebd., S. 212 bzw. S. 287.
140 Mishal/Aharoni, *Speaking Stones*, S. 135–145.
141 Eine vollständige Übersetzung der palästinensischen Unabhängigkeitserklärung ist in der einschlägigen deutschsprachigen Literatur nur schwer zu finden. Deshalb wird hier auf eine von der Generaldelegation Palästinas in Deutschland ins Internet gestellte Version verwiesen, die über *http://www.palaestina.org/dokumente/plo/unabhaengigkeitserklaerung.pdf* zu erreichen ist.
142 Ebd.
143 Diese fordern nämlich, dass die Israelis sich aus den besetzten Gebieten zurückziehen und im Gegenzug die arabischen Nachbarn Israel anerkennen; siehe Sayigh, *Armed Struggle*, S. 547 f.; Muhammad Muslih, «A Study of PLO Peace Initiatives, 1974–1988», in: Avraham Sela, Moshe Maoz (Hgg.), *The PLO and Israel. From Armed Conflict to Political Solution, 1964–1994*, London 1997, S. 48–49.
144 Baumgarten, *Palästina: Befreiung in den Staat*, Frankfurt a. M. 1991, S. 306.
145 Mishal/Aharoni, *Speaking Stones*, S. 249.
146 Ebd., S. 252.
147 Ebd., S. 253. Obgleich die Formel «Heiliger Dschihad» (*al-dschihad al-muqadas*) eine Tautologie birgt, wurde sie genau in dieser Form ursprünglich von al-Husseini selbst benutzt.

4. In der Opposition

1 Shaked/Shabi, *Hamas*, S. 118–119.
2 In ebd., S. 121, werden weitere Beispiele für solche Graffiti angeführt: «Hamas ist die Hoffnung nach der Verzweiflung», «Stimm ein Lied an,

o Mutter des Märtyrers, denn der Tag seines Todes ist ein Festtag», «Wenn man dir dein Wasser abgegraben hat, o Olivenbaum [nationales Symbol für das Festhalten der Palästinenser am Boden], wird die Hamas dich mit ihrem Blut tränken».
3 Ebd., S. 124.
4 Ebd., S. 119.
5 Ebd., S. 120–121.
6 Ebd., S. 126–127.
7 Ebd., S. 134–138.
8 Ebd., S. 138.
9 Ebd., S. 139. Muhammad Scharatcha war ursprünglich PLO-Aktivist. Er lernte Salah Schachada 1984 in einem israelischen Gefängnis kennen, wurde religiös und schloss sich den Muslimbrüdern an.
10 Auf der Internetseite des israelischen Verteidigungsministeriums, auf der der israelischen Terroropfer gedacht wird, wird in Bezug auf Avi Sasportas nur berichtet, dass er einem «Infanteristenbataillon» angehört habe; siehe hierzu unter *http://www.izkor.gov.il/izkor86.asp?t= 512082*. Private israelische Gedenkseiten, die speziell dem Andenken ums Leben gekommener israelischer Soldaten gewidmet sind, machen in der Regel nähere Angaben zum militärischen Werdegang der Gefallenen. Auf einer solchen Seite (*http://www.yadnahum.com/p5.asp*) ist davon die Rede, dass Sasportas Mitglied der «Fallschirmjäger-Magellan» war; und in einem israelischen Chatforum zu Militär- und Sicherheitsfragen wird er als Magellan-Mitglied angeführt; siehe unter *http://www.fresh.co.il/dcforum/Army/3316.html*.
11 Shaked/Shabi, Hamas, S. 136.
12 Ebd., S. 140.
13 Eine Liste der von Hamas-Mitgliedern entführten Israelis findet sich auf der als «inoffiziell» deklarierten Internetseite der Organisation. Die Liste umfasst die Jahre 1989–1996 und beginnt mit der Entführung von Avi Sasportas, die der «Zelle 101» der Izz ad-Din al-Qassam-Brigaden zugeschrieben wird (ein Tippfehler verweist hier allerdings auf das Jahr 1988); siehe unter *http://www.palestine-info.info/arabic/hamas/glory/2005/awalalgayth.htm*.
14 Shaked/Shabi, Hamas, S. 298. Die Hamas verwickelt sich bezüglich der Frage des Entstehungsdatums der Qassam-Brigaden in Widersprüche. Denn im Gegensatz zu den Angaben auf ihrer Hauptinternetseite (siehe Anm. 13), wird auf der Website der Qassam-Brigaden selbst behauptet, diese seien erst Ende 1991 gegründet worden; siehe dazu unter *http://www.alqassam.ps/entifada_18/page3.htm*.

15 Shaked/Shabi, *Hamas*, S. 144–146.
16 Ebd., S. 142.
17 Ebd., S. 145.
18 Ebd., S. 144–145.
19 *Haaretz* vom 17. Juni 2006.
20 Shaked/Shabi, *Hamas*, S. 150; Mishal/Sela, *Zman Hamas* (Hamas-Zeit), S. 90.
21 Mishal/Sela, *Zman Hamas* (Hamas-Zeit), S. 90.
22 Havakook/Saleh, *Terror be-schem ha-islam* (Terror im Namen des Islam), S. 234–235.
23 Shaked/Shabi, *Hamas*, S. 150.
24 Ebd., S. 150–153.
25 Ebd., S. 293.
26 Ebd., S. 162.
27 Ebd., S. 288; Mishal/Sela, *Zman Hamas* (Hamas-Zeit), S. 250, Anm. 7, die Autoren sprechen allerdings von nur 17 palästinensischen Todesopfern.
28 Siehe unter *http://www.palestine-info.info/arabic/hamas/glory/glory.htm*.
29 Shaked/Shabi, *Hamas*, S. 162–166.
30 Der Internetseite der Qassam-Brigaden zufolge wurde Walid Aqel mit dem Aufbau der ersten Zellen der Brigaden im Mai 1991 beauftragt. Siehe unter *http://www.alqassam.ps/entifada_18/page2.htm*.
31 Shaked/Shabi, *Hamas*, S. 298–300.
32 Daran erinnerten sich Anfang 2006 mehrere Teilnehmer des militanten palästinensischen Chatforums «Palästina-Netz für Dialog», die die Neuigkeit diskutierten, dass Baschir Hamad, der 1993 von den Israelis des Landes verwiesen worden war, mittlerweile wieder in Gaza sei; siehe unter *http://www.palestinianforum.net/forum/showthread.php?t=46239*. Hamads Heimkehr wurde auch auf «Sabiroon», einem der Internetportale der Hamas, offiziell gemeldet, demzufolge er seine Exiljahre unter anderem im Sudan und in Syrien verbracht haben soll; siehe hierzu *http://www.sabiroon.org/index.phtml?CatTable=SB&ParentID=rep1&ArticleID=17118*.
33 Shaked/Shabi, *Hamas*, S. 300–302.
34 Menachem Klein, «Competing Brothers: The Web of Hamas-PLO Relations», in: Bruce Maddy-Weitzman; Efraim Inbar (Hgg.), *Religious Radicalism in the Greater Middle East*, London 1997, S. 115.
35 Shaked/Shabi, *Hamas*, S. 248.
36 Yehezkel Shabat, *Hamas we-tahalich ha-schalom* (Hamas und der Friedensprozess, in hebräischer Sprache), Jerusalem 1997, S. 23.

37 Shaked/Shabi, *Hamas*, S. 248-249.
38 Ebd., S. 250; Anat Kurz und Nahman Tal, *Hamas: Radical Islam in a National Struggle*, Tel Aviv 1997, Kapitel 2, auch im Internet zugänglich unter http://www.tau.ac.il/jcss/memoranda/m48chp2.html; Klein, «Competing Brothers», S. 118.
39 Shaked/Shabi, *Hamas*, S. 250.
40 Kurz/Tal, *Hamas*; siehe unter http://www.tau.ac.il/jcss/memoranda/m48chp2.html.
41 Menachem Klein, *Aschaf we-ha-intifada: hitrommemut ruach u-mezuka* (Die PLO und die Intifada: Zwischen Euphorie und Bedrängnis, in hebräischer Sprache), Tel Aviv 1991, S. 52-53.
42 Shaked/Shabi, *Hamas*, S. 251-252. Das genannte Flugblatt findet sich in Mishal/Aharoni, *Speaking Stones*, S. 274-277.
43 Shaked/Shabi, *Hamas*, S. 253-254.
44 Ebd., S. 258-259. Der PNC, anders als hier auf Seite 258 angegeben, tagte nicht in Tunis, sondern in Algier. Genauere Angaben dazu finden sich in: Wafa Starke, *Zur Strategie der PLO 1964 bis 1994. Zwischen bewaffnetem Kampf und Diplomatie, zwischen Gesamtstaat und Teilstaat*. Diss. Univ. Erlangen-Nürnberg, 2000, S. 162.
45 Hatina, *Radikalizm falastini* (Palästinensischer Radikalismus), S. 74-75.
46 Shaked/Shabi, *Hamas*, S. 260-269.
47 Die Fatah rief seit Mai 1992 immer entschiedener zu mehr Zurückhaltung beim Umgang mit vermeintlichen Kollaborateuren auf und plädierte dafür, nur diejenigen, deren Schuld tatsächlich nachgewiesen sei, mit dem Tod zu bestrafen. Auf einer in Gaza am 17. Mai 1992 abgehaltenen Versammlung von Kämpfern verschiedener palästinensischer Widerstandsorganisationen, darunter auch der Hamas, die vermummt erschienen, verliehen Fatah-Vertreter dieser Forderung noch einmal Nachdruck. Mitglieder der Qassam-Brigaden, wie an späterer Stelle noch dargestellt wird, schienen sich allerdings an solche losen Absprachen nicht zu halten; siehe dazu *Haaretz* vom 18. Mai 1992 und auch Anm. 49.
48 *Haaretz* vom 9. August 1992.
49 Ebd. vom 15. Mai 1992 zitierte den palästinensischen Journalisten Ghazi Abu Dschiyab in Gaza, der kurz zuvor in der Ostjerusalemer palästinensischen Zeitung *Al-Quds* die aus seiner Sicht anarchischen und kriminellen Zustände hinsichtlich der Tötung zahlreicher Unschuldiger durch palästinensische Vermummte heftig kritisiert hatte. Er berichtete, dass inzwischen die unterschiedlichsten Gruppen von

vermummten Bewaffneten, die häufig auch nicht politisch motiviert seien und unter die sich auch manch vermummter israelischer Soldat mische, Unschuldige auf grausame Art hinrichteten. Abu Dschiyab beklagte nicht nur, dass die Lage völlig außer Kontrolle geraten sei und eine Atmosphäre des Terrors herrsche, sondern auch, dass die Palästinenser im Begriff seien, ihre Menschlichkeit zu verlieren. Am 23. Mai 1992 erging sogar von Arafat der Appell, mit den Tötungen vermeintlicher Kollaborateure aufzuhören. Gleichzeitig plädierte er für eine «Charta der Würde», die derartige Vorgänge und auch generell jegliche Vermummung ächtete; siehe dazu *Haaretz* vom 24. und 27. Mai 1992.

50 Den Auftakt zu dieser Kritik gab Faisal al-Husseini, ein Mitglied der palästinensischen Delegation bei den Friedensgesprächen zwischen Israel und der PLO, als er am 26. März 1992 auf einer Pressekonferenz in Ostjerusalem beklagte, die israelischen Spezialeinheiten *Shimshon* und *Duvdevan* – deren Mitglieder sich häufig als Araber verkleiden und meist vermummt sind – hätten seit November 1991 achtzehn unter Terrorismusverdacht stehende Palästinenser in einer Weise getötet, dass man schon von Hinrichtungen sprechen müsse (*Haaretz* vom 27. März 1992). Der Palästinenser-Experte von *Haaretz*, Danny Rubinstein, kritisierte kurz darauf ebenfalls das Vorgehen der Spezialeinheiten und führte mehrere Beispiele junger Intifada-Aktivisten an, die von den Israelis, obgleich bisweilen unbewaffnet, auf der Flucht erschossen wurden. Saleh Abdel Dschawad, ein von Rubinstein zitierter palästinensischer Universitätsdozent aus Birzeit, der sich mit diesem Thema über einen längeren Zeitraum befasste, nannte sogar die Zahl von etwa hundert solcher Tötungen, die seit Beginn der Intifada stattgefunden hätten. Israelische Militärkreise rechtfertigten zunächst das Vorgehen der Spezialeinheiten mit der zunehmenden Radikalisierung und Bewaffnung der palästinensischen Kämpfer, die jede Begegnung mit den sie verfolgenden israelischen Soldaten für diese sehr gefährlich mache (*Haaretz* vom 5. April 1992). Aber die anhaltende öffentliche Kritik in Israel zwang das Militär dann schließlich doch einzuräumen, dass man die Vorschriften bezüglich der Festnahme Verdächtiger insofern gelockert habe, als man den Soldaten, wenn die Verfolgten bewaffnet seien, gestattet habe, je nach der Lage vor Ort das Feuer auch dann zu eröffnen, wenn noch nicht auf sie geschossen worden sei (*Haaretz* vom 23. April 1992). General Dani Yatom, damals Kommandant des Militärbezirks Mitte (und von 1996 bis 1998 Chef des israelischen Auslandsgeheimdienstes Mossad), wies den Vorwurf, bei den genannten Spezialeinheiten sitze der Finger locker am Abzug, zurück und behauptete, diese hätten genau die gleichen Schieß-

befehle wie andere reguläre Militäreinheiten (*Haaretz* vom 4. Mai 1992). Von Ministerpräsident Rabin hatten die umstrittenen Spezialeinheiten indes die volle Rückendeckung. Als der frühere Generalstabschef Rabin Ende August eine ihrer Basen in der Westbank besuchte, sagte er zu den Soldaten: «Achtet nicht auf die Kritik, ihr macht eure Arbeit gut»; siehe dazu *Haaretz* vom 26. August 1992.

51 *Haaretz* vom 26. Juni 1992.
52 *Wathaiq harakat al-muqamawa al-islamiya hamas. Silsilat bayanat al-haraka – al-sana al-khamissa li-l-intifada* (Dokumente der Islamischen Widerstandsbewegung Hamas. Flugblatt-Serie der Bewegung – Das fünfte Jahr der Intifada, in arabischer Sprache). Al-markaz al-ilami (Hg.) [Informationsbüro der Hamas, vermutlich in Gaza], o. J. [um 1993], S. 14.
53 Ebd., S. 34.
54 Ebd., S. 47–48.
55 Ebd., S. 48.
56 Rafiq Nasrallah (Hg.), *Al-Amaliyat al-istischhadiya: Wathaiq wa-suwar. Al-Muqawama al-wataniya al-lubnaniya 1982–1985* (Die Märtyrertod-Operationen: Dokumente und Bilder. Der nationale libanesische Widerstand 1982–1985, in arabischer Sprache), Beirut 1985, S. 27. Zu den Hintergründen siehe auch Croitoru, *Der Märtyrer als Waffe*, Kapitel 4.
57 *Wathaiq harakat al-muqamawa al islamiya* (Dokumente der islamischen Widerstandsbewegung), S. 158.
58 Reuven Paz, *Hitabdut we-dschihad ba-islam ha-radikali ha-falastini: ha-pan ha-raaioni* (Selbstmord und Dschihad im radikalen palästinensischen Islam: Die ideologische Seite, in hebräischer Sprache), Tel Aviv 1998, S. 31.
59 Croitoru, *Der Märtyrer als Waffe*, S. 80–94.
60 Hatina, *Radikalizm falastini* (Palästinensischer Radikalismus), S. 60 und Anm. 43, 44, S. 106.
61 Ebd., S. 67–68.
62 Ebd., S. 110, Anm. 12.
63 Elie Rekhess, «The Terrorist Connection – Iran, the Islamic Jihad and Hamas», 1995, im Internet unter http://www.mfa.gov.il/MFA/MFAArchive/1990_1999/1995/5/THE+TERRORIST+CONNECTION+-+IRAN-+THE+ISLAMIC+JIHAD.htm.
64 Croitoru, *Der Märtyrer als Waffe*, S. 169.
65 Hatina, *Radikalizm falastini* (Palästinensischer Radikalismus), S. 68–69.

66 Detaillierte Angaben zu der Ausweisung finden sich auf der einschlägigen englischsprachigen Internetseite der israelischen Menschenrechtsorganisation B'tselem http://www.btselem.org/english/deportation/1992_mass_deportation.asp; Angaben zur Verhaftungswelle finden sich in einem 2004 von mehreren israelischen Terrorexperten verfassten und dem israelischen Parlament vorgelegten hebräischsprachigen Aufsatz mit dem Titel «*Irgunei ha-terror ha-nilchamim be-israel*» (Die Terrororganisationen, die Israel bekämpfen), siehe unter http://www.disabled.co.il/images/islamic_terror.doc.
67 Shabat, *Hamas we-tahalich ha-schalom* (Hamas und der Friedensprozess), S. 46 zitierte *Filastin al-Muslima* vom Februar 1993.
68 Ebd., S. 50–51.
69 Ebd., S. 52–55.
70 Ebd., S. 57.
71 Hisham H. Ahmad, *Hamas. From Religious Salvation to Political Transformation: The Rise of Hamas in Palestinian Society*, Jerusalem 1994, S. 67; *Al-Quds* (palästinensische Tageszeitung aus Ostjerusalem) vom 22. April 1994.
72 *Haaretz* vom 7. April 1994.
73 Dafür sprechen die engen Kontakte der PFLP-GC zur Hizbullah, an deren frühen Selbstmordanschlägen – ausgeführt mit Autobomben – Dschibrils Organisation offensichtlich beteiligt war; siehe dazu Croitoru, *Der Märtyrer als Waffe*, S. 134–135.
74 Shaked/Shabi, *Hamas*, S. 311.
75 Ebd.
76 Ebd., S. 323.
77 Ebd., S. 311–313; Croitoru, *Der Märtyrer als Waffe*, S. 169–170. Nicht nachvollziehbar ist, weshalb Helga Baumgarten in ihrem Buch über die Hamas (S. 113 ff.) die ersten Selbstmordattentate der Hamas auf das Jahr 1994 datiert, sie als Reaktion auf das Hebron-Massaker – von dem an späterer Stelle noch die Rede sein wird – deutet und damit die offizielle Hamas-Version zu den Anschlägen von 1994 nahezu kritiklos übernimmt.
78 Siehe unter http://www.palestine-info.info/arabic/hamas/glory/glory.htm, Anschlag Nr. 61.
79 Shaked/Shabi, *Hamas*, S. 313.
80 Siehe im Internet unter www.alqassam.ps/entifada_18/page2.htm.
81 Shaked/Shabi, *Hamas*, S. 331.
82 Croitoru, *Der Märtyrer als Waffe*, S. 169–171.
83 Shabat, *Hamas we-tahalich ha-schalom* (Hamas und der Friedenspro-

zess), S. 95 zitiert die Aussage des führenden Hamas-Mitglieds Muhammad Nazal aus Jordanien aus *Filastin al-Muslima*, Mai 1994.
84 Ebd., S. 168–169.
85 *Frankfurter Allgemeine Zeitung* vom 20. Februar 1995.
86 Ebd. vom 11. April 1995.
87 *Maariv* (israelische Tageszeitung) vom 12. April 1995.
88 *Frankfurter Allgemeine Zeitung* vom 20. April 1995.
89 Shabat, *Hamas we-tahalich ha-schalom* (Hamas und der Friedensprozess), S. 170.
90 Ebd., siehe dort auch Anm. 2 auf S. 193; *Frankfurter Allgemeine Zeitung* vom 18. Dezember 1995.
91 *Frankfurter Allgemeine Zeitung* vom 20. Januar 1995.
92 Ebd. vom 26. Februar 1995.
93 Ebd. vom 1. und 2. März 1995.
94 Ebd. vom 4. und 5. März.
95 Shabat, *Hamas we-tahalich ha-schalom* (Hamas und der Friedensprozess), S. 171–172.
96 Ebd., S. 174–176.
97 *Maariv* vom 30. Juli 1995 erwähnte einen Bericht des israelischen Rundfunks, in dem von einem Hamas-Mitglied die Rede war, das gemeinsam mit drei weiteren Hamas-Kämpfern aus Gaza 1994 in den Iran gereist war und dort eine militärische Ausbildung erhalten hatte.
98 Shabat, *Hamas we-tahalich ha-schalom* (Hamas und der Friedensprozess), S. 176–177. Der Schulterschluss der Hamas-Auslandsführung mit den Iranern ging mit einer zusätzlichen Annäherung an die mit dem Iran verbündeten Syrer einher. Im Herbst 1995 wurde ein Hamas-Büro in Damaskus eröffnet; siehe dazu *Frankfurter Allgemeine Zeitung* vom 3. November 1995.
99 *Frankfurter Allgemeine Zeitung* vom 14. Januar 1997.
100 Ebd. vom 20. März 1997.
101 Ebd. vom 26. März 1997.
102 *Haaretz* vom 7. April 1997.
103 Ebd. vom 10. April 1997.
104 Ebd. vom 31. Juli 1997.
105 *Frankfurter Allgemeine Zeitung* vom 18. August 1997.
106 Ebd. vom 27. August 1997.
107 Ebd. vom 5. September 1997.
108 Während israelische Sicherheitskräfte 1996 865 Terrorverdächtige aus Hamas-Kreisen verhafteten, waren es 1997 bereits 1033; siehe dazu *Haaretz* vom 6. März 1998.

109 *Frankfurter Allgemeine Zeitung* vom 27. und 29. September sowie vom 2., 7. und 9. Oktober 1997.
110 Ebd. vom 9. Oktober 1997.
111 *Haaretz* vom 6. Januar 1998.
112 Ebd. vom 14. Janur 1998.
113 Ebd. vom 3. Februar 1998.
114 *Yediot Acharonot* (israelische Tageszeitung) vom 20. Juli 1998; *Haaretz* vom 20. Juli 1998.
115 *Maariv* vom 13. September 1998. Die beiden Qassam-Mitglieder wurden mehr oder minder im Schlaf überrascht, was die Tötung eher nach einem gezielten Mord aussehen ließ.
116 Ebd.
117 Ebd. vom 20. Oktober 1998.
118 Ebd. vom 25. Oktober 1998.
119 *Frankfurter Allgemeine Zeitung* vom 30. Oktober 1998.
120 *Haaretz* vom 2. November 1998.
121 Ebd. vom 4. November 1998.
122 *Haaretz* vom 8. November 1998; *Maariv* vom 8. November 1998.
123 *Haaretz* vom 13. Dezember; *Frankfurter Allgemeine Zeitung* vom 24. Dezember 1998.
124 *Yediot Acharonot* vom 16. November 1998; *Maariv* vom 18. November 1998.
125 *Yediot Acharonot* vom 30. November; *Haaretz* vom 14. Dezember 1998.
126 *Al-Quds Al-Arabi* (palästinensische Tageszeitung aus London) vom 12. Dezember 1998.
127 *Yediot Acharonot* vom 2. Februar 1999.
128 *Maariv* vom 2. Februar 1999.
129 Yonah Alexander, *Palestinian Religious Terrorism: Hamas and Islamic Jihad*, Ardsley 2002, S. 293–294.
130 *Haaretz* vom 3. Februar 1999.
131 *Yediot Acharonot* vom 4. Februar 1999; *Maariv* vom 4. Februar 1999.
132 *Haaretz* vom 17. Mai 1999 berichtete, dass unter der Regierung Netanjahu 19 neue Siedlungen gegründet worden waren.
133 Ebd.
134 Ebd. vom 19. Mai 1999.
135 Ebd. vom 12. Juli 1999.
136 Ebd. vom 26. Juli 1999.
137 Ebd. vom 4. September 1999.
138 Ebd. vom 23. September 1999.
139 Ebd. vom 26. September 1999.

140 Ebd. vom 10. November 1999.
141 *Al-Quds Al-Arabi* vom 22. November 1999.
142 *Haaretz* vom 17. Februar 2000.
143 Das prominenteste Beispiel war die Verhaftung von Muhammad Def, eines der ranghöchsten Mitglieder der Qassam-Brigaden, durch die Autonomiebehörde Mitte Mai 2000. Def war Drahtzieher zahlreicher Attentate, darunter auch mehrerer Selbstmordanschläge; siehe dazu *Maariv* vom 15. Mai 2000.
144 *Frankfurter Allgemeine Zeitung* vom 9. März 2000.
145 *Haaretz* vom 3. März 2000.
146 *Maariv* vom 2. Oktober 2000.
147 *Haaretz* vom 6. Oktober 2000.
148 Ebd. vom 12. Oktober 2000.
149 Ebd. vom 13. Oktober 2000.
150 Ebd.; *Frankfurter Allgemeine Zeitung* vom 14. Oktober 2000.
151 *Maariv* vom 13. Oktober 2000.
152 *Haaretz* vom 27. Oktober 2000; *Maariv* vom 27. Oktober 2000.
153 *Haaretz* vom 8. November 2000; *Maariv* vom 8. November 2000.
154 Shaul Shai, *Ha-shahidim, ha-islam u-figuei ha-hitabdut* (Die islamischen Märtyrer, der Islam und die Selbstmordanschläge, in hebräischer Sprache), Herzliya 2003, S. 239.
155 Dies ist ein häufig verwendetes Argument in den mit der Al-Aqsa-Intifada in Zusammenhang stehenden Flugblättern der Hamas. Diese Behauptung wurde bereits in dem Flugblatt, das am Vorabend des Tempelberg-Besuchs von Scharon gegen diesen protestierte, aufgestellt und danach immer wieder aufgegriffen; siehe dazu Yonah Alexander, *Palestinian religious terrorism*, S. 231–232 und 208.
156 Ebd., S. 231 sowie an zahlreichen weiteren Stellen.
157 Ebd., S. 158, wo am 1. Februar 2001, dem Tag der israelischen Wahlen, neben Scharon auch Barak als «verbrecherischer Terrorist» bezeichnet wird.
158 *Maariv* vom 5. März 2001. Die wachsende Popularität der Hamas in dieser Zeit bestätigte eine von der Birzeit-Universität im Februar 2001 durchgeführte Meinungsumfrage, bei der 24 Prozent der Befragten im Gazastreifen die Hamas als führende Kraft favorisierten; genauso viele bevorzugten dort die bis dahin weit populärere Fatah. Auch in der Westbank verringerte sich der dort traditionell große Abstand der Hamas zur Fatah – erstere erhielt 26, letztere nur noch 18 Prozent; siehe dazu *Haaretz* vom 20. Februar 2001.
159 *Maariv* vom 12. Februar 2001 berichtete von einem damals bereits seit

zwei Wochen mehrmals unternommenen Beschuss der Siedlung Nezarim. *Haaretz* vom 23. Februar 2001 meldete erste Granateneinschläge in der Siedlung Elei Sinai. Das israelische Militär reagierte auf diese neue Bedrohung schon am 24. Februar mit der Sperrung der zentralen Nord-Süd-Verkehrsader im Gazastreifen; siehe dazu *Maariv* vom 25. Februar 2001. Im März wurde auch der unweit vom Gazastreifen gelegene israelische Kibbuz Nachal Oz beschossen. Für den Einsatz dieser Waffe wurde «Force 17» – Arafats Garde – verantwortlich gemacht. Ihr wurde von israelischer Seite auch unterstellt, von der libanesischen Hizbullah für diese Angriffe ausgebildet und mit Waffen beliefert worden zu sein; siehe dazu *Maariv* vom 29. März 2001.

160 *Haaretz* vom 5. März 2001.

161 Nawaf Hail al-Takruri, *Al-amaliyat al-istischhadiya fi-l-mizan al-fiqhi* (Die Märtyrertod-Operationen aus der Sicht des Religionsgesetzes, in arabischer Sprache), Damaskus 1997, S. 134–134. Eine nähere Besprechung dieses Buches findet sich bei Croitoru, *Der Märtyrer als Waffe*, S. 193–197. Die Hamas stellte dieses arabischsprachige Werk Ende der neunziger Jahre in die Büchersektion ihres Internetportals, wo es auch heute noch heruntergeladen werden kann: *http://www.palestine- info.info/arabic/books/alamlyat/alamalyat.htm*

162 Shai, *Ha-shahidim* (Die islamischen Märtyrer), S. 239–244.

163 *Maariv* vom 5. April 2001.

164 *Haaretz* vom 24. Mai 2001.

165 *Al-Quds Al-Arabi* vom 24. Mai 2001.

166 *Zman Tel Aviv* (Wochenzeitung aus Tel Aviv) vom 24. Mai 2001.

167 *Maariv* vom 3. August 2001.

168 Ebd. vom 30. April 2001; *Frankfurter Allgemeine Zeitung* vom 5. Mai 2001.

169 *Al-Quds Al-Arabi* vom 14. Mai 2001.

170 *Ynet* (Internetportal der israelischen Tageszeitung *Yediot Acharonot*) vom 20.12. und 22.12.2002; *Frankfurter Allgemeine Zeitung* vom 21.12.2001.

171 Die Al-Aqsa-Brigaden wurden in den Monaten Oktober/November 2000 in der Westbank gegründet. Eine Version, die auf den Protokollen des Gerichtsprozesses gegen Marwan al-Barghuti basiert, besagt, dass dieser selbst die Kampforganisation gegründet hat; siehe dazu die von Lior Ben David gemeinsam mit israelischen Terrorexperten verfasste und im September 2004 der Knesset vorgelegte hebräischsprachige Studie *Irgunei ha-terror ha-nilchamim be-israel* (Die Terrororganisationen, die Israel bekämpfen), die im Internet unter *http://www.knes-*

set.gov.il/mmm/data/docs/m01048.doc verfügbar ist. Einer anderen Version zufolge wurden die Al-Aqsa-Brigaden in einer spontanen Aktion radikaler Tanzim-Aktivisten im Flüchtlingslager Balata bei Nablus ins Leben gerufen; siehe dazu Hinweise auf der Internetseite des israelischen Instituts zur Terrorbekämpfung aus Herzliya unter *http://www.ict.org.il/organizations/orgdet.cfm?orgid=83.*

172 *Ynet* vom 28. Januar 2002
(*http://www.ynet.co.il/articles/0,7340,L-1587089,00.html*).
173 Ebenfalls in Jerusalem am 29. März 2002 und 12. April 2002.
174 Shai, *Ha-shahidim* (Die islamischen Märtyrer), S. 244–252.
175 *Haaretz* vom 6. Februar 2002.
176 Mia Bloom, *Dying to Kill. The Allure of Suicide Terror*, New York 2005, S. 247–249. Der Hamas folgten die Fatah und der Islamische Dschihad, die in diesem Jahr sieben beziehungsweise sechs Mal ihre Todesterroristen aussandten. Die «Volksfront für die Befreiung Palästinas» (PFLP) verübte 2003 ebenfalls einen Selbstmordanschlag. Insgesamt fanden in diesem Jahr 26 Selbstmordattentate statt. Zahlreiche weitere Selbstmordanschläge wurden vereitelt, siehe *Haaretz* vom 25. April und 23. Mai 2003.
177 *Haaretz* vom 9. März. Die Hamas behauptete seinerzeit, Maqadme sei im Militärflügel der Organisation schon längst nicht mehr aktiv gewesen, sondern nur in der politischen Führung, was der israelische Verteidigungsminister Shaul Mofaz jedoch heftig bestritt.
178 *Frankfurter Allgemeine Zeitung* vom 4. Juni 2003.
179 Ebd.; *Haaretz* vom 4. Mai 2003.
180 Bloom, *Dying to kill*, S. 248. Die Hamas verübte innerhalb von drei Tagen (am 17., 18. und 19. Mai 2003) vier Selbstmordanschläge.
181 *Al-Quds Al-Arabi* vom 24. Mai 2003.
182 *Haaretz* vom 25. Mai 2003.
183 Ebd.; *Al-Quds Al-Arabi* vom 23. Mai 2003.
184 *Haaretz* vom 11. Juni 2003.
185 *Al-Quds Al-Arabi* vom 7. Juni; *Al-Sharq Al-Awsat* vom 7. Juni; *Ynet* vom 6. Juni 2003
(*http://www.ynet.co.il/articles/0,7340,L-2647373, 00.html*).
Alle drei Zeitungen berichteten, dass unabhängig von der israelischen Militäraktion bei Tulkarem, die die Autonomieführung als Verstoß gegen die *roadmap* verstand, die Angriffe auf Stellungen der Israelis im Gazastreifen stark zugenommen hatten. Zur Hamas-Reaktion auf die Rede Abu Mazens siehe auch *Ynet* vom 6. Juni 2003
(*http://www.ynet.co.il/articles/1,7340,L-2647313,00.html*).

186 *Ynet* vom 8. Juni
(*http://www.ynet.co.il/articles/0,7340,L-2648955, 00.html*);
Al-Quds Al-Arabi vom 9. Juni 2003. Jede der Kampforganisationen schickte einen Kämpfer; die drei Angreifer töteten vier israelische Soldaten, ehe sie selbst erschossen wurden.
187 *Al-Quds Al-Arabi* vom 10. Juni 2003.
188 *Ynet* vom 21. Juni 2003
(*http://www.ynet.co.il/articles/1,7340,L-2665037,00.html*).
189 *Al-Quds Al-Arabi* vom 11. Juni 2003.
190 Georg W. Bush forderte am 25. Juni 2001, die Hamas aufzulösen; siehe dazu *Ynet* vom 25. Juni 2001
(*http://www.ynet.co.il/articles/1,7340,L-2669914,00.html*).
191 Dieser fand am 25. Juni 2001 in Gaza statt. Israelische Hubschrauber schossen in der Nähe von Khan Yunis auf das Fahrzeug von Naim Siyam, der dem Attentat entkam. Bei der Explosion kamen zwei palästinensische Zivilisten ums Leben, 20 weitere wurden verletzt; siehe dazu *Al-Quds Al-Arabi* vom 26. Juni 2003.
192 *Al-Quds Al-Arabi* vom 30. Juni 2003 druckte die gemeinsame Erklärung von Hamas und dem Islamischen Dschihad ab. Diese und auch die der Fatah wurden in vollem Umfang von *Ynet* veröffentlicht; siehe dazu *http://www.ynet.co.il/articles/1,7340,L-2674233,00.htm*.
193 *Ynet* vom 30. Juni 2003
(*http://www.ynet.co.il/articles/0,7340,L-2673837,00.html*).
194 Ebd. (*http://www.ynet.co.il/articles/0,7340,L-2674196,00.html*).
195 *Ynet* vom 6. Juli 2003
(*http://www.ynet.co.il/articles/0,7340,L-2681 613,00.html*).
Die Volkswiderstandskomitees sind kurz nach Ausbruch der Al-Aqsa-Intifada im September 2000 entstanden. Nach Angaben der israelischen Militäraufklärung (*http://www.intelligence.org.il/eng/sib/8_04/pto.htm*) ist diese Gruppierung eine Art Sammelbecken für Aktivisten aus den verschiedenen palästinensischen Kampforganisationen. Der Gründer scheint Dschamal Abu Samhadana gewesen zu sein, ein ehemaliges Fatah-Tanzim-Mitglied, der eigene Wege ging. Den Volkswiderstandskomitees wird eine Nähe zur libanesischen Hizbullah nachgesagt. Die Abu Risch-Brigaden sind eine lokale Fatah-Splittergruppe aus dem südlichen Gazastreifen, offenbar eng assoziiert mit dem dort ansässigen Familienclan Abu Risch.
196 *Al-Quds Al-Arabi* vom 4. Juli 2003; *Ynet* vom 5. Juli 2003
(*http://www.ynet.co.il/articles/1,7340,L-2681394,00.html*).
197 *Al-Quds Al-Arabi* vom 4. Juli 2003. Vom Treffen Mahmud Abbas' mit

der Hamas-Führung berichtete das Blatt unter Berufung auf Ziad Abu Amr, damals Kulturminister der Autonomieregierung und deren Beauftragter für den Dialog mit den palästinensischen Oppositionsgruppen; letztere Funktion übte er als Parlamentsmitglied der Fatah auch noch im Herbst 2006 aus. Abu Amr hat mehrere Werke über die Geschichte des palästinensischen Islamismus verfasst, auf die hier mehrmals Bezug genommen wurde.

198 *Ynet* vom 6. Juli 2003
(*http://www.ynet.co.il/articles/1,7340,L-2681974,00.html*)
und ebd. vom 7. Juli 2003
(*http://www.ynet.co.il/ articles/1,7340,L-2681974,00.html*);
Al-Quds Al-Arabi vom 7. Juli 2003.

199 *Ynet* vom 9. Juli (*http://www.ynet.co.il/articles/0,7340,L-2685681,00.html*); *Al-Quds Al-Arabi* vom 10. Juli; *Frankfurter Allgemeine Zeitung* vom 10. und 16. Juli 2003.

200 *Al-Quds Al-Arabi* vom 11. Juli 2003. Jassin begründete seine Prophezeiung vom Untergang Israels mit einem zyklischen Verlauf der palästinensischen Geschichte, der sich in den ersten vierzig Jahren (1948–1987) im Übergang von der Niederlage zum Aufstand offenbart und seitdem seine nächste Stufe (1987–2027) erreicht habe, an deren Ende Israels endgültige Austilgung stünde.

201 Ebd. vom 14. Juni 2003.

202 Ebd. vom 16. Juli; *Ynet* vom 15. Juli 2003
(*http://www.ynet.co.il/articles/ 1,7340,L-2693714,00.html*;
http://www.ynet.co.il/articles/0,7340,L-2694273,00.html).
Eines der Opfer wurde getötet und zwei weitere wurden verletzt, ehe der Täter überwältigt werden konnte.

203 Von dem geplanten Anschlag berichtete ein am 24. Juli von den Israelis gefasster Aktivist der Al-Aqsa-Brigaden; siehe *Ynet* vom 27. Juli 2003 (*http://www.ynet.co.il/articles/0,7340,L-2707617,00.html*).

204 *Ynet* vom 23. Juli
(*http://www.ynet.co.il/articles/1,7340,L-2702938,00. html*)
und 24. Juli 2003
(*http://www.ynet.co.il/articles/1,7340,L-2701518,00.html*).

205 Abschnitt «Sicherheit», Paragraph 3. Eine deutsche Übersetzung findet sich unter *http://usahm.info/Dokumente/Original/Fahrplan.htm*.

206 Ebd., Paragraph 4.

207 Bloom, *Dying to Kill*, S. 248.

208 *Ynet* vom 21. August 2003
(*http://www.ynet.co.il/articles/0,7340,L-2732642,00.html*).

Anmerkungen

209 Ebd. vom 22. August 2003
(*http://www.ynet.co.il/articles/0,7340,L-2733617,00.html*).
210 Ebd. vom 6. September 2003
(*http://www.ynet.co.il/articles/1,7340,L-2747496,00.html*).
211 *Al-Quds Al-Arabi* vom 8. September; *Ynet* vom 7. September 2003
(*http://www.ynet.co.il/articles/0,7340,L-2747737,00.html*).
212 Bloom, *Dying to Kill*, S. 248.
213 *Ynet* vom 7. Dezember 2003
(*http://www.ynet.co.il/articles/1,7340,L-2833278,00.html*).
214 *NRG* (Newsportal der israelischen Tageszeitung *Maariv*) vom 7. Dezember 2003 (*http://www.nrg.co.il/online/archive/ART/602/325.html*).
215 *Ynet* vom 8. Dezember 2003
(*http://www.ynet.co.il/articles/0,7340,L-2856193,00.html*).
216 Ebd. vom 19. Dezember 2003
(*http://www.ynet.co.il/articles/1,7340,L-2843363,00.html*).
217 Ebd. vom 13. Januar
(*http://www.ynet.co.il/articles/0,7340,L-2858657, 00.html*)
und vom 11. Januar 2004
(*http://www.ynet.co.il/articles/0,7340,L-2857612,00.html*).
218 *Filastin al-Muslima* vom März 2003 stellte auf ihrer Titelseite Scharons Rückzugsplan als Beweis für den Erfolg des militärischen Widerstands – gemeint war hier der Widerstandskampf der Hamas – dar. Sie bezeichnete auf ihrer Titelseite Scharons Plan für den Rückzug aus Gaza als «Garantie für die Realisierung des Sieges» des palästinensischen Widerstands.
219 *Ynet* vom 15. Januar 2004
(http://www.ynet.co.il/articles/0,7340,L-2858938,00.html;
http://www.ynet.co.il/articles/0,7340,L-2859046,00. html).
220 Ebd. vom 14. Januar 2004
(*http://www.ynet.co.il/articles/0,7340,L-2859046,00.html*).
221 Ebd. vom 8. Januar 2004
(*http://www.ynet.co.il/articles/0,7340,L-2859046,00.html*).
Von den beiden 2003 eingesetzten Todesterroristinnen des Islamischen Dschihad verübte die eine am 19. Mai in einem Einkaufszentrum in Afula ein Selbstmordattentat, die andere am 4. Oktober in einem Restaurant in Haifa. Bei den Anschlägen kamen insgesamt 24 Israelis ums Leben und über 100 wurden verletzt.
222 *Filastin al-Muslima* widmete dem Foto der ihren Sohn auf dem Arm haltenden Attentäterin die zweite Seite ihrer Februar-Ausgabe 2004; siehe unter *http://www.fm-m.com/2004/feb2004/pdf/p2. pdf*.

Anmerkungen 257

223 *Ynet* vom 26. Januar 2004
(http://www.ynet.co.il/articles/0,7340,L-2864906,00.html).
224 NRG vom 14. Januar 2004
(http://www.nrg.co.il/online/archive/ART/629/349.html).
225 *Ynet* vom 26. Februar 2004 (http://www.ynet.co.il/articles/0,7340,L-2880062,00.html).
226 Auf eine Beschreibung dieses äußerst komplexen Finanzierungssystems muss im hier gegebenen Rahmen verzichtet werden. Zur Funktion etwa der palästinensischen Filialen der Arab Bank als Drehscheibe für Hamas-Gelder siehe den englischsprachigen Bericht der israelischen Militäraufklärung, die auf von der Armee bei der erwähnten Razzia konfiszierten Unterlagen basiert: *Palestinian Terrorist Organizations Use The Arab Bank to Channel Money into Terrorism*, Juli 2004 (http://www.intelligence.org.il/eng/finance/bank.htm). Auf die Rolle islamischer Wohltätigkeitsorganisationen bei der Finanzierung der Hamas wird im letzten Abschnitt dieses Kapitels noch näher eingegangen.
227 *Ynet* vom 15. März 2004
(http://www.ynet.co.il/articles/0,7340,L-2888758,00.html).
228 Ebd. vom 17. März 2004
(http://www.ynet.co.il/articles/0,7340,L-289 0206,00.html).
229 *Haaretz* vom 23. März 2004.
230 *Frankfurter Allgemeine Zeitung* vom 23. März 2004.
231 Ebd.
232 *Ynet* vom 28. März 2004
(http://www.ynet.co.il/articles/0,7340,L-2895445,00.html).
233 Ebd. vom 22. März 2004
(http://www.ynet.co.il/articles/0,7340,L-289 2584,00.html).
Seit Beginn der Al-Aqsa-Intifada hatten Hamas-Aktivisten insgesamt 425 Anschläge verübt, bei denen 377 Israelis umkamen und 2076 Verletzungen davontrugen; davon waren 52 Selbstmordattentate, bei denen 288 Menschen getötet und weitere 1646 verletzt wurden.
234 *Frankfurter Allgemeine Zeitung* vom 23. März 2004.
235 Ebd.
236 *Ynet* vom 6., 9. und 10. April 2004
(http://www.ynet.co.il/articles/0,73 40,L-2899356,00.html, http://www.ynet.co.il/articles/0,7340,L-2900752,00.html, http://www.ynet.co.il/articles/0,7340,L-2900910,00. html).
237 *Al-Quds Al-Arabi* vom 13. April 2004.

238 Ebd. vom 15. April 2004; *Haaretz* vom 15. April 2004.
239 Siehe *http://securityfence.mfa.gov.il/mfm/web/main/document.asp? DocumentID=50637&MissionID=45187*.
240 *Haaretz* vom 16. April 2004.
241 *Al-Quds Al-Arabi* vom 16. April 2004.
242 *Haaretz* vom 18. April 2004; *Al-Quds Al-Arabi* vom 19. April 2004.
243 *Haaretz* vom 26. April 2004.
244 Ebd. vom 7. Juni, die Muhammad Dachlan, den früheren Sicherheitsminister und einen der einflussreichsten Funktionäre der jüngeren Generation innerhalb der Fatah, zitierte. Dachlan beklagte die chaotischen Zustände innerhalb der Bewegung und kritisierte die Unfähigkeit der älteren Führungsgeneration, die – brodelnde – Basis der Fatah zu kontrollieren.
245 *Haaretz* vom 11. Juni; *Al-Quds Al-Arabi* vom 12. Juni 2004.
246 *Ynet* vom 12. Juni 2004 (*http://www.ynet.co.il/articles/0,7340,L-2930844,00.html*).
247 Ebd. vom 20. Juni 2004 (*http://www.ynet.co.il/articles/0,7340,L-2934423,00.html*).
248 Hierfür kommen mehrere Gründe in Frage. Erstens dürfte die Hamas selbst nur wenig Interesse daran haben, Einblick in ihr Wohlfahrts- und Erziehungssystem zu gewähren, um dieses – das sowohl im Visier der Autonomiebehörde als auch des israelischen Militärs war – nicht noch zusätzlich zu gefährden. Zweitens schien die damals noch von der Fatah dominierte Autonomiebehörde ebenfalls wenig Interesse an der Veröffentlichung von Daten über das Sozialsystem der Hamas gehabt zu haben, da diese die Stärke der Konkurrentin in diesem Bereich wohl nur bestätigt hätten. Und drittens waren israelische wie auch westliche Forscher primär an der Ideologie der Hamas sowie deren militärischen und terroristischen Aktivitäten interessiert.
249 Sara Roy, «The Transformation of Islamic NGOs in Palestine», in: *Middle East Report*, Frühjahr 2000, siehe unter *http://www.merip.org/mer/mer214/214_roy.html*.
250 Sara Roy machte im Jahre 2005 zur Lage im Gazastreifen folgende Angaben: Die Bevölkerung im Gazastreifen zählte damals 1,4 Millionen, 80 Prozent davon unter 50 Jahre, von denen wiederum die Hälfte 15 Jahre oder jünger war. Die Arbeitslosigkeit, vor allem aufgrund des eingeschränkten Zugangs zum israelischen Arbeitsmarkt, betrug 35 bis 40 Prozent, etwa drei Viertel der Einwohner – im Vergleich zu etwas mehr als einem Viertel im Jahr 2000 – waren verarmt, viele litten Hunger; siehe dazu Sara Roy, «‹A Dubai on the Mediterranean› – Sara Roy

on Gaza's future» in: *London Review of Books* vom 3. November 2005 (*http://www.lrb.co. uk/v27/n21/roy_01_.html*).

251 *Hamas' broad civilian infrastructure (da'wah) provides a potential alternative to the Palestinian Authority and its institutions and supports terrorism: analysis of the Ramallah-Al-Bireh region as a case study based on documents taken from the Palestinian security apparatus and da'wah institutions*, ohne Autor, eine Studie des Informationsdienstes der israelischen Militäraufklärung, Herzliya 2006; siehe für die englische Version
http://www.intelligence.org.il/eng/eng_n/pdf/hamas0904. pdf;
für die hebräische *http://www.intelligence.org.il/sp/9_04/infra.htm*.

252 Ebd., *http://www.intelligence.org.il/sp/9_04/infra.htm*;
http://www.intelligence.org.il/sp/finance/bank_e.htm.

253 Ebd., *http://www.intelligence.org.il/sp/9_04/inf_a4.htm*.

254 Matthew Levitt, *Hamas. Politics, Charity, and Terrorism in the Service of Jihad*, New Haven [u. a.] 2006, S. 147.

255 Siehe unter *http://www.al-khansa.org*.

256 Die Liste ist verteilt auf die zwei Seiten:
http://www.nepras.com/english/products.htm und
http://www.nepras.com/products_web.asp.
Auf ersterer ist als Referenz etwa die Internetseite
http://www.alaqsa-online.com
angegeben, auf der am 1. November 2006 die Hamas mit der Verschwörungstheorie aufwartete, dass die Zionisten – wie Khalid al-Hadsch, politischer Anführer der Hamas in Dschenin, verkündete – planten, unter der Al-Aqsa-Moschee eine Synagoge zu errichten; siehe dazu
http://www.alaqsa-online.com/news/2112006.htm.

257 Siehe unter *http://www.islamnoon.com* bzw.
http://www.islamnoon.com/about.htm.

258 Zu Jassin siehe *Al-Quds Al-Arabi* vom 11. Juli 2003. Zu Dscharars Schriften siehe *http://www.islamnoon.com/studies.html*. Das ursprünglich 1992 entstandene arabischsprachige Buch, das mittlerweile zum dritten Mal aufgelegt und aktualisiert wurde, trägt den Titel *Zawal Israil am 2022. Nubua am sudaf raqamiya?* (Der Untergang Israels im Jahre 2022. Prophezeiung oder Zahlenspiel?).

259 Havakook/Saleh, *Terror be-schem ha-islam* (Terror im Namen des Islam), S. 106.

260 *The Union of Good*, Herzliya, Februar 2005; siehe unter
http://www.intelligence.org.il/eng/sib/2_05/funds.htm (englisch);
http://www.intelligence.org.il/sp/12_04/cha.htm (hebräisch).

261 Ebd.
262 Khaled Hroub, «Hamas after Shaykh Yasin and Rantisi», in: *Journal of Palestine Studies*, Bd. 33, Heft 4, Sommer 2004, S. 31 und 33.
263 Siehe unter http://www.almoslim.net/issue/show_isue_main.cfm?id=68&start=1.
264 Siehe unter http://www.elnosra.ps.
265 Siehe unter http://www.elnosra.ps/index.php?scid=2&nid=13.

5. Mit Demokratie an die Macht

1 *Al-Quds Al-Arabi* vom 21. Juli 2003.
2 *Haaretz* vom 23. Dezember 2004.
3 Etwa in dem bei Hebron gelegenen Städtchen Dahariya; siehe *Haaretz* vom 20. Dezember 2004.
4 Dies behauptete jedenfalls Hamas-Kader Scheich Hassan Jussuf in einem Gespräch mit *Al-Ayyam* (palästinensische Zeitung aus Ramallah) am 24. Dezember 2004.
5 *Al-Ayyam* vom 27. Dezember 2004.
6 Ebd.
7 Erst am 2. Januar 2005 zitierte *Al-Ayyam* in einem kurzen Bericht über eine Diskussion zum Thema Wahlen auf Seite 8 den Minister für kommunale Angelegenheiten der Autonomiebehörde mit der Aussage, die Fatah habe die Kommunalwahlen in der Westbank in 15, die Hamas in 8 der 26 Gemeinden gewonnen. Das seien für die Fatah 54 Prozent, für die Hamas 27 Prozent. In den restlichen Wahlbezirken hätten unabhängige Kandidaten die Mehrheit erlangt.
8 *Haaretz* vom 3. Mai 2005.
9 Dieses Argument führte Scheich Hassan Jussuf, ein Hamas-Anführer aus Ramallah, auf einer Podiumsdiskussion in Al-Bireh im Vorfeld der ersten Runde der Lokalwahlen an; siehe dazu *Al-Ayyam* vom 12. Dezember 2004.
10 *Haaretz* vom 11. Januar 2005.
11 *Islah* bedeutet im modernen Arabischen «Verbesserung» oder auch «Reform». Im Koran jedoch wird dieses Wort in einem eindeutig religiösen Zusammenhang verwendet. In welchem Sinne die Hamas diesen Begriff verwendet, wird an späterer Stelle noch näher erläutert.
12 *Al-Ayyam* vom 29. Januar 2005; *Haaretz* vom 20. Januar 2005.
13 *Haaretz* vom 9. Februar 2005.
14 Ebd.

15 Ebd. vom 11. Februar 2005.
16 Ebd. vom 13. Februar 2005.
17 Ebd. vom 15. Februar 2005 zitierte die *New York Times* vom Vortag.
18 *Haaretz* vom 22. und 25. Februar 2005.
19 Ebd. vom 13. März 2005.
20 Ebd. vom 18. März 2006.
21 Siehe hierzu den Abschnitt «Den Frieden behindern» in Kapitel 4.
22 *Haaretz* vom 30. März 2005.
23 Ebd. vom 17. April 2005.
24 Ebd. vom 26. April 2005.
25 *Al-Ayyam* vom 7. Mai 2005; *Al-Quds* vom 7. Mai 2005. Diese Angaben haben, wie auch israelische Berechnungen bestätigten, im Wesentlichen wohl gestimmt: *Haaretz* ging am 8. Mai von einer Gesamtzahl von etwa 800 000 Wählerstimmen aus, wovon rund eine halbe Million an die Hamas gegangen sein sollen; am 11. Mai 2005 wurde das Ergebnis noch einmal leicht korrigiert auf etwa 740 000 Stimmen insgesamt, von denen die Hamas 450 000 – das heißt 60 bzw. 62 Prozent – erhalten hatte.
26 *Al-Quds* vom 10. Mai 2005.
27 *Haaretz* vom 8. Mai 2005.
28 *Al-Quds* vom 10. Mai 2005.
29 *Haaretz* vom 9. Mai 2005.
30 Diese Überlegung stellte *Haaretz*-Redakteur Amos Harel in *Haaretz* vom 9. Mai 2005 an.
31 *Haaretz* vom 10. Mai 2005 berichtete über heftige Auseinandersetzungen zwischen Scharon und seinem Außenminister Silvan Schalom, der davor warnte, dass ein israelischer Abzug zwangsläufig zur Entstehung eines «Hamastan» führen würde. Wie *Haaretz* vom 3. Juni 2006 meldete, beschwor auch Scharons Rivale, der israelische Finanzminister Benjamin Netanjahu, die Gefahr eines «Hamas-Staats».
32 Ebd. vom 5. Juni 2005.
33 Ebd. vom 6. Juni 2005.
34 *Al-Quds* vom 5. Juni 2005.
35 *Haaretz* vom 8. und 9. Juni 2005.
36 Dazu etwa ebd. vom 20. Mai und vom 8. Juni 2005.
37 Darauf wird an späterer Stelle noch näher eingegangen.
38 *Al-Quds* vom 13. Juni 2005 widmete dieser Verlautbarung seinen Haupttitel auf der Titelseite.
39 Ebd. vom 15. Juni 2005.
40 *Filastin al-Muslima* vom März 2005.

41 Etwa in ebd. vom September 2005, S. 3, wo der Rückzug aus Gaza auch als Beginn des Endes der zionistischen Herrschaft über Palästina zelebriert wurde. Die Titelseite dieses Hefts zeigt unter der Überschrift «Gaza – der Sieg» einen vermummten bewaffneten Kämpfer der Hamas, den jeder kundige Leser als Mitglied der Qassam-Brigaden identifizieren würde.
42 *Haaretz* vom 29. September 2005.
43 Ebd. vom 2. und 3. Oktober 2005.
44 Ebd. vom 18. Dezember 2005.
45 *Haaretz* vom 16. Dezember 2006.
46 Siehe *http://www.intelligence.org.il/sp/9_04/inf_a4.htm* (Studie der israelischen Militäraufklärung, die auf Dokumenten basiert, die von der Autonomiepolizei Ende 2001 beschlagnahmt wurden).
47 Siehe *http://www.intelligence.org.il/sp/1_05/biro.htm*.
48 Siehe *http://www.palestine-info.net/arabic/palestoday/reports/ report2005/esla73.htm*.
49 Siehe *http://www.nablus.org/en/htm/aboutus/municipal_council. htm*.
50 Siehe die Hamas-Internetseite *http://www.palestine-info.net/arabic/ palestoday/dailynews/2005/may05/8_5/details4.htm*, derzufolge al-Hanbali im Mai 2005 sechs Monate in Israel im Gefängnis saß und offenbar kurz vor der Gemeindewahl in Nablus aus der Haft wieder entlassen wurde.
51 Siehe dazu *http://www.palestine-info.net/arabic/palestoday/dailynews/ 2005/oct05/30_10/details3.htm*.
52 Siehe dazu die Cache-Datei der mittlerweile abgeschalteten Website islamistischer Extremisten *http://72.14.22.104/search?q=cache:6MPu WS99ZeMJ:www.mojahedon.com/vb/archive/index.php/t-979.html+ %22%D9%85%D8%B3%D8%AC%D8%AF+%D8%B9%D8%A7% D8%B4%D9%88%D8%B1%22&hl=de&gl=de&ct=clnk&cd=1*. Angaben zu al-Taher auf englisch finden sich etwa auf der BBC-Seite *http:// news.bbc.co.uk/1/hi/world/middle_east/2078461.stm*. Ein anderes Beispiel für die Absolventen der Hamas-Brutstätte Aschur-Moschee ist Omar al-Zaban, ein in Israel derzeit (Stand: November 2006) inhaftiertes Mitglied der Qassam-Brigaden; siehe deren Seite *http://www.alqassam.ps/arabic/?action=asra&&nid=0000000115*. Al-Zaban arbeitete mit al-Taher an der Planung eines Selbstmordanschlags.
53 Siehe *http://www.qudsway.com/akhbar/arshiv/2006/11-2006/a/Akbar11&01&165144.htm*.
54 Siehe *http://www.islamonline.net/livedialogue/arabic/ Guestcv.asp?hGuestID=cokLN5*.

55 Siehe dazu die Internetseite des Vereins unter *http://www.palwo.com/ 4images/details.php?image_id=23.*
56 *Filastin al-Muslima* widmete dem Arzt und Gründer dieses Netzes, Hafiz al-Natascha, im August 2004 einen Artikel zu seinem 80. Geburtstag; siehe unter
http://www.fm-m.com/2004/aug2004/story6.htm.
57 Siehe *http://www.balata-albalad. org/texts/Mosq_Abu.htm.*
58 Siehe *http://www.palestine-info.net/arabic/palestoday/dailynews/ 2005/des05/28_12/details4.htm.*
59 Siehe *http://www.pal-election.org* – Stand: November 2006.
60 Arabisch: *inna uridu ila-l-islah(a) ma-statat wa-ma tawfiqi ila billah.*
61 *Minbar al-Islah*, erste Ausgabe, S. 5, ohne Datum.
62 Ebd., Titelseite.
63 Ebd., etwa in der zweite Ausgabe, ohne Datum, S. 1.
64 Siehe dazu Kapitel 1.
65 *Minbar al-Islah*, zweite Ausgabe, ohne Datum, vermutlich Mitte Mai 2005, S. 2. Zum Thema Islam und Parlamentarismus siehe den Eintrag «Parlament» in Klaus Kreiser (Hrsg. u. a.), *Lexikon der Islamischen Welt*, Stuttgart 1974, S. 31 f.
66 Diese Beobachtung gründet auf der Lektüre der acht ersten Ausgaben der Zeitschrift.
67 *Minbar al-Islah*, Nr. 8, August 2005, S. 16.
68 Volker Perthes, *Orientalische Promenaden. Der Nahe und Mittlere Osten im Umbruch*, München 2006, S. 111 f.
69 *Minbar al-Islah*, Nr. 9, September 2005, S. 3.
70 Ebd., S. 6.
71 Für diesen Hinweis danke ich der palästinensischen Schriftstellerin Sumaya Farhat-Nasser.
72 *Minbar al-Islah*, September 2005, S. 11.
73 So lautete der Titel des dritten Albums (von bislang 4) der Band; siehe dazu *http://www.alshomokh.net/tapes/3.html.*
74 Siehe dazu etwa
http://www.alshomokh.net/album/details.php?image_id=10 und
http://www.alshomokh.net/album/details.php?image_id=15. Ein Foto einer Wahlkampffeier mit dieser Band, bei der Wahlwerbung und Wahlaktivisten mit den von ihnen häufig getragenen grünen Schals zu sehen sind, findet sich unter
http://www.alshomokh.net/album/details.php?image_id=18.
75 Die bislang vier Alben der Band lassen sich unter der Adresse *http://*

www.alshomokh.net/isdarat.html anhören und auch herunterladen. Gleiches gilt für einige ihrer Videos; siehe http://www.alshomokh.net/videos.htm.
76 Siehe http://www.alshomokh.net/videos/aleak.mpg.
77 Siehe http://www.alshomokh.net/videos/alaalmedan.avi.
78 Croitoru, *Der Märtyrer als Waffe*, S. 201 f.
79 Siehe http://abcnews.go.com/WNT/story?id=1536576.
80 Etwa in *Al-Quds* vom 19. Januar 2006.
81 Siehe hierzu die Studie der unabhängigen Forschergruppe «International Crisis Group» (ICG), *Enter Hamas: the Challenges of Political Integration*, Nr. 49, Januar 2006, Abschnitt III.
82 Etwa *Al-Quds* vom 19. Januar 2006, im Internet unter http://pdf.alquds.com/2006/1/19/page9.pdf.
83 *Haaretz* vom 18. Januar 2006.
84 Baumgarten, *Hamas*, S. 227.
85 Ebd., S. 228.
86 Siehe http://www.memri.org.il/memri/LoadArticlePage.asp?enttype=4&entid=1921&language=Hebrew.
87 *Al-Ayyam* vom 8. Januar.
88 *Minbar al-Islah*, Nr. 19, Januar 2006.
89 Etwa die von Ahmed Bahar, einem der Wahlkandidaten der Hamas aus Gaza, der in *Al-Quds* am 8. Januar mit der Aussage zitiert wurde, «Hamas zieht über den Weg des Aufbaus und der Befreiung ins Parlament ein, des Dschihad und des bewaffneten Widerstands bis zur Befreiung ganz Palästinas».
90 Baumgarten, *Hamas*, S. 229 f. und S. 236. Die arabische Originalversion siehe auf der Internetseite der palästinensischen Autonomie unter http://www.elections.ps/pdf/hamas_progamme_election.pdf.
91 Hervorhebung durch den Autor. *Bi-l-wasail al-siyasiya wa-l-dschihadiya* kann hier nur im Zusammenhang mit dem Dschihad der Hamas verstanden und somit nicht bloß als «kämpferisch» übersetzt werden wie bei Helga Baumgarten (die Übersetzung aus dem Arabischen stammt hier von Günther Orth).
92 Auch hier ist die Verwendung von *dschihad* in Verbindung mit *muqawama*, womit im Hamas-Diskurs der bewaffnete Widerstand gegen Israel gemeint ist, unmissverständlich, ist jedoch von Orth als «Kampf» übersetzt worden.
93 Ergänzungen des Zitats durch den Autor. Im Arabischen lautet der Slogan: *Al-saf al-awal yastaschhid, wa-l-saf al-awal yuwassil*. Ein Foto des Wahlplakats, aufgenommen in Khan Yunis, ist beispielsweise zu

finden unter *http://www.ynet.co.il/articles/0,7340,L-3206856,00.html* (drittes Foto von oben auf der linken Seite).
94 *Minbar al-Islah*, Nr. 18, S. 8, vom 17. Januar 2006.
95 Siehe die ganzseitige Anzeige in *Al-Quds* vom 19. Januar 2006, im Internet unter *http://pdf.alquds.com/2006/1/19/page7.pdf*.
96 Siehe unter *http://beirutblues.typepad.com/photos/election_posters/ramallah_streets.html*, einer Internetseite aus Ramallah mit privaten Fotos.
97 Siehe *http://beirutblues.typepad.com/photos/election_posters/half_moon_poster.html*. Der Hinweis auf die versprochene Belohnung am Tag der Auferstehung findet sich an siebter Stelle der Auflistung.
98 Siehe *http://beirutblues.typepad.com/photos/election_posters/hand_poster.html*. Der erste vertikale Spruch von rechts enthält die Losung von den Händen, der zweite die vom bewaffneten Widerstand.
99 Siehe die Internetseite der palästinensischen Wahlkommission *http://www.elections.ps/template.aspx?id=291*.
100 Eine gute Übersicht über die verschiedenen Erklärungsansätze liefert Helga Baumgarten in ihrem Aufsatz «Die Hamas: Wahlsieg in Palästina 2006. Islamistische Transformation zur Demokratie in einem neopatrimonialen Rentiersystem», in: *Orient. Deutsche Zeitschrift für Politik und Wirtschaft des Orients*, 1/2006, S. 40–44.
101 Martin Beck, «Die palästinensischen Parlamentswahlen vom Januar 2006», in: *GIGA Focus Nahost*, hg. vom Deutschen Orient-Institut, Nr. 3 vom März 2006, S. 2 f.; im Internet unter *http://www.giga-hamburg.de/content/publikationen/pdf/gf_nahost_0603.pdf*.
102 *Haaretz* vom 29. Januar 2006.
103 Ebd. vom 29. Januar 2006.
104 Ebd. vom 20. Februar 2006.
105 Ebd. vom 21. Februar 2006.
106 Siehe *http://news.bbc.co.uk/1/hi/world/middle_east/4655146.stm*; *http://www.intelligence.org.il/sp/heb_n/pdf/is_heniyeh.pdf*.
107 *Haaretz* vom 20. März 2006.
108 *Al-Quds* vom 20. März 2006.
109 Ebd. vom 23. März 2006.
110 *Haaretz* vom 29. März 2006.
111 *Al-Quds* vom 31. März 2006.
112 Siehe *http://www.ynet.co.il/articles/0,7340,L-3327288,00.html*.
113 *Haaretz* vom 4. April 2006.
114 Der iranische Präsident Ahmadinedschad versprach dem Hamas-Politbürochef Khalid Meschal bei dessen Besuch in Teheran Anfang Februar

2006, die Hamas politisch, militärisch und auch wirtschaftlich stärker zu unterstützen, damit sie dem westlichen Druck nicht nachgeben müsse (*Haaretz* vom 5. Feburar 2006). Schon Mitte April erhielt die Hamas-Regierung vom Iran Zuwendungen in Höhe von 50 Millionen Dollar (*Haaretz* vom 17. April 2006), die nach Angaben des Hamas-Außenministers al-Zahar Anfang November auf 120 Millionen Dollar erhöht wurden.

115 Siehe *http://www.alqassam.ps/arabic/?action=detail&&sid=2776*.
116 *Filastin al-Muslima*, August 2006, Titelseite; siehe unter *http://www.fm-m.com/2006/Aug2006/pdf/pdf-2006-8.pdf*.
117 *Haaretz* vom 24. November 2006.
118 Siehe *http://www.alqassam.ps/arabic/?action=detail&&sid=2766*.
119 Siehe dazu die Internetseite der israelischen Militäraufklärung (*http://www.intelligence.org.il/sp/heb_n/html/t3onov_ho6.htm*).
120 Auch der Name des neuen Hamas-Fernsehsenders *Siradsch Al-Aqsa* (Al-Aqsa-Leuchte) folgt jener islamischen Lichtsymbolik, auf die sich auch die Hizbullah mit ihrem Satellitensender *Al-Manar* (Leuchtturm) bezieht.
121 In diesem Sinne zeigte die Hamas-Zeitschrift *Minbar al-Islah* auf der Titelseite ihrer 41. Ausgabe vom 27. September 2006 führende Hamas-Politiker mit erhobenen Armen in Siegerpose.
122 Siehe *http://www.palestine-info.info/Ar/default.aspx?xyz=U6Qq7k% 2bcOd87MDI46m9rUxJEpMO%2bi1s71GtgMoMdLPaeNgHQUDV r7h6YPteqBG5pJrHsWhPyMl%2b2D7PWFtAFtXu%2bdh3%2bi BadZnaEcgIAXJAI4aoYQ14jwyKBGCrRRpU6fuSyMV4YETk%3d*.
123 Siehe *http://www.palestine-info.info/Ar/default.aspx?xyz=U6Qq7k% 2bcOd87MDI46m9rUxJEpMO%2bi1s724MGePijuSFgM2jsuTLkn8P OeEPcg3H3KLeobq59SXr56DB%2fssipJP3mq4xl4wSpQOKhop8oEwJ qTRCa7lFdzuEdUvLTgV1XlQ4pDsjoD38%3d*.
124 Siehe *http://www.palpress.ps/arabic/index.php?maa=ReadStory& ChannelID=56826*.
125 *Haaretz* vom 11. Dezember 2006.
126 Siehe *http://www.palestine-info.info/ar/default.aspx?xyz=U6Qq7k% 2bcOd87MDI46m9rUxJEpMO%2bi1s7Lvw%2bUj45aoA6FO39SrIm oK8EtV9wxi%2fubQ7WM9DUWJnNNo9f%2fSVcfnYUgm8MK%2bC JvIjck%2f2GlKRBk3Wv%2bEUhP2vsof17s3PkEWZJKh4imzw%3d*.

6. Alleinherrschaft im Gazastreifen

1 *NRG* vom 22. April, 10. Mai und 17. Dezember 2006 (*http://www.nrg.co.il/online/1/ART1/076/126.html*; *http://www.nrg.co.il/online/1/ART1/420/020.html*; *http://www.nrg.co.il/online/1/ART1/518/644.html*).
2 Ebd. vom 16. Dezember 2006 (*http://www.nrg.co.il/online/1/ART1/518/593.html*); *Al-Quds* vom 16. Dezember 2006.
3 *NRG* vom 17. Dezember 2006 (*http://www.nrg.co.il/online/1/ART1/518/893.html*); *Al-Quds* vom 18. Dezember 2006.
4 *Al-Ayyam* vom 18. Dezember 2006.
5 *NRG* vom 30. Januar 2007 (*http://www.nrg.co.il/online/1/ART1/537/215.html*).
6 *Haaretz* vom 29. Januar 2007 (*http://www.haaretz.co.il/hasite/spages/818974.html*).
7 Siehe dazu Kapitel 1.
8 *Al-Hayat Al-Jadida* und *Al-Ayyam* vom 9. Februar 2007; nur die unabhängigere Ostjerusalemer *Al-Quds* vom gleichen Tag druckte den Koranvers mit ab, vielleicht auch deshalb, weil dieser Jerusalem und somit auch das Verbreitungsgebiet des Blattes betraf. – Im Übrigen diente eine dieser Versionen der «Generaldelegation Palästinas in der Bundesrepublik Deutschland» als Quelle für ihre Übersetzung des Mekka-Abkommens ins Deutsche, die besagtes Koranzitat ebenfalls nicht enthält (*http://www.palaestina.org/news/beitraege/zeigeBeitrag.php?ID=524*).
9 *Al-Sharq Al-Awsat* vom 9. Februar 2007.
10 Ebd.
11 Ebd.
12 Zu den Regierungsprogrammen siehe die deutschen Übersetzungen auf der Seite der Generaldelegation Palästinas in der Bundesrepublik Deutschland unter *http://www.palaestina.org/news/beitraege/zeigeBeitrag.php?ID=434* (Hamas-Regierung) und *http://www.palaestina.org/news/beitraege/zeigeBeitrag.php?ID=531* (Einheitsregierung).
13 Siehe dazu Regierungserklärung auf der Seite des israelischen Außenministeriums (*http://www.mfa.gov.il/MFAHeb/Diplomatic+updates/Events/The+State+of+Israels+policy+towards+the+Palestinian+government+180307.htm*).
14 Siehe dazu die Chronologie der Ereignisse auf der Seite der AG Friedensforschung an der Universität Kassel (*http://www.uni-kassel.de/fb5/frieden/regionen/Nahost/Chronik-Aktuell/07-03.html*).

15 Shlomo Brom, «Memschelet ha-achdut ha-falastinit – tmunat mazaw (Palästinensische Einheitsregierung – Bestandsaufnahme)», in: *Adkan estrategi* (Aktuelle Strategische Mitteilungen), Institute for National Security Studies, Tel Aviv, Bd. 10, Heft 1, Juni 2007, S. 2.

16 *Haaretz* vom 20. März 2007 (englische Ausgabe) (*http://www.haaretz.com/hasen/spages/839486.html*).

17 *Filastin al-Muslima*, April 2007.

18 Roland Friedrich and Arnold Luethold, *Entry-Points to Palestinian Security Sector Reform*, Geneva Centre for the Democratic Control of Armed Forces, Genf 2007, S. 22 f.; *Al-Ahram Weekly* vom 6. März (*http://weekly.ahram.org.eg/2008/887/re4.htm*).

19 Brom, «Memshelet ha-achdut ha-filastinit», S. 2; *Ynet* vom 14. Mai 2007 (*http://www.ynet.co.il/articles/0,7340,L-3399659,00.html*).

20 *Al-Quds* vom 11. Mai 2007.

21 Ebd. vom 12. Mai 2007.

22 Ebd. vom 12. und 13. Mai 2007.

23 Ebd. vom 14. Mai 2007.

24 Ebd. vom 15. Mai 2007. Sie verloren zwei Angehörige ihrer Qassam-Brigaden – eines der Opfer hatte den unweit des Grenzübergangs Karni gelegenen Stadtteil Shajaiya kontrolliert; ein weiteres Mitglied der Hamas wurde entführt und anschließend getötet.

25 Ebd.

26 *Ynet* vom 16. Mai 2007 (*http://www.ynet.co.il/articles/0,7340, L-3400572,00.html*); *Al-Ayyam* und *Al-Hayat Al-Jadida* jeweils vom 17. Mai 2007.

27 *Al-Quds* vom 17. Mai 2007.

28 Ebd. vom 18. Mai 2007.

29 Ebd. vom 19. Mai 2007.

30 Ebd. vom 8. Juni 2007; siehe auch die Angaben einer Menschenrechtsorganisation aus Rafah vom 7. Juni 2007 auf dem Internetportal von «The Arabic Network for Human Rights Information» unter *http://www.anhri.net/palestine/democracy/2007/pro607.shtml*.

31 *Al-Quds* vom 10. Juni 2007; sowie Angaben der Menschenrechtsorganisation aus Rafah vom 10. Juni 2007 unter *http://www.anhri.net/palestine/mezan/2007/pro610-2.shtml*.

32 In *Al-Ayyam* vom 12. Juni 2007 war sogar von mehreren hundert Hamas-Bewaffneten die Rede.

33 Ebd. und *Al-Quds* vom 12. Juni 2007.

34 Ebd.

35 Khaled Abou El Fadl, «*Ahkam al-Bughat*: Irregular Warfare and the

Law of Rebellion in Islam», in: James Turner Johnson and John Kelsay, *Cross, Crescent, and Sword. The Justification and Limitation of War in Western and Islamic Tradition*, New York [u. a.] 1990, S. 149–176.
36 *Felesteen* vom 12. Juni 2007. Der Demonstrationsteilnehmer Marwan Abu Ras, Hamas-Mitglied und Vorsitzender der «Vereinigung der Rechtsgelehrten Palästinas», verwendete bei diesem Anlass einen ähnlichen Begriff, *al-fi'a al-dhala*, der Rebellen bezeichnet, die vom «rechten Weg des Glaubens abgekommen» sind; damit rückte der einflussreiche Rechtsgelehrte die säkularen Rivalen noch eindeutiger als Hamas-Sprecher Barhum mit Terminus *al-fi'a al-baghiya* in die Nähe von Apostaten, die dem islamischen Religionsgesetz zufolge mit dem Tod zu bestrafen sind.
37 *Al-Quds* und *Al-Ayyam* vom 13. und 14. Juni 2007.
38 *Al-Ayyam* vom 13. Juni 2007.
39 *Ynet* vom 12. Juni 2007
(http://www.ynet.co.il/articles/0,7340,L-3411721,00.html).
40 *Haaretz* vom 14. Juni 2007.
41 *Al-Ayyam* vom 14. Juni 2007.
42 *Ynet* vom 15. Juni 2007
(http://www.ynet.co.il/articles/0,7340,L-3413252,00.html).
43 Nach Angaben des Al-Mezan Zentrums für Menschenrechte in Gaza (http://www.mezan.org/upload/2415.pdf).
44 *Haaretz* vom 15. Juni 2007.
45 *Al-Ayyam* vom 18. Juni 2007.
46 Ebd. vom 12. Juni 2007.
47 Das Informationszentrum der israelischen Militäraufklärung führt zwar noch seine alte Internetadresse http://www.intelligence.org.il, stellt aber seit 2007 seine Berichte unter einer neuen Adresse ins Netz. Zu besagtem Bericht siehe http://www.terrorism-info.org.il/malam_multimedia/Hebrew/heb_n/html/palestinian_media_h.htm.
48 *Al-Ayyam* vom 18. Juni 2007.
49 *Ynet* vom 15. August 2007
(http://www.ynet.co.il/articles/0,7340,L-3436395,00.html).
50 Stand Januar 2010.
51 Bericht der israelischen Militäraufklärung vom 30. August 2007 (http://www.terrorism-info.org.il/malam_multimedia/Hebrew/heb_n/html/islamization.htm).
52 *Felesteen* vom 29. August 2007.
53 So etwa äußerte sich Hamas-Mitglied und stellvertretender Parlamentsvorsitzender Ahmed Bahar, siehe *Paltimes* (Hamas-nahes Inter-

netportal) vom 3. Dezember 2009 (http://www.paltimes.net/arabic/read.php?news_id=104319&print=yes).
54 *Al-Ayyam* vom 22. Februar 2006. Abu Halbiya ist mittlerweile auch Vorsitzender der Parlamentarischen Al-Quds-Kommission, die sich dem Schutz des islamischen Jerusalem verschrieben hat.
55 *Ynet* vom 24. Dezember 2008 (http://www.ynet.co.il/articles/1,7340,L-3643465,00.html) zitierte einen Bericht der internationalen arabischen Zeitung *Al-Hayat* vom gleichen Tag.
56 Nach dem Putsch der Hamas sind de facto zwei getrennte Parlamente entstanden, die einander nicht anerkennen und unabhängig voneinander agieren. Wenn hier von dem von der Hamas kontrollierten Legislativrat/Parlament in Gaza die Rede ist, so aus Gründen der Vereinfachung, denn tatsächlich nehmen auch die Hamas-Abgeordneten, die in der Westbank wohnen, von Ramallah aus per Video oder Telefon an den Sitzungen des Gaza-Parlaments teil. In diesem Zusammenhang sei daran erinnert, dass noch immer 15 Hamas-Abgeordnete in Israel in Haft sitzen – Stand: Februar 2010.
57 *Al-Ayyam* vom 25. Dezember 2008.
58 *Al-Raynews* (unabhängige arabische Internetzeitung) vom 16. Dezember 2009 (http://alraynews.com/News.aspx?id=260667).
59 Siehe Internetseite des Hamas-kontrollierten Parlaments in Gaza (http://www.plc.gov.ps/Decision_details.aspx?id=228).
60 Internetportal des Hamas-Fernsehsenders *Al-Aqsa-TV* vom 4. Januar 2010 (http://www.aqsatv.ps/arabic/news.php?action=view&id=4484).
61 *Paltimes* vom 3. Dezember 2009 (http://www.paltimes.net/arabic/read.php?news_id=104319).
62 Ebd.
63 *Al-Sharq Al-Awsat* vom 11. Dezember 2007.
64 Erlass der Hanija-Regierung vom 27. Oktober 2009, siehe Internetseite des Hamas-Regierungschefs Hanija (http://www.pmo.gov.ps/index.php?option=com_content&view=article&id=255:2009-11-16-10-41-59&catid=35:2009-03-29-11-30-55&Itemid=108).
65 *Al-madschlis al-aala li-l-qadha* (Gaza) vs. *Madschlis al-qadha al-aala* (Ramallah).
66 *Al-Ayyam* vom 24. und 26. Juli 2009; *Spiegel-Online* vom 26. Juli 2009 (http://www.spiegel.de/politik/ausland/0,1518,638403,00.html), wo allerdings der Oberste Justizrat fälschlicherweise als das Oberste Gericht bezeichnet wird.
67 Vor allem in *Al-Ayyam* vom 2. August 2009.
68 *Al-Quds* vom 6. September 2009.

69 Siehe *New York Times* vom 6. September 2009, wo allerdings nicht erwähnt wird, dass die Aussetzung der Kleiderordnung nur mündlich erfolgte
(*http://www.nytimes.com/2009/09/06/world/middleeast/06gaza.html*).
70 Bericht zur Lage der Frauen in Gaza vom November 2009, siehe die Internetseite der Frauenrechtsorganisation «Palestinian Women's Information and Media Center»
(*http://www.pwic.org.ps/derasat/derasat25.html*).
71 Siehe Berichte zur Menschenrechtslage von der Unabhängigen Palästinensischen Kommission für Menschenrechte (ICHR) vom Oktober 2009, S. 9 (*http://www.ichr.ps/pdfs/eMRV-10-09.pdf*) und vom Januar 2010, S. 7 (*http://www.ichr.ps/pdfs/aMRV-1-10.pdf*).
72 Siehe Interview mit dem Hamas-Abgeordneten Salah al-Bardawil in der Zeitung *Al-Sharq Al-Awsat* vom 29. Januar 2006 und das Interview mit dem Chef des Hamas-Politbüros Khaled Meschal in der palästinensischen Zeitung *Al-Watan* vom 16. August 2009
(*http://www.alwatanvoice.com/arabic/content-140611.html*).
73 Siehe Mitteilung auf der Internetseite des Hamas-Innenministeriums
(*http://www.moi.gov.ps/En/?page=6331673432505940258Nid=10407*).
74 Bericht der israelischen Militäraufklärung zum Islamisierungsprozess im Gazastreifen vom 30. bzw. 28 Juli 2009
(Hebräisch: *http://www.terrorism-info.org.il/malam_multimedia/ Hebrew/heb_n/pdf/hamas_076.pdf*;
Englisch: *http://www.terrorism-info.org.il/malam_multimedia/ English/eng_n/pdf/hamas_e076.pdf*).
75 Siehe unter *http://www.msajedna.ps/arb/index.php?act=Images&id=15*, Stand: Februar 2010.
76 Siehe unter *http://msajedna.ps/arb/uploads/090720121044S7Xl.jpg*.
77 Siehe unter *http://msajedna.ps/arb/uploads/090720121212140rQl.jpg*.
78 Siehe unter *http://www.msajedna.ps/arb/index.php?act=Show&id= 287*; die Schrift *Mudhakirat al-Mudschahid* (Denkschrift für den Dschihad-Kämpfer) konnte noch im Februar 2010 als Rar-komprimierte PDF-Datei unter folgendem Link heruntergeladen werden:
http://www.msajedna.ps/arb/Download/modakira.rar.
79 Siehe die Ausführungen dazu in Kapitel 3.
80 *Felesteen* vom 2. März 2008.
81 *Filastin al-Muslima* vom Februar 2009 verkündete nach der von der israelischen Armee als «Gegossenes Blei» bezeichneten und als Erfolg gefeierten Militäroperation auf S. 2: «Wir haben Widerstand geleistet und gesiegt».

82 Demonstrationen von Fatah-Anhängern in Gaza sind von der Hamas-Polizei mit zunehmender Brutalität unterdrückt worden. Während sie sich am 24. August 2007 noch damit begnügte, die Demonstranten niederzuknüppeln und über ihre Köpfe hinweg in die Luft zu schießen (*Al-Ayyam* vom 25. August 2007), feuerten Hamas-Polizisten am 12. November 2007 bei einer Massenkundgebung zum Gedenken an Arafat bereits in die Menge und töteten fünf Fatah-Demonstranten (*Al-Ayyam* vom 13. November 2007). Während des Gazakriegs Anfang 2009 wurden zahlreiche Fatah-Anhänger von der Hamas liquidiert, siehe dazu den Bericht von Amnesty International vom 10. Februar 2009 (MDE 21/001/2009). Ende 2009 wurden Angehörige der Fatah verfolgt und in der Haft gefoltert, wobei nun offenbar allein schon der Besitz einer Fatah-Fahne als Vorwand für eine Verhaftung ausreichte (*http://www.pchrgaza.org/files/PressR/English/2009/02-2010.html*). Anfang 2010 nahmen die Islamisten auch Angehörige der oppositionellen «Volksfront für die Befreiung Palästinas» (PFLP) ins Visier – am Ende einer ihrer Veranstaltungen wurden sie von Hamas-Polizisten willkürlich und brutal zusammengeschlagen (*http://www.pchrgaza.org/files/PressR/English/2009/05-2010.html*).

83 Bericht der israelischen Militäraufklärung vom 30. Oktober 2008 (*http://www.terrorism-info.org.il/malam_multimedia/Hebrew/heb_n/html/hamas_008.htm*).

84 Joseph Croitoru, «Der kleine Attentäter», *Frankfurter Allgemeine Zeitung* vom 23. November 2002; *Al-Fateh*, Nr. 147, vom 1. Mai 2009 (*http://www.al-fateh.net/fateh-d/fa-09-147/shahid.htm*), wo einem Dschihad-Märtyrer der Qassam-Brigaden gehuldigt wird, der sein Leben von Jugend an in den Dienst des Heiligen Krieges stellte und zwei Jahre nach seiner Rekrutierung durch die Qassam-Brigaden im Alter von 17 Jahren bei einem israelischen Angriff getötet wurde.

85 Die Dschihad-Lehre ist integraler Bestandteil sowohl des (arabischsprachigen) Internetauftritts der Qassam-Brigaden (*http://www.alqassam.ps/arabic*; speziell zum Dschihad *http://www.alqassam.ps/arabic/fiqih.php*, Stand: Februar 2010) als auch ihrer ebenfalls über dieses Portal zu erreichenden Zeitschrift *Qassamiyun* (*http://www.alqassam.ps/arabic/books.php*).

86 Berichte der israelischen Militäraufklärung vom 1. und 24. März 2009 (*http://www.terrorism-info.org.il/malam_multimedia/Hebrew/heb_n/html/hamas_065.htm*; *http://www.terrorism-info.org.il/malam_multimedia/Hebrew/heb_n/html/hamas_067.htm*).

87 Grundgesetz Nr. 6, Gesetz zum Schutz des islamischen Widerstands in

Anmerkungen 273

der Fassung vom 14. Juli 2008 auf der Internetseite der Hamas-Regierung zur Gesetzgebung (*http://www.dft.gov.ps/images/stories/doc/qanon_moqawama.pdf*).

88 *Al-Ayyam* vom 14. Oktober 2009.

89 So etwa in dem dem Dschihad gewidmeten Abschnitt (*Kitab al-Dschihad*, 4/124) in der Schrift *Radd al-muhtar* (Antwort auf den Ratlosen) des bis heute einflussreichen syrischen Rechtsgelehrten Muhammad Amin Ibn-Umar Ibn-Abidin (1784–1836), siehe (*http://www.islamweb. net/newlibrary/display_book.php?bk_no=27&ID=271&idfrom=3699&idto=3970&bookid=27&startno=2*).

90 *Al-Shark* (qatarische Tageszeitung) vom 21. Oktober 2009, S. 11 (*http://www.al-sharq.com/pdfs/files/alsharq1_20091021.pdf*).

91 *Al-Ayyam* vom 15. und 16. Oktober 2009.

92 Ebd. vom 17., 18. und 19. Oktober 2009.

93 Das palästinensische Grundgesetz sieht vor, das der Präsident mindestens drei Monate vor Ablauf der vierjährigen Legislaturperiode den Termin für die Präsidentschafts- und Parlamentswahlen festlegt.

94 *Al-Ahram* (ägyptische Tageszeitung) vom 21. Oktober 2009.

95 Siehe das entsprechende, am 23. Oktober 2009 von Palästinenserpräsident Abbas erlassene Dekret auf der Internetseite der Palästinensischen Wahlkommission (*http://www.elections.ps/admin/pdf/Elections2010-decree.pdf*); *Al-Ayyam* vom 24. Oktober 2009.

96 *Al-Ayyam* vom 24. Oktober 2009.

97 Siehe das palästinensische Wahlgesetz in seiner Fassung vom 13. August 2005, § 111 auf der Internetseite der Palästinensischen Wahlkommission (*http://www.elections.ps/admin/pdf/new_law2.pdf*).

98 Siehe Präsidentenerlass vom 2. September 2007, § 116, auf der Internetseite der Palästinensischen Wahlkommission (*http://www.elections.ps/admin/pdf/Election_Law_(2007-sept_02).pdf*); Hervorhebung durch den Autor.

99 *Al-Ayyam* vom 3. September 2007.

100 Siehe das palästinensische Wahlgesetz in seiner Fassung vom 13. August 2005, § 2, Abs. 2 sowie § 111 auf der Internetseite der Palästinensischen Wahlkommission (*http://www.elections.ps/admin/pdf/new_law2.pdf*). Die Hamas wies schon im Sommer 2007 auf die in diesem Gesetz festgeschriebene vierjährige – und nicht verlängerbare – Amtszeit des Präsidenten hin (*Al-Sharq Al-Awsat* vom 23. Juli 2007). An dieser Argumentation hielt sie auch später fest.

101 *Felesteen* vom 10. Januar 2009.

102 *Al-Ayyam* vom 28. und 29. Oktober 2009.

103 Rede von Barack Obama an der Universität von Kairo am 4. Juni 2009, nachzulesen auf der Internetseite des Weißen Hauses (http://www.whitehouse.gov/the_press_office/Remarks-by-the-President-at-Cairo-University-6-04-09).

104 *Al-Ayyam* vom 1. November 2009.

105 Transkription der Pressekonferenz vom 31. Oktober 2009 in vollem Wortlaut auf der Internetseite des israelischen Außenministeriums (http://www.mfa.gov.il/MFA/Government/Speeches+by+Israeli+leaders/2009/Press_conference_PM_Netanyahu_Secy_State_Clinton_31-Oct-2009.htm).

106 *Al-Ayyam* vom 2. November 2009.

107 Ebd. vom 6. November 2009.

108 Ebd. vom 11. November 2009.

109 Ebd. vom 7., 8., 9. und 12. November 2009.

110 Palästinensisches Grundgesetz in der Fassung vom 18. März 2003, § 37, auf der Internetseite der Palästinensischen Generalstaatsanwaltschaft (http://www.pgp.gov.ps/index.asp?page=page112-6).

111 *Al-Ayyam* vom 12. November 2009.

112 Ebd. vom 17. Dezember 2009.

113 Präsidialerlass vom 22. Januar 2010 auf der Internetseite der palästinensischen Wahlkommission (http://www.elections.ps/admin/pdf/presidential_decree_canceling_general_elections__2010__arabic.pdf).

Literaturhinweise

al-Abbasi, Nezam: *Die palästinensische Freiheitsbewegung im Spiegel ihrer Presse von 1929 bis 1945*. Diss. Univ. Freiburg i. Br., 1981.

Abou El Fadl, Khaled; Cohen, Joshua. *Islam and the Challenge of Democracy*. Hg. von Joshua Cohen and Deborah Chasman. A Boston Review Book. Princeton, NJ 2004.

Abu Amr, Ziad: *Usul al-harakat as-siyasiya fi quta ghaza 1948–1967* (Die Wurzeln der politischen Bewegungen im Gazastreifen 1948–1967), Akka 1987 [in arabischer Sprache].

–: «Shaykh Ahmad Yasin and the Origins of Hamas». In: R. Scott Appleby (Hg.), *Spokesmen For the Despised. Fundamentalist Leaders of the Middle East*. Chicago u. a. 1997.

–: *Islamic Fundamentalism in the West Bank and Gaza. Muslim Brotherhood and Islamic Jihad*. Bloomington u. a. 2002.

Aburish, Saïd K.: *Schrei, Palästina! Alltag auf der West-Bank*. München 1992.

Adwan, Atef: *Asch-scheich Ahmad Jassin hayathu wa-dschihaduhu* (Scheich Ahmad Jassin – sein Leben und sein Dschihad), Gaza 1991 [in arabischer Sprache].

Ahmad, Hisham H.: *Hamas. From Religious Salvation to Political Transformation: The Rise of Hamas in Palestinian Society*. Jerusalem 1994.

Ahmed, Rifat Sid (Hg.): *Al aamal al kamila li-l-shahid ad-duktur fathi al-shqaqi* (Sämtliche Werke des Doktor-Märtyrers Fathi Schkaki). Kairo 1997 [in arabischer Sprache].

Alexander, Yonah: *Palestinian Religious Terrorism: Hamas and Islamic Jihad*. Ardsley, N. Y. 2002.

al-Amrein, Khaled Abu Nimr: *Hamas. Harakat al-muqawama al-islamiya fi filastin. Dschuzurha – nischaatha – fikriha as-siyasi* (Hamas. Die Islamische Widerstandsbewegung in Palästina. Ihre Wurzeln, Entstehung und Ideologie). Kairo 2000 [in arabischer Sprache].

el-Awaisi, Abd al-Fattah Muhammad: *The Muslim Brothers and the Palestine Question 1928–1947*. London 1998.

Baumgarten, Helga: *Palästina: Befreiung in den Staat. Die palästinensische Nationalbewegung seit 1948*. Frankfurt a. M. 1991.

–: «Die Hamas: Wahlsieg in Palästina 2006. Islamistische Transformation zur Demokratie in einem neopatrimonialen Rentiersystem». In: *Orient. Deutsche Zeitschrift für Politik und Wirtschaft des Orients*, 1/2006, S. 40–44.

–: *Hamas. Der politische Islam in Palästina*. München 2006.

Beaupain, André: *Befreiung oder Islamisierung? Hamas und PLO – Die zwei Gesichter des palästinensischen Widerstandes.* Marburg 2005.

Beck, Martin: «Die palästinensischen Parlamentswahlen vom Januar 2006». In: *GIGA Focus Nahost*, hg. vom Deutschen Orient-Institut, Nr. 3, März 2006.

Bloom, Mia: *Dying to Kill. The Allure of Suicide Terror.* New York 2005.

Bocco, R.; Destremau, B.; Hannoyer, J. (Hg.): *Palestine, Palestiniens. Territoire nationale, espaces communautaires.* Beirut 1997.

Bucaille, Lætitia: *Generation Intifada.* Hamburg 2004.

Chehab, Zaki: *Inside Hamas: The Untold Story of Militants, Martyrs and Spies.* London 2007.

Croitoru, Joseph: *Der Märtyrer als Waffe. Die historischen Wurzeln des Selbstmordattentats.* München 2003 (2006).

Dalman, Gustav: *Arbeit und Sitte in Palästina.* Band VIII. Berlin 2001.

Dick, Lutz van: *Aufstand im Gelobten Land. Erkundungen zur Intifada.* Hamburg 1989.

Drucker, Raviv; Shelah, Ofer: *Bumerang. Kischalon ha-manhigut ba-intifada ha-schniya* (Bumerang. Das Versagen der Führung in der zweiten Intifada). Jerusalem 2005 [in hebräischer Sprache].

Dufner, Ulrike: *Islam ist nicht gleich Islam. Die türkische Wohlfahrtspartei und die ägyptische Muslimbrüderschaft: ein Vergleich ihrer politischen Vorstellungen vor dem gesellschaftspolitischen Hintergrund.* Opladen 1998.

Engelleder, Denis: *Die islamistische Bewegung in Jordanien und Palästina 1945–1989.* Jenaer Beiträge zum Vorderen Orient 6. Wiesbaden 2002.

Esposito, John L.; Voll, John O.: *Islam and Democracy.* New York u. a. 1996.

Ewaida, Bassam: *Die islamische Bewegung der Hamas in Palästina. Entstehung, Entwicklung und politische Haltungen zwischen 1989–2007.* Diss. Freie Univ. Berlin, 2009.

Flores, Alexander: *Intifada. Aufstand der Palästinenser.* Berlin 1988.

Freund, Wolfgang: *Looking into HAMAS and Other Constituents of the Palestinian-Israeli Confrontation.* Frankfurt a. M. 2002.

Frisch, Hillel: *Countdown to Statehood. Palestinian State Formation in the West Bank and Gaza.* Albany 1998.

Gershoni, Israel; Jankowski, James P.: *Egypt, Islam and the Arabs: The Search for Egyptian Nationhood, 1900–1930.* New York u. a. 1986.

Ghanem, Asad: *The Palestinian Regime. «A Partial Democracy».* Brighton 2001.

Gilber, Gad; Susser, Asher: *Beein ha-sichsuch: ha-intifada* (Im Auge des Konflikts: Die Intifada) Tel Aviv 1992 [in hebräischer Sprache].

Gunning, Jeroen: *Hamas in Politics: Democracy, Religion, Violence.* London 2007.

al-Hamad, Jawad; al-Bargothi, Eyad (Hg.): *Dirasa fi-l-fikr as-siyasi li-harakat al-Muqawama al-Islamyia, «Hamas»: 1987–1996* (A Study in the Political Ideology of the Islamic Resistance Movement, «Hamas»: 1987–1996). Amman 1997 [in arabischer, teilweise in englischer Sprache].

Harel, Amos; Isacharoff, Avi: *Ha-milchama ha-schviit. Ech nizachnu welama hifsadnu ba-milchama im ha-falastinim* (Der siebte Krieg. Wie wir zunächst siegten und weshalb wir schließlich den Krieg mit den Palästinensern verloren). Tel Aviv 2004 [in hebräischer Sprache].

Harkabi, Yehoshafat: *Das palästinensische Manifest und seine Bedeutung.* Stuttgart 1980.

Harris, Christina Phelps: *Nationalism and Revolution in Egypt. The Role of the Muslim Brotherhood.* Den Haag u. a. 1964.

Hashash, Ali: *Palästina, Kampf der Gegensätze. Hintergründe, innere Dynamik und Perspektiven der Intifada.* Gießen 1991.

Hatina, Meir: *Radikalizm falastini: tnuat ha-dschihad ha-islami* (Palästinensischer Radikalismus: Die Bewegung des Islamischen Dschihad). Tel Aviv 1994 [in hebräischer Sprache].

Havakook, Yaacov; Saleh, Shakib: *Terror be-schem ha-islam. Profil schel tenuat ha-hamas* (Terror im Namen des Islam. Ein Profil der Hamas-Bewegung). Jerusalem 1999 [in hebräischer Sprache].

Heine, Peter: «Religiös motivierter Terrorismus». In: Kai Hirschmann u. Peter Gerhard (Hg.), *Terrorismus als weltweites Phänomen,* Berlin 2000, S. 69–120.

Hoekmann, Gerrit: *Zwischen Ölzweig und Kalaschnikow. Geschichte und Politik der palästinensischen Linken.* London 1998.

Hroub, Khaled: *Al-islamiyun fi filastin. Qiraat – mawaqif – wa-qadhaya ukhra* (Die Islamisten in Palästina. Lektüren – Positionen – und andere Themen). Amman 1994.

–: *Hamas: Political Thought and Practice.* Washington D. C. 2000.

Hubel, Helmut; Seidensticker, Tilman (Hg.): *Jerusalem im Widerstreit politischer und religiöser Interessen. Die Heilige Stadt aus interdisziplinärer Sicht.* Frankfurt a. M. u. a. 2004.

International Crisis Group (ICG): *Enter Hamas: the Challenges of Political Integration.* Bericht Nr. 49, Januar 2006.

Jensen, Michael Irving: *The Political Ideology of Hamas: A Grassroots Perspective.* London 2009.

Kapferer, Siegrun: *Die Moslembruderschaft. Nativistische Reaktion und religiöse Revitalisierung im Prozess der Akkulturation.* Diss. Heidelberg, 1972.

Kedourie, Elie; Haim, Sylvia G. (Hg.): *Zionism and Arabism in Palestine and Israel*. London 1982.

Kepel, Gilles: *Der Prophet und der Pharao. Das Beispiel Ägypten: Die Entwicklung des muslimischen Extremismus*. München 1995.

–: *Das Schwarzbuch des Dschihad. Aufstieg und Niedergang des Islamismus*. München u. a. 2002.

al-Kilani, Mussa Z.: *Al-haraka al-islamiya fi-l-urdun wa-filastin*. (Die Islamische Bewegung in Jordanien und Palästina). Amman 1995 [in arabischer Sprache].

Klein, Menachem: *Aschaf we-ha-intifada: hitrommemut ruach u-mezuka* (Die PLO und die Intifada: Zwischen Euphorie und Bedrängnis). Tel Aviv 1991 [in hebräischer Sprache].

Klein, Menachem: «Competing Brothers: The Web of Hamas-PLO Relations». In: Bruce Maddy-Weitzman; Efraim Inbar (Hg.), *Religious Radicalism in the Greater Middle East*. London 1997, S. 111–132.

Krämer, Gudrun: *The Jews in Modern Egypt, 1914–1952*. London 1989.

Kreiser, Klaus; Diem, Werner; Majer, Hans Georg (Hg.): *Lexikon der Islamischen Welt*. 3 Bände. Stuttgart 1974.

Kurz, Anat; Nahman, Tal: *Hamas: Radical Islam in a National Struggle*. JCSS – Universität von Tel Aviv, Memo Nr. 48, Juli 1997 (http://www.tau.ac.il/jccs/memo48.html).

Legrain, Jean-François: «L'Intifada dans sa troisième année». In: *Esprit*, Juli/August 1990, S. 16 f.

–: «La Palestine: de la terre perdue à la reconquête du territoire». In: *Cultures et Conflits*, Nr. 21/22, Frühjahr 1996.

–: *Les palestines du quotidien: les élections de l'autonomie, janvier 1996*. Beirut 1999.

–: *Les voix du soulèvement palestinien: 1987–1988. Édition critique des communiqués du Commandement National Unifié du Soulèvement et du Mouvement de la Résistance Islamique*. Le Caire: Centre d'Etudes et de Documentation Economique, Juridique et Sociale, 1991 [in französischer und arabischer Sprache].

Lesch, Ann M.: «The Palestine Arab Nationalist Movement under the Mandate». In: William B. Quandt; Fuad Jabber; Ann M. Lesch, *The Politics of Palestinian Nationalism*. Berkeley 1973.

–: *Arab Politics in Palestine 1917–1939. The Frustration of a Nationalist Movement*. Ithaca 1979.

–; Tessler, Mark: *Israel, Egypt, and the Palestinians. From Camp David to Intifada*. Bloomington 1989.

–: *Transition to Palestinian Self-Government: Practical Steps towards Is-*

raeli-Palestinian Peace. Report of a Study Group of the Middle East Program, Committee on International Security Studies, American Academy of Arts and Sciences Cambridge, Massachusetts. Bloomington, Ind. 1992.
Levitt, Matthew: *Hamas. Politics, Charity, and Terrorism in the Service of Jihad*. New Haven u. a. 2006.
Lia, Brynjar: *The Society of the Muslim Brothers in Egypt. The Rise of an Islamic Mass Movement 1928–1942*. Reading 1998.
Litvak, Meir (Hg.): *Islam we-demoqratia ba-olam ha-aravi* (Islam und Demokratie in der arabischen Welt). Bnei Brak 1997 [in hebräischer Sprache].
Lockman, Zachary; Beinin, Joel (Hg.): *Intifada. The Palestinian Uprising Against Israeli Occupation*. London u. a. 1990.
Lübben, Ivesa: «Nationalstaat und islamische umma bei Hasan al-Banna. Gründungsmythos und Annäherung an gesellschaftliche Realität». In: Angelika Hartmann (Hg.), *Geschichte und Erinnerung im Islam. Formen der Erinnerung 15*. Göttingen 2004, S. 117–143.
al-markaz al-ilami [Informationsbüro der Hamas, vermutlich in Gaza] (Hg.): *Wathaiq harakat al-muqawama al-islamiya hamas. Silsilat bayanat al-haraka – as-sana al-khamissa li-l-intifada* (Dokumente der Islamischen Widerstandsbewegung Hamas. Flugblatt-Serie der Bewegung – Das fünfte Jahr der Intifada). o. J. [um 1993] [in arabischer Sprache].
Mayer, Thomas: «Pro-Iranian Fundamentalism in Gaza». In: Emmanuel Sivan; Menachem Friedman, *Religious Radicalism and Politics in the Middle East*. New York 1990.
Milton-Edwards, Beverly: *Islamic Politics in Palestine*. London 1996.
Mishal, Shaul; Aharoni, Reuben: *Speaking Stones. Communiqués from the Intifada Underground*. Syracuse, N. Y. 1994.
–; Sela, Avraham: *Zman Hamas: alimut u-peshara* (Hamas-Zeit. Gewalt und Kompromiss). Tel-Aviv 1999 [in hebräischer Sprache].
–; Sela, Avraham: *The Palestinian Hamas. Vision, Violence, and Coexistence*. New York, N. Y. 2000.
Mitchell, Richard P.: *The Society of the Muslim Brothers*. London 1969.
Nafi, Baschir Musa: *Al-islamiyun al-filastiniyun wa-l-qadhiya al-filastiniya 1950–1980* (Die palästinensischen Islamisten und die Palästinafrage 1950–1980). Gaza 1999 [in arabischer Sprache].
Najjar, Aida Ali: *The Arabic Press and Nationalism in Palestine: 1920–1948*. New York, Syracuse, Diss., 1975.
Nasrallah, Rafiq (Hg.): *Al-Amaliyat al-istischadiya: Wathaiq wa-suwar. Al-Muqawama al-wataniya al-lubnaniya 1982–1985* (Die Märtyrertod-Operationen: Dokumente und Bilder. Der nationale libanesische Widerstand 1982–1985). Beirut 1985 [in arabischer Sprache].

Nassar, Jamal R.: *The Palestine Liberation Organization. From Armed Struggle to the Declaration of Independence.* New York 1991.

–; Heacock, Roger (Hg.): *Intifada. Palestine at the Crossroads.* New York u. a. 1990.

Nüsse, Andrea: *Muslim Palestine. The Ideology of Hamas.* Amsterdam u. a. 1998.

Pavlowsky, Agnès: *Hamas ou Le miroir des frustrations palestiniennes.* Paris u. a. 2000.

Paz, Reuven: *Hitabdut we-dschihad ba-islam ha-radikali ha-falastini: hapan ha-raaioni* (Selbstmord und Dschihad im radikalen palästinensischen Islam: Die ideologische Seite). Tel Aviv 1998 [in hebräischer Sprache].

Pedahzur, Ami: *Suicide Terrorism.* Cambridge u. a. 2005.

Peretz, Don: *Intifada. The Palestinian Uprising.* Boulder, Colo. 1990.

Porath, Yehoshua: *The Emergence of the Palestinian-Arab National Movement 1918–1929.* London 1974.

Reissner, Johannes: «Die militant-islamischen Gruppen». In: Werner Ende; Udo Steinbach (Hg.), *Der Islam in der Gegenwart.* 4. Aufl., München 1996, S. 630–645.

–: *Ideologie und Politik der Muslimbrüder Syriens. Von den Wahlen 1947 bis zum Verbot unter Adîb al-Shîshaklî 1952.* Freiburg 1980.

Roy, Sara: «The Transformation of Islamic NGOs in Palestine». In: *Middle East Report,* Frühjahr 2000 (http://www.merip.org/mer/mer214/214_roy.html).

Rubin, Barry (Hg.): *Revolutionaries and Reformers. Contemporary Islamist Movements in the Middle East.* Albany, NY 2003.

Sandler, Shmuel; Frisch, Hillel: *Israel, the Palestinians, and the West Bank. A Study in Intercommunal Conflict.* Lexington, Mass. 1984.

Sayigh, Yazid: *Armed Struggle and the Search for State. The Palestinian National Movement 1949–1993.* Oxford 1997.

Schanzer, Jonathan: *Hamas vs. Fatah. The Struggle for Palestine.* Basingstoke 2008.

Schiff, Zeev; Yaari, Ehud: *Intifada. The Palestinian Uprising – Israel's Third Front.* New York u. a. 1990.

Schulze, Reinhard: *Islamischer Internationalismus im 20. Jahrhundert. Untersuchungen zur Geschichte der islamischen Weltliga.* Leiden 1990.

Sela, Avraham; Maoz, Moshe (Hg.): *The PLO and Israel. From Armed Conflict to Political Solution, 1964–1994.* London 1997.

Shabat, Yehezkel: *Hamas we-tahalich ha-schalom* (Hamas und der Friedensprozess). Jerusalem 1997 [in hebräischer Sprache].

Shai, Shaul: *Ha-shahidim, ha-islam u-figuei ha-hitabdut* (Die islamischen

Märtyrer, der Islam und die Selbstmordanschläge). Herzliya 2003 [in hebräischer Sprache].

Shaked, Roni; Shabi, Aviva: *Hamas. Me-emuna be-allah le-derech ha-terror* (Hamas. Vom Glauben an Gott zum Weg des Terrors). Jerusalem 1994 [in hebräischer Sprache].

Starke, Wafa: *Zur Strategie der PLO 1964 bis 1994. Zwischen bewaffnetem Kampf und Diplomatie, zwischen Gesamtstaat und Teilstaat.* Diss. Univ. Erlangen-Nürnberg, 2000.

al-Takruri, Nawaf Hail: *Al-amaliyat al-istischhadiya fi-l-mizan al-fiqhi* (Die Märtyrertod-Operationen aus der Sicht des Religionsgesetzes). Damaskus 1997 [in arabischer Sprache].

Tamimi, Azzam: *Hamas: Unwritten Chapters.* London 2007.

Yahya, Adil: «The Role of the Refugee Camps». In: Jamal R. Nassar; Roger Heacock (Hg.), *Intifada. Palestine at the Crossroads.* New York u. a. 1990.

Yegnes, Tamar (Hg.): *Me-intifada le-milhama. Ziyunei derech ba-havaya ha-leumit ha-falastinit* (Von der Intifada zum Krieg. Meilensteine im nationalen palästinensischen Wesen). Tel Aviv 2003 [in hebräischer Sprache].

Personenregister

Abbas, Mahmud 10 f., 138, 152–157, 170–177, 184, 186, 194–197, 200, 202–207, 210–212, 221–224
Abd Manaf, Haschem Bin 54
Abu Amr, Ziad 231, 255
Abu Hussa, Tawfiq 122
Abu Marzuq, Mussa 113 f., 124, 128, 135, 142, 165
Abu Scharif, Bassam 106
Adwan, Atef 38, 200, 207, 230
al-Agha, Riad 55 f., 210, 234
al-Aghbar, Fiyadh 181
Aharoni, Reuben 76 f.
Ahmadinedschad, Mahmud 265
Albright, Madeleine 137
Amar, Scheich Dschaber 61
Amir, Igal 132
al-Amrein, Khaled Abu 56
Aqel, Walid 115 f., 220
Arafat, Jassir 7–9, 41, 48, 55, 57, 60 f., 85, 87, 106 f., 117–119, 121, 126, 129–147, 149–152, 155–157, 161, 164, 166, 169–171, 179, 204, 238, 246, 252, 272
Arens, Moshe 52 f.
al-Ata, Abdul Rahman Abu 169
Atatürk 19
Awadallah, Nizar 110
el-Awaisi, Abd al-Fattah 32
Awda, Abdelaziz 59–61
Awda, Rasmi Salim 63
Ayasch, Ihya 133, 138
al-Azam, Jussuf 62

Bahar, Ahmed 215, 264, 269

Baibars 100
al-Banna, Hassan 7, 13–22, 24–26, 28–30, 32 f., 35 f., 38 f., 42 f., 46, 91 f., 94 f., 185, 227 f.
Barak, Ehud 142–145, 251
al-Barghuti, Marwan 145, 151, 252
Baumgarten, Helga 248
al-Beitawi, Scheich Hamid 185
Ben Eliezer, Benjamin 49 f., 53
Burbar, Hidschasi 50
Bush, George W. 151, 161 f., 254

Clinton, Bill 138, 144
Clinton, Hillary 223

Dachlan, Muhammad 155, 258
Def, Muhammad 251
al-Dschabali, Razi 141
Dscharar, Bassam 167 f., 170
Dschawad, Saleh Abdel 246
al-Dschawahri, Ghassan 182
Dschibril, Ahmad 124 f., 127–129, 235, 248
Dschiyab, Ghazi Abu 245 f.
Dukhan, Abdelfatah Hassan 75
Duwikat, Abdeldschabar 183

Faloudschi, Imad 133
Farahat, Umm Nidal 189, 192
Farhat-Nasser, Sumaya 234, 263
Farsoun, Samih K. 69–72
Fuda, Madschda 181

Ghazal, Anan 182
al-Ghazzali, Abu Hamid 15

Personenregister

Ghuscha, Ibrahim 120, 142 f.
Gilber, Gad 67–70
Goldstein, Baruch 130

al-Hadsch, Khalid 259
Hallaj, Muhammad 72
Hamad, Baschir 116, 244
Hamami, Dschamil 81
al-Hanbali, Mahdi 180–182, 262
Hanija, Ismail 10, 56, 146, 154, 163, 177, 192, 195 f., 199, 203, 205 f., 211, 214 f., 230, 270
Hanini, Abdel Hakim 127
al-Hindi, Khalid 108
Hroub, Khaled 35, 227, 231, 237
Hussein, König von Jordanien 87–89, 239
al-Husseini, Abdel Qadir 107
al-Husseini, Amin 28 f., 32 f., 230
al-Husseini, Faisal 87 f., 246
al-Husseini, Ghazi Abdelkader 61
Hussni, Ahmad 188

al-Ilmi, Imad 124
Islam, Yussuf (Cat Stevens) 82

Jaisch, Adli 179 f., 183
Jassin, Ahmad 7 f., 38 f., 42–48, 50–55, 57–59, 61–63, 74 f., 79–81, 91, 97, 103 f., 107–110, 112 f., 136 f., 139–142, 146–148, 155, 157–161, 167, 170, 193, 195, 229, 231 f., 255, 259
al-Jazuri, Ibrahim Fares 62, 74, 103
Jussuf, Hassan 260

Kanaan, Rulla 182
Khalaf, Salah 40 f., 87
al-Khatab, Umar Ibn 23
Khater, Sami 143

al-Khatib, Ismail 57
al-Khazandar, Haschem 232
Khomeini, Ayatollah 59, 124

Labib, Mahmud 32–34
Landis, Jean M. 69–72
Lübben, Ivesa 18

Maqadme, Ibrahim 136, 151, 253
al-Masri, Khulud 181
al-Masri, Nihad 180 f.
Matar, Ahmad 115
Mayer, Thomas 34, 230
Meschal, Khalid 135, 137, 142 f., 178, 203, 265, 271
Mishal, Shaul 76 f., 233, 237
Mofaz, Shaul 253
Mordechai, Itzhak 66, 138
Mose 27
Mubarak, Hosni 22, 161, 221
Muhammad 18, 20, 23 f., 26, 54, 78, 83, 86, 94, 202, 229
Musa, Amr 161
Musamah, Said Abu 113

al-Naschar, Aissa Khalil 74
Nasrallah, Hassan 148 f.
Nasser, Gamal Abdel 22, 37 f., 40 f.
al-Natascha, Muhammad Dschamal 138, 263
Nazal, Muhammad 249
Netanjahu, Benjamin 134, 136 f., 139 f., 223, 250, 261
al-Nuqrashi, Mahmud Fahmi 22

Olmert, Ehud 194 f.

Peretz, Don 65
Poraz, Avraham 161

al-Qaradawi, Jussuf 168 f., 233
al-Qassam, Izz ad-Din 26, 93, 112, 115 f., 122, 239 f., 243
Qataluni, Hussam 181
Qurei, Ahmad 157 f., 160
Qutb, Sayyid 22, 38
Qutuz 100

Rabin, Itzhak 122, 125, 129, 132, 247
Ramadan, Said 33
al-Rantisi, Abdelaziz 75, 149, 152 f., 155, 159–163, 189, 196
al-Riayschi, Rim Saleh 159, 189
Roy, Sara 164, 166, 258
Rubinstein, Danny 246
al-Ruschuq, Ezat 143

Saadon, Ilan 110–112, 125
Sadat, Anwar 22, 59
Saker, Muhammad 55
Saladin 85, 100
Samhadana, Dschamal Abu 254
Sasportas, Avi 110 f., 125, 243
Sayigh, Yazid 65, 231 f.
Schachada, Salah Mustafa 74, 103, 109 f., 243
Schafi, Haidar Abdel 51, 232
Schahin, Hafiz 182
Schalom, Silvan 261
al-Schamaa, Muhammad Hassan Khalil 74
Schamir, Itzhak 116 f.
Schanab, Ismail Abu 108–110, 157
al-Schanti, Dschamila 234
Scharatcha, Muhammad 110–112, 243
al-Scharif, Mazen 182

Scharon, Ariel 9, 53, 144–147, 149–152, 156, 158 f., 160–162, 173, 176 f., 184, 194, 251, 256, 261
Schiff, Zeev 65, 73 f., 79
al-Schiqaqi, Fathi 59–61
Segev, Itzhak 50–52
Shabi, Aviva 49, 52, 111, 231, 233 f.
Shaked, Roni 49, 52, 111, 231, 233 f.
Sinokrot, Mazen 174, 180
Siwar al-Dhahab, Abdel Rahman 168
Siyam, Naim 254
Siyam, Said 163, 230
Stellbogen, Wilhelm 32
Suleiman, Omar 153
Suliman, Khalid 186, 193
Sultan, Bassim 61

al-Taher, Muhanad 181, 262
al-Takruri, Nawaf Hail 147 f.
al-Tamam, Saher 128
Tamari, Salim 69
Tamimi, Scheich Asad Bayudh 61
Tamraz, Abdelrahman 61 f.
Tantawi, Sayyid Muhammad 242
al-Tawil, Dschamal 166 f.
Toledano, Nissim 125

Velayati, Ali Akbar 124

al-Wazir, Khalil 40 f., 60 f., 85, 111

Yaari, Ehud 65, 73 f., 79
Yahya, Adil 79

Yatom, Dani 246
Yeelon, Mosche 136
Yussuf, Essam 168

al-Zaban, Omar 262

al-Zahar, Mahmud 117, 131, 135, 163, 191, 196, 266
al-Zahawi, Amdschad 91, 239
Zuhri, Sami Abu 177, 191